Treffpunkt Tusculum

Marion Giebel

Treffpunkt Tusculum

Literarischer Reiseführer durch das antike Italien

Mit 54 Abbildungen
und 1 Karte

Philipp Reclam jun. Stuttgart

Die Deutsche Bibliothek – CIP-Einheitsaufnahme

Giebel, Marion:
Treffpunkt Tusculum : literarischer Reiseführer durch
das antike Italien / Marion Giebel. –
Stuttgart : Reclam, 1995
    ISBN 3-15-010411-4

Alle Rechte vorbehalten
© 1995 Philipp Reclam jun. GmbH & Co., Stuttgart
Einbandgestaltung: Werner Rüb, Bietigheim-Bissingen
Satz: Reclam, Ditzingen
Druck und buchbinderische Verarbeitung:
Franz Spiegel Buch GmbH, Ulm
Printed in Germany 1995
RECLAM ist ein eingetragenes Warenzeichen der
Philipp Reclam jun. GmbH & Co., Stuttgart
ISBN 3-15-010411-4

Inhalt

Vorwort

»Wir fühlen uns auf irgendeine Weise bewegt von den Orten, an denen Spuren vorhanden sind von Menschen, die wir lieben oder bewundern. Mich wenigstens erfreut meine Lieblingsstadt Athen nicht so sehr durch die prächtigen Bauten und die erlesenen Kunstwerke des Altertums als vielmehr durch die Erinnerung an bedeutende Persönlichkeiten: wo sie gewohnt haben, wo sie lehrten, wo sie sich im Gespräch zu ergehen pflegten, und mit Anteilnahme betrachte ich mir auch ihre Grabstätten« (Cicero, *de leg.* 2,2).

So äußert sich Titus Pomponius Atticus, als er mit Cicero auf dessen heimatlichem Boden in Arpinum über die Gesetze diskutiert. Die Landschaft, in die er hinausblickt, ist ihm teuer, weil hier sein Freund geboren und aufgewachsen ist. Wie Atticus dachten die meisten gebildeten Römer, die auf ihren dienstlichen oder privaten Reisen nicht versäumten, die Sehenswürdigkeiten zu besichtigen: Meisterwerke der Kunst, Naturwunder, vor allem aber historische Stätten.

»Wir denken bisweilen intensiver und aufmerksamer an berühmte Männer, wenn uns bestimmte Orte an sie erinnern«, sagt Cicero ein andermal und erinnert Atticus daran, wie er selbst mit ihm nach Metapont kam, der alten Griechenstadt im Süden Italiens, und dort, bevor er seinen Gastfreund aufsuchte, zu dem Haus ging, in dem Pythagoras bis zu seinem Tode gelebt hatte. Als Cicero Quaestor in Sizilien war, machte er sich auf, um vor den Toren von Syrakus das Grabmal des Archimedes zu suchen. Es waren ihm einige Verse im Gedächtnis, die besagten, daß sich auf dem Grabstein des berühmten Mathematikers eine Kugel mit einem Zylinder befände. Und Cicero entdeckt wahrhaftig das völlig von Gestrüpp umgebene Grab, das er mit Haumessern freilegen läßt. Er sagt später darüber: »So hätte die angesehenste Stadt Großgriechenlands, einst der Hort der Gelehrsamkeit, das Grabmal ihres klügsten Sohnes nicht mehr gekannt, wenn nicht ein

Mann aus Arpinum gekommen wäre, um sie darüber zu belehren« (*Tusc.* 5,64 ff.).

Mit welcher Liebe und Begeisterung die Römer auf den Spuren der Vergangenheit wandelten, erfahren wir immer wieder. Griechenland, vor allem Athen war das erste Ziel, aber auch im eigenen Land gab es Plätze, die man der Menschen wegen besichtigte, die dort gelebt hatten. Das bescheidene, ja ärmliche Haus und der Bauernhof, die Wohnstatt des Manius Curius Dentatus, der als siegreicher Heerführer drei Triumphe gefeiert hatte und nachher dorthin zurückgekehrt war, regte schon Cato den Älteren zum Nachdenken an (Plut. *Cat. mai.* 2). Der Sieger über Hannibal, Scipio Africanus der Ältere, hatte ein Landhaus in Liternum (nahe Cumae), wo er 193 v. Chr. gestorben war. Zweieinhalb Jahrhunderte später besuchte Seneca dieses Haus. Auch ihn beeindruckte der Gegensatz zwischen der Größe des Mannes und dem schlichten Domizil, besonders mit Blick auf den Luxus seiner eigenen Zeit. Mit Verehrung besichtigte man auch das Haus in Nola, in dem Augustus sein Leben beschlossen hatte. Am Grabe Vergils in Neapel feierte der Dichter Silius Italicus jedes Jahr den Geburtstag des großen Poeten. In der Spätantike wurde ganz Rom zu einer verehrungswürdigen Stätte, der selbst die nun im Osten oder im Norden des Reiches residierenden Kaiser ihre Reverenz erwiesen.

So hat es Tradition, in Italien antike Stätten zu besuchen, die mit der Erinnerung an bedeutende Persönlichkeiten verbunden sind. Auf solch eine italienische Reise wollen wir uns begeben, sei es, daß wir wirklich aufbrechen, oder daß wir durchs Lesen »unserer Seele Augen geben«, wie sich der Reiseschriftsteller Philon von Byzanz ausdrückt. Und wir wollen uns bewegen lassen von jenem besonderen Gefühl, von dem Atticus sprach und das wir definieren können als ein Staunen über etwas eigentlich Selbstverständliches, das jedoch vielfach verlorengegangen ist: Jemand, von dem wir in der Schule im Geschichtsunterricht gehört haben, dessen Texte wir mit mehr oder weniger Mühe übersetzt haben, auf dessen Namen wir immer wieder stoßen – ebendieser ist kein blutleerer Schatten, er hat wirklich gelebt, und hier sind die Spuren seiner Existenz zu finden. Es sind Spuren eines beschaulichen oder eines kämpferischen Lebens, das in friedlichem Alter oder in einer Katastrophe geendet hat, im Exil, oder durch den Mordbefehl eines Tyrannen. Was wir finden, sind freilich nur Überreste; nichts, was sich mit einem voll eingerichteten Goethehaus vergleichen ließe. So müssen wir uns die Erinnerungsorte selbst ausstatten und dabei die überlieferten Lebensdaten und vor allem die Texte zu Hilfe nehmen. Dazu sollen die folgenden, in sich abgeschlossenen Kapitel anleiten, indem sie römische Persönlichkeiten, in zeitlicher Reihenfolge von Catull bis Augustinus, vorführen. Ausgehend von einer Stätte, zu der sie eine Beziehung haben, wird ein Lebensbild gezeichnet, das keine Literaturgeschichte ersetzen, sondern zur Beschäftigung mit den Werken in Original und Übersetzung hinführen soll. Wie sich Cicero in seiner tuskulanischen Villa mit gleichgesinnten Freunden zu angeregten Gesprächen und Diskussionen traf – die in der Literatur immer wieder gestaltete Situation des *otium*, der schöpferischen Muße –, so kann sich der Besucher der antiken Stätten mit den hier vorgeführten Autoren zu einem »Treffpunkt Tusculum« versammeln. Nachdem er auf dem Tusculanum an philosophischen Gesprächen teilnahm, mag er auf dem Sabinergut des Horaz behagliche Geselligkeit genießen und Geschichten hören wie die von der Landmaus und der Stadtmaus. Dann könnte er die Geburtsstadt des »Sängers der zärtlichen Liebe« besuchen und in Sulmona der wechselvollen Schicksale Ovids gedenken. Aufheiterung schaffen die Satiren des Juvenal, der in Rom an einer Straßenkreuzung seine – und nicht nur seine – Zeitgenossen karikiert.

Zu mancherlei Begegnungen lädt die Bucht von Neapel ein. Die Sibylle von Cumae weissagt in ihrer Grotte, Kaiser Nero trifft sich in Baiae mit seiner Mutter Agrippina zu einem Souper, und in der darauffolgenden Nacht geschehen düstere Dinge, die weitreichende Folgen haben, auch für den Philosophen Seneca. Pompeji und den Vesuv kennt jeder, aber es lohnt sich auch, einen Mann kennenzulernen, der beim Ausbruch dieses Vulkans ums Leben kam und ein staunenswertes Werk hinterlassen hat, keine Verse, keine philosophische Prosa, sondern eine Enzyklopädie des Wissens: Es ist Plinius der Ältere. Um sich bewußt zu sein, daß die

römische Welt nicht nur die heidnischen Dichter und Denker umfaßt, sollte man nicht versäumen, nach Ostia zu gehen, um dort in
einem der Häuser Augustinus und Monica bei ihrem letzten Gespräch zu treffen. Und da alle Wege immer wieder nach Rom führen, lädt das Kapitol zur Begegnung mit Marc Aurel ein, der uns,
ungeachtet aller Wechselfälle des Lebens, zu einer Haltung froher
innerer Gelassenheit, zu der »Heiterkeit der Seele«, aufruft. Wenn
man sie auf einer solchen Reise, wenigstens für eine Weile, erlangen könnte, wäre dies kein geringer Gewinn.

Dieses Buch ist Gunter Giebel gewidmet, dem Lebens- und
Reisegefährten, der mich allzu früh verlassen mußte.

Marion Giebel

Treffpunkt Tusculum

Erstes Kapitel

Catull in Sirmione am Gardasee

»Ich hasse und liebe«

Wer von Norden kommend nach Italien reist, erlebt am Gardasee »die Herrlichkeit der neuen Gegend« (Goethe), den Süden, mit Gärten und Olivenhainen, glitzernder Wasserfläche und antiken Ruinen. An seinem Südrand öffnet sich der Gardasee zu einem breiten Becken. Eine schmale Landzunge ragt in den See hinein: die Halbinsel Sirmione mit dem gleichnamigen Ferienort. Schon zur Zeit der Römer war Sirmio wegen seiner Thermalquellen und der bezaubernden Lage beliebt. An der Spitze der Halbinsel, dort, wo man den schönsten Blick über den See hat, liegen die Ruinen einer imposanten römischen Villa, die »Grotten des Catull«.

> *Salve, o venusta Sirmio, atque ero gaude*
> *Gaudete vosque, o Lydiae lacus undae:*
> *Ridete quidquid est domi cachinnorum*
>
> Sei mir gegrüßt, mein liebliches Sirmio, freu
> dich deines Herren,
> freut auch ihr euch, ihr Wellen des Gardasees,
> seid fröhlich, ihr guten Geister meines Hauses!
>
> (*carm.* 31)

So begrüßt der Dichter Catull seine Heimat, als er von einem längeren Aufenthalt aus Kleinasien heimkehrt. Er sehnt sich danach, endlich in seinem Haus, im eigenen Bett von allen Strapazen aus-

Die sogenannte Villa des Catull in Sirmione am Gardasee

zuruhen. Befand sich hier, in diesem ausgedehnten Ruinenkomplex, die Villa des Catull? Zwar bezeichnet dieser sich als den Herrn von Sirmio, doch hat man Zweifel daran geäußert, daß eine solch große Luxusvilla dem Poeten gehörte, der von sich sagte, er habe nur Spinnweben im Beutel, und seine Gäste müßten zum Abendessen alles selber mitbringen, vom Wein bis zu den Mädchen. Aber wenn Catull in Rom auch nicht im Überfluß lebte, gar so ärmlich, wie er sich in Dichterpose darstellte, wird es nicht gewesen sein.

Ein englischer Gelehrter, Timothy P. Wiseman, aus seiner Heimat mit der Erforschung alter Häuser und ihrer Geschichte vertraut, hat alle Zeugnisse über Catulls Familie, die *Valerii Catulli*, zusammengetragen. Sie gehörten zum Landadel Oberitaliens, besaßen ein Stadthaus in Verona und waren so angesehen und begütert, daß sie den Imperator Julius Caesar während der Winterpause der gallischen Feldzüge bei sich bewirteten, samt seinem zahlreichen Gefolge. In der Kaiserzeit verfügte die Familie über einen hohen Rang und weitreichende Verbindungen; sie stellte Senatoren und Konsuln, erwarb durch Handelsbeziehungen großen Reichtum und gehörte schließlich sogar zur engsten kaiserlichen Umgebung.

Zu einer solchen Familie paßt die Villa von Sirmio, die dann in der Kaiserzeit so prächtig ausgebaut wurde. Der ältere, noch schlichter gehaltene Teil des Hauses aber ist nach der Bauart der Mauern um die Mitte des 1. Jahrhunderts v. Chr. zu datieren: Hier kann also Catull gewohnt und seine müden Glieder nach der langen Reise ausgestreckt haben. Dieser kleine ältere Teil bildete später nur den Vorbau zu einem großartigen Gebäude mit Innenhof und Schwimmbad im luxuriösen Stil der Kaiserzeit. Um das neue Haus am Abhang des Ufers zu errichten, waren ausgedehnte Unterbauten, Substruktionen, nötig, mit Gewölben und Pfeilerwerk, die den Bau bis zur Höhe der bereits bestehenden Villa erhoben, etwa 30 m über den See. So entstand eine große Plattform, 180 m lang und 105 m breit, auf der die Empfangs-, Erholungs- und Wohnräume Platz fanden. Sie waren mit dem alten Wohntrakt durch Säulen- und Wandelgänge verbunden, die einen

Die sogenannte Villa des Catull in Sirmione

rechteckigen Gartenhof, das Peristyl, einschlossen. Ein Vorbau gegen das Festland hin bot ein pompöses Entree. Die hohen Pfeiler und Bogengänge, die inmitten eines Olivenhaines noch erhalten sind, geben der Villa nun ihr charakteristisches Aussehen. Von den Räumen selbst liegen viele heute unter der Erde, wo sich Gewölbe, Gänge und Grüfte auftun, Reste eines Mosaikfußbodens aufschimmern oder ein Stück Marmor erglänzt. Im Laufe des Mittelalters wurde die Villa, wie so viele verlassene römische Gebäude, von Erde und Schlamm begraben und vergessen. Der Grund hob sich allmählich, Bäume wuchsen durch die geborstenen Dächer hinaus, Buschwerk umwucherte die Mauern. Und als man in der Renaissance die Bauwerke so tief unter der neuen Erdoberfläche wiederentdeckte, wollte man

es nicht glauben, daß sie einst über der Erde standen. Man hielt
sie für unterirdische Räume, die im Sommer Kühle spenden
sollten, oder, angesichts der Reste der Fußbodenheizung, für
Bäder. So bekam die Villa von Sirmio ihren Namen »Le grotte
di Catullo«.

Der Gardasee, der im Sommer paradiesisch anmutet, ist im
Winter stürmisch und kalt. So zog sich Catulls Familie in der
kühlen Jahreszeit in ihr Stadthaus nach Verona zurück, wo Catull
um 84 v. Chr. geboren ist. Seine Heimat, die Transpadana, das
Land jenseits des Po, gehörte damals noch zur Provinz Gallia
Cisalpina. Ihre Einwohner erhielten erst im Jahr 49 auf Betreiben
Caesars das volle römische Bürgerrecht und damit die Aufhebung
des Provinzialstatus. Ob das leidenschaftlich-reizbare Tempera-
ment des Poeten Catull und seine Dichtung voll glühender Lei-
denschaftlichkeit mit einem gallischen, d. h. keltischen Ursprung
in Verbindung zu bringen ist, muß Spekulation bleiben. Seine
Vorfahren können auch römisch-italische Siedler gewesen sein.
Sein Vater gehörte jedenfalls zu den Honoratioren von Verona
und konnte dem Sohn, als er dem Herkommen gemäß zur Vollendung seiner Ausbildung nach Rom ging, genügend Empfehlun-
gen mitgeben.

Der junge Catull studiert in Rom Rhetorik und Rechtswissenschaft und geht dann im Gefolge eines hohen Regierungsbeamten,
eines Prätors, nach Bithynien in Kleinasien. So konnte ein junger
Mann eine vielversprechende Karriere beginnen; man denkt an die
jungen Engländer, die einst in die Kolonien gingen. Man weitete
nicht nur seinen Horizont, sondern knüpfte Kontakte und konnte
dabei so manche Nebeneinkünfte verbuchen. Die römischen Pro-
vinzgouverneure standen in dem Ruf, in puncto finanzieller Aus-
beute – oder Ausbeutung – Beträchtliches zu leisten.

Doch als Catull zurückkehrt (aus diesem Anlaß verfaßt er sein
Sirmio-Gedicht), nutzt er seine Chancen nicht, sich um ein Amt
zu bewerben und die traditionelle Berufslaufbahn in Rom zu beginnen. Er schließt sich vielmehr einer Gruppe junger Männer an,
die ebenso wie er ihr Ideal nicht darin sehen, auf dem Forum in
Rom oder beim Militär Karriere zu machen und dann einen Platz

im Senat einzunehmen. Sie widmen sich der Verskunst und haben hochgesteckte Ziele. Die jungen Poeten wollen Roms Dichtung zu einem solchen Rang erheben, daß sie sich mit der griechischen messen kann. Das bedeutet: keine Gelegenheitspoesie, kein Dichten nach Feierabend, sondern Verzicht auf die herkömmliche bürgerliche Existenz zugunsten der Dichtung, etwas völlig Neues in Rom, ein Affront gegen die geheiligten Vätersitten. Man kennt die Gruppe unter dem Namen Neoteriker, die Neutöner; sie sehen sich als *poetae novi*, als Poeten, die einem neuen Dichtungs- und Lebensideal anhängen.

Was es in Rom an Versdichtung gab – die Epen des Naevius und Ennius, die Satiren des Lucilius –, stammte aus vergangenen Jahrhunderten, war »mittelalterlich«. Die Neoteriker nahmen sich die hellenistische Dichtung zum Vorbild, die nach ihrem Hauptort die alexandrinische hieß. Ihr bekanntester Vertreter war Kallimachos gewesen (um 310 – 240), Vorsteher der Bibliothek von Alexandria. Er war der Typus des *poeta doctus*, des gelehrten Dichters, der mit mythologischen Anspielungen und feinziselierter Sprache ein gebildetes Publikum ansprach. »Ein großes Buch, ein großes Übel«, lautet ein bekannter Ausspruch von ihm. Er propagierte damit die Abkehr von traditionellen Formen wie dem Heldenepos und die Hinwendung zu kleinen Dichtwerken wie der Verserzählung, in denen es nicht auf das Was, sondern auf das Wie ankam: auf die eigene Formung und den persönlichen Ausdruck.

Die Dichter um Catull, die dieses hellenistisch-alexandrinische Stilideal übernahmen, leisteten damit der lateinischen Sprache einen bedeutenden Dienst, der am besten in einem Bild ausgedrückt wird, das später Vergil gebrauchte. Er vergleicht das Dichten und das Formen der Sprache mit der Tätigkeit der Bärin, die ihr noch unförmiges neugeborenes Junges leckt und es damit sozusagen »in Fasson bringt«. Die noch junge lateinische Dichtersprache erhielt durch die Arbeit der Neoteriker einen Reichtum an Versmaßen, einen Feinschliff des Ausdrucks mit einer Vielfalt an Schmuck und Zierat, der die Verse funkeln läßt wie ein kostbares Mosaik (was uns heute freilich das Übersetzen oft so mühsam macht). Eine sol-

Gaius Iulius Caesar. Porträtbüste aus dem 1. Jh. n. Chr.
Pergamonmuseum, Berlin

che Dichtweise kommt in Gefahr, allzu artifiziell zu werden, l'art
pour l'art, und auf einen engen Kreis von Kennern beschränkt zu
sein: Die Werke der Neoteriker sind untergegangen, und die
Namen ihrer Dichter begegnen uns nur noch als Adressaten von
Catulls Gedichten.

Catull aber hat sich des aus der alexandrinischen Dichtung
entlehnten Rüstzeugs bedient, um etwas Neues zu schaffen, das
die Zeit überdauern sollte. Er macht seine eigenen Gefühle, seine
Stimmungen und Leidenschaften zum Thema seiner Dichtung,
wie es in Rom vor ihm noch niemand getan hatte. Er ist damit
nur mit den großen frühgriechischen Lyrikern zu vergleichen, mit
Archilochos, Alkaios und Sappho, die in ihrem Ich die Welt spie-
gelten. Mit ihnen gemeinsam hat er auch die stete Einbeziehung
eines Gegenübers: Seine Verse sind Gruppenlyrik, gerichtet an
einen Kreis von Gleichgesinnten. Auch wo er scheinbar nur sich
selbst, sein einsames Ich anspricht (»*Miser Catulle* – Catull, du
Armer«; *carm.* 8), weiß er sich verbunden mit einem mit- und
nachfühlenden Leser, worin wir heute die Grundsituation der Lyrik sehen. Wie die frühgriechischen Lyriker verfügt Catull über
eine breite Skala von Tönen: Da gibt es nicht nur »poetische Gefühle«, wie in einem Frühlings- und Reiselied: »*Iam ver egelidos
refert tepores* – Wieder bringt nun der Frühling laue Lüfte . . .«
(*carm.* 46).

Es findet sich auch der scharfe Ton der Invektive, wie einst bei
Archilochos: »Doch du wirst meinen Jamben nicht entgehen«
(Frg. 3). Mit Tadel und Kritik reagiert Catull auf die politische Situation seiner Zeit in den Jahren 59–54, als Caesar alle Macht im
Staate an sich zog. Nicht nur, daß er aus der *res publica* eine *res
privata* machte, er besetzte auch alle Stellen mit seinen Günstlin-
gen, und die meisten von ihnen waren allem Anschein nach keine
honorigen Existenzen. Der reizbare Poet äußert sich drastischer.
Er bezeichnet die Günstlinge Caesars als Hurer, Fresser und Spieler und nimmt auch Caesar selbst gegenüber kein Blatt vor den
Mund. Er nennt ihn »schwuler Romulus« und fragt ihn, ob er, der
»einzigartige Feldherr«, deshalb ins ferne Britannien gezogen sei,
damit sein Günstling Mamurra, den er Mentula (»Schwänzlein«)

nennt, alle Schätze des Landes an sich rafft und durchbringt, wie
er das schon in Gallien getan habe. »Du siehst es und erträgst es?
Aber du bist selber ein Hurer, Fresser und Spieler« (*carm.* 29).
Harte Worte, zumal wenn man bedenkt, daß Caesar der Gastfreund von Catulls Vater in Verona war. Offenbar hat der Vater
den Sohn dazu gebracht, sich bei Caesar zu entschuldigen. Sueton
berichtet, daß Caesar den Dichter an demselben Tage, an dem jener ihn um Verzeihung gebeten hatte, zu Tische lud und auch mit
seinem Vater nach wie vor gastfreundliche Beziehungen unterhielt
(*Iul. Caes.* 73). Aber Catull ließ sich nicht mundtot machen. Seine
Kritik an den politischen Zuständen beruhte nicht so sehr auf per-
sönlicher Animosität, sondern spiegelte die Empörung einer jungen Generation, die sich um ihre Zukunft gebracht sah, seit »die
üblen Gesellen, Schwiegervater und Schwiegersohn« (*carm.* 29),
den Staat ruiniert hatten, das heißt seit Pompeius und Caesar ihre
unheilige Allianz geschlossen hatten, um die Macht im Staat an
sich zu bringen (60 v. Chr., 54 v. Chr. neu befestigt). So erklärt Catull mit aller Deutlichkeit:

> *Nil nimium studeo, Caesar, tibi velle placere*
> *nec scire utrum sis albus an ater homo.*

> Wenig liegt mir daran, o Caesar, dir zu gefallen,
> Oder zu wissen auch nur, ob du nun weiß oder schwarz.

> (*carm.* 93, Übers. W. Eisenhut)

Ob Caesar, der ja selbst ein Meister der Sprache war, dieses ge-
schliffene Epigramm zu würdigen wußte? Thornton Wilder hat in
seinem Roman *Die Iden des März* Caesar sagen lassen: »Ich ge-
stehe, daß ich über eine Schwäche erstaunt bin, die ich in mir er-
wachen fühle, eine betörende Schwäche. Oh, von einem Menschen
wie Catull verstanden zu werden, gefeiert werden von ihm in Versen, die nicht so bald vergessen wären!«
Catull aber stellte Caesar in Aussicht:

irascere iterum meis iambis
inmerentibus, unice imperator.

Über meine unschuld'gen Jamben wirst du dich
wieder ärgern, o einzigartiger Feldherr!

(carm. 54, Übers. W. Eisenhut)

Es gehört zur Kunst Catulls, daß wir geneigt sind, die Personen
mit seinen Augen zu sehen. Das gilt für Caesars Gefolgsleute, und
es gilt noch mehr für eine Frau, die für alle Zeiten mit Catull verbunden bleibt, mit der er in einer grande passion lebte und litt:
Lesbia.

Vivamus, mea Lesbia, atque amemus
rumoresque senum severiorum
omnes unius aestimemus assis!
soles occidere et redire possunt:
nobis, cum semel occidit brevis lux,
nox est perpetua una dormienda.
da mi basia mille, deinde centum,
deinde mille altera, dein secunda centum . . .

Laß uns, Lesbia, leben, laß uns lieben
und für alles Gezeter strenger Greise
laß uns nicht einen einz'gen Heller geben!
Sonnen sinken und können wiederkehren:
doch wenn unseres Lebens kurzes Licht losch,
deckt die ewige, eine Nacht uns Schläfer.
Gib mir tausend und aber hundert Küsse,
dann noch tausend und nochmals hundert Küsse!

(carm. 5, Übers. O. Weinreich)

In Carl Orffs Vertonung *Catulli Carmina* hat dieses Liebesgedicht mitreißenden Ausdruck gefunden. »*Da mi basia mille* – Gib mir tausend Küsse«: ein Vorklang des Italienischen, in das der volkstümliche, von Catull verwendete Ausdruck für Kuß – *basium* statt *osculum* – Eingang gefunden hat und seitdem von poetischer Wirkung ist (»Un bacio – ancora un bacio – un altro bacio« im Liebesduett Othellos und Desdemonas und in den letzten Worten des Helden in Verdis *Otello*).

Wer war die Frau, die Catull in solch glühenden Versen feierte und die ihn »himmelhochjauchzend und zu Tode betrübt« gemacht hat? Lesbia nennt er sie und begründet damit den dichterischen Brauch, Pseudonyme, »Huldigungsnamen«, einzuführen für Frauen, die nicht nur die Geliebten, sondern auch die Musen der Dichter waren. So nannten später die Elegiendichter Properz und Tibull ihre Damen Cynthia und Delia, nach einem Beinamen des Musengottes Apollo (vom Berge Cynthus und von Delos). Catull gibt mit seiner Namenswahl ein Lebensprogramm kund. Nach Sappho von Lesbos nennt er seine Geliebte (im übrigen ein Hinweis darauf, daß dem Namen noch nicht das Stigma der »lesbischen Liebe« aufgeprägt war). Die griechische Dichterin weihte ihr Dasein der Dichtung und der Liebe; es erschien wie ein Leben auf den Inseln der Seligen, weit entfernt vom rauhen Alltag. Ein solches Leben erträumt sich Catull; Sappho verkörpert zugleich sein Ideal einer eigenständigen Dichterexistenz, wie er es gemeinsam mit seiner Lesbia verwirklichen will. Mit ihr will er leben, lieben und dichten, sie wird ihn inspirieren, denn sie ist gebildet, sie versteht sich selbst auf die Musenkunst und verdient es, nach der berühmten Dichterin genannt zu werden.

Wer Lesbia war, erklärt den Spätergeborenen ein Autor des 2. nachchristlichen Jahrhunderts (Apuleius, *Apologie* 10). Damals wußte es jeder, denn in der römischen Gesellschaft gab es keine Geheimnisse (man denke an Ciceros Korrespondenz). Und warum hätte Catull auch verheimlichen sollen, daß seine Lesbia eine der faszinierendsten Frauen Roms war? Clodia hieß sie und war aus der altadligen Familie der Claudier. Ihr Urahn Appius Claudius war der Erbauer der Via Appia; das Geschlecht hatte Feldherrn, Konsuln und Triumphatoren gestellt. Die jüngsten Vertreter machten der Familie freilich weniger Ehre, vor allem ein Bruder Clodias, Clodius Pulcher, der als Volkstribun eine agitatorische Politik betrieb, Cicero in die Verbannung brachte und das öffentliche Leben in Rom durch gewaltsame Umtriebe und Bandenkämpfe lähmte. (Moderne Versuche, ihn als Anwalt des Volkes darzustellen, müssen fragwürdig bleiben angesichts des Schadens, den er der römischen Republik zufügte, indem er sie durch seinen Straßenterror der Alleinherrschaft zutrieb.) Clodius hatte drei Schwestern, und der *communis opinio* zufolge handelt es sich bei Catulls Geliebter um die mittlere Clodia, die Gattin des Quintus Caecilius Metellus Celer, der 60 v. Chr. Konsul war. Sie ist, wenn auch keine absolute Gewißheit darüber besteht, doch wohl die gleiche Clodia, die Cicero in seinen Briefen erwähnt und die er in seiner Rede für Marcus Caelius porträtiert hat. Es wäre seltsam, wenn es zu gleicher Zeit in Rom zwei solche Frauen gegeben hätte, für die Goethes Wort über Helena paßt: »bewundert viel und viel gescholten«. Aus Ciceros Briefen lernen wir Clodia kennen als eine anziehende Frau – ihre großen, strahlenden Augen werden gerühmt, freilich mit einem Nebensinn: *Boopis*, die Kuhäugige, wird sie genannt, wie Juno, die Gattin und Schwester Jupiters; man sagte Clodia nämlich ein inzestuöses Verhältnis zu ihrem Bruder nach. Man erfährt aber auch, daß sie sich politisch betätigte, soweit das einer Frau möglich war, als Unterhändlerin für ihren Bruder, dem sie dann die Unterstützung versagte, als er zu radikal wurde. Aus brieflichen Andeutungen Ciceros geht auch hervor, daß ihre Ehe nicht allzu glücklich war, weil ihr Gatte, obwohl politisch und militärisch bewährt, ihr als Persönlichkeit offenbar nicht gewachsen war (vgl. *Att.* 2,1,5 Ende).

Sie suchte einen Ausgleich auf gesellschaftlicher Ebene, indem sie ein großes Haus führte und sich mit interessanten Männern umgab, mit dem jungen Marcus Caelius Rufus, einem glänzenden Redner und aufstrebenden Politiker, und mit dem Dichter Catull. Auch die anderen Mitglieder von Catulls Freundes- und Dichterkreis scheinen bei ihr und ihrem Bruder verkehrt zu haben, eine literarische Bohème, die mit ihrer Forderung einer freien Dichter-

existenz bei den braven Bürgern Anstoß erregte. Man erzählte von
rauschenden Festen im Hause der inzwischen verwitweten Clodia
auf dem Palatin, von Gartenfesten am Tiber, Strandpartien im
Luxusbad Baiae am Golf von Neapel – Gelegenheiten zu den
schlimmsten, wüstesten Ausschweifungen, mit einer Gastgeberin,
die ihre Liebhaber wechselt wie andere ihre Kleider! Sie führt das
Leben einer Dirne, ohne die geringste Scham. Ein solches, mit den
schwärzesten Farben gemaltes Bild zeichnet Cicero von Clodia im
Jahr 56 v. Chr. in seiner Rede für Caelius, den er in einem etwas
undurchsichtigen Kriminalprozeß verteidigte, in dem Clodia als
Belastungszeugin auftrat. Hier fällt das berüchtigte Wort von der
quadrantaria, der Viertelas-, also Dreigroschenhure Clodia, auf
das Cicero genüßlich anspielt, geprägt von Caelius, dem ehemaligen Liebhaber Clodias. In späteren Jahren aber äußert Cicero
brieflich mehrfach den Wunsch, mit Clodia in Verhandlungen zu
treten wegen eines Grundstückskaufs. Sie scheint hier eine durchaus achtbare, wohlsituierte Dame der römischen Gesellschaft zu
sein. Ist Ciceros Bild der femme fatale also nur ad hoc gemalt, zugunsten seines Klienten Caelius, der zudem noch sein Schüler
war? Und ist nicht dieses Bild ebenso wie die Gehässigkeit des
Caelius vielmehr Ausdruck eines männlichen Unverständnisses
gegenüber einer Frau, die nicht mit den »normalen«, den damaligen Maßstäben zu messen war?

In Clodia verkörpert sich ein selbstbewußter Frauentyp, wie er
charakteristisch ist für die ausgehende römische Republik, eine
Zeit des Umbruchs und der fortschreitenden Emanzipation und
Individuation. Die Frauen wollten nicht mehr wie bisher als Ob-
jekt von Standesehrgeiz und Familienpolitik verheiratet werden
und dann gezwungen sein, nach dem altehrwürdigen Ideal der
römischen Matrone zu leben: auf den häuslichen Umkreis beschränkt, beim Wollespinnen und Kleiderweben. Verständnis für
Politik, Sinn für die schönen Künste besaßen Frauen wie Männer
– warum sollten sie dann nur zu Hause sitzen, erst unter der Gewalt ihres Vaters, dann unter der ihres Gatten?

In besonderem Maße scheint dies für Clodia zuzutreffen, die
wie ihre adelsstolzen männlichen Vorfahren das Recht für sich be-

anspruchte, nach ihrem eigenen Gesetz zu leben. Sie nahm sich Freiheiten heraus, die traditionsgemäß nur Männern zustanden, und dazu gehörte auch die Wahl ihrer Liebespartner. Catull ist überglücklich, als sie ihn erwählt, aber er kann nicht verstehen, daß sie ihn wieder verläßt. Sie muß eine schlimme, sittenlose Person sein, wenn sie seine große Liebe verachtet und nicht ewig mit ihm auf den Inseln der Seligen leben will. Zunächst freilich ringt sich Catull dazu durch, Rivalen neben sich zu dulden. Wenn dies hie und da geschieht, will er es hinnehmen und der Herrin, der Dame seines Herzens, nicht nach Art eines Tölpels lästig fallen. Muß doch selbst Juno, die höchste der Göttinnen, ihren Zorn dämpfen und gute Miene machen zu den vielen Liebesabenteuern ihres Göttergatten Jupiter ... Ein erstaunlicher Ausspruch: Bisher waren es immer die Frauen, die Seitensprünge ihrer Männer zu verzeihen hatten. Nun sieht sich ein Mann in der Rolle der duldenden Gattin. Catull betrachtet seine Beziehung weiterhin als ein *foedus*, eine Bindung auf Treu und Glauben, aber sein Appell an die Geliebte bleibt ohne Widerhall. Er muß sich eingestehen: »Doch jetzt will sie nicht mehr.«

> *Miser Catulle, desinas ineptire*
> *et, quod vides perisse, perditum ducas.*
> *fulsere quondam candidi tibi soles,*
> *cum ventitabas, quo puella ducebat*
> *amata nobis, quantum amabitur nulla.*
> *ibi illa multa tum iocosa fiebant,*
> *quae tu volebas nec puella nolebat.*
> *fulsere vere candidi tibi soles.*
> *nunc iam illa non vult: tu quoque, inpotens, noli,*
> *nec quae fugit sectare, nec miser vive,*
> *sed obstinata mente perfer, obdura.*
> *vale, puella! iam Catullus obdurat,*
> *nec te requiret nec rogabit invitam:*
> *at tu dolebis, cum rogaberis nulla.*
> *scelesta, vae te! quae tibi manet vita!*
> *quis nunc te adibit? cui videberis bella?*

quem nunc amabis? cuius esse diceris?
quem basiabis? cui labella mordebis?
at tu, Catulle, destinatus obdura.

Unseliger Catullus, laß die Narrheiten,
und was du siehst verlor'n, laß als verlor'n gelten!
Dir glänzten einstmals Tage, leuchtend gleich Sonnen,
als du, wohin das Mädchen führte, nachfolgtest,
das du geliebt, wie keines wird geliebt werden.
Da gab es Scherze, Liebesspiele unzählig,
die dir gefielen, und die ihr nicht mißfielen.
Dir glänzten wahrlich Tage, leuchtend gleich Sonnen.
Nun will sie nicht mehr – woll' auch du nicht, Haltloser;
verfolg sie nicht, die flieht, und mach dich nicht elend:
mit hartgeword'nem Sinne trag's und sei standhaft!
Fahr hin, du Mädchen! Ja, Catullus ist standhaft!
Sucht dich nicht mehr, fragt nichts nach dir, wenn du abhold –
doch du wirst bitter leiden, fragt nach dir niemand.
Unsel'ge, weh dir! Welch ein Leben harrt deiner?
Wer wird dich suchen? Wer dich noch für schön halten?
Wen wirst du lieben? Wessen Namen dann führen?
Wen wirst du küssen? Wem die Lippen wundbeißen?
Doch du, Catullus, werde hart und bleib standhaft!

(carm. 8, Übers. O. Weinreich)

»*Vale, puella!* – Leb wohl, Mädchen!« Das war leicht gesagt, doch
schwer getan. »Ich habe dich nicht so geliebt, wie der Mann von
der Straße sein Liebchen, sondern wie ein Vater den Sohn und den
Schwiegersohn liebt. Nun habe ich dich durchschaut: Ich bin zwar
immer noch entflammt für dich, aber ich achte dich nicht mehr.
Was du mir angetan hast, bringt mich dazu, dich zwar noch mehr
zu begehren, dir aber weniger gut zu sein« (*carm.* 72). Zum ersten
Mal seit Sappho, die vom Eros als dem »süßbitteren Untier« gesprochen hatte, versucht hier ein Dichter, die Liebe in ihrer Zwie-
spältigkeit und ihrem dämonischen Charakter darzustellen. Er un-
terscheidet das Lieben, das Brennen in Leidenschaft, vom Gutsein,

einem umfassenderen Gefühl der völligen Akzeptanz, und wählt dafür einen Vergleich aus der Sphäre der Familie, in dem das erotisch-sinnliche Element fehlt – damit man ihn genau versteht. Was hier gleichsam tastend, sich Rechenschaft gebend vorgeführt wird, gewinnt vollkommenen Ausdruck in jenem Distichon von Haß und Liebe, von dem man gesagt hat: in zwei Zeilen ein ganzes Leben.

> *Odi et amo. Quare id faciam, fortasse requiris.*
>   *nescio, sed fieri sentio et excrucior.*

> Haß erfüllt mich und Liebe. Weshalb das?, so fragst du
>   vielleicht mich.
> Weiß nicht. Doch daß es so ist, fühl ich und quäle mich ab.
>
>   (*carm.* 85, Übers. W. Eisenhut)

Der prägnante Zweizeiler ist im Grunde unübersetzbar, doch spürt jeder, worum es hier geht: um elementare Gefühle, die den Menschen, trotz allen rationalen Argumentierens, rettungslos überfluten – wenn er sie nicht, wie Catull, im Gedicht »aufheben« und verwandeln kann. Zu dieser Verwandlung gehört die Distanzierung: Catulls Lesbia, die ihn nicht mehr liebt, ist seiner nicht mehr wert. Sie ist zur Dirne herabgesunken:

> *Caeli, Lesbia nostra, Lesbia illa,*
> *illa Lesbia, quam Catullus unam*
> *plus quam se atque suos amavit omnes:*
> *nunc in quadriviis et angiportis*
> *glubit magnanimi Remi nepotes.*

> Meine Lesbia, Caelius, jene Lesbia,
> jene Lesbia, die Catullus einzig
> mehr als sich und die Seinen all geliebt hat:
> jetzt in winkligen Gäßchen und am Kreuzweg
> saugt sie aus des erhabnen Remus Enkel!
>
>   (*carm.* 58, Übers. O. Weinreich)

Lesbia nostra, sagt Catull, wörtlich: unsere Lesbia, und bei den winkligen Gäßchen – *in quadriviis* – klingt der Spottname *quadrantaria* an: Der angeredete Caelius ist aller Wahrscheinlichkeit nach der aus Ciceros Rede bekannte, ebenfalls ein verflossener Liebhaber Clodias. Dazu paßt das Gedicht, in dem Catull, in spöttisch-gewundenem Ton, Cicero seinen Dank ausspricht (*carm.* 49). Er sagt nicht wofür – doch wohl weil er seinen Freund Caelius erfolgreich verteidigt und von der ungetreuen Geliebten ein ebenso schwarzes Bild gezeichnet hat wie er selbst in jenem Gedicht von Clodia als gemeiner Dirne. Sie ist damit abgetan und kann niemandem mehr gefährlich werden.

Ist Catull also nicht an gebrochenem Herzen gestorben? Wir glauben es nicht, trotz des anrührenden Bildes von seiner Liebe, die durch Lesbias Verschulden dahinsank, »welkend wie am Wiesensaume die Blume, wenn sie streifte die Pflugschar« (*carm.* 11). In einem Gedicht, das durch Personennamen auf den Winter 55/54 zu datieren ist, sagt Catull über eine zweifelhafte Provinzschönheit, die Freundin eines Caesargünstlings:

> *Ten provincia narrat esse bellam?*
> *Tecum Lesbia nostra conparatur?*
> *O saeclum imsapiens et infacetum!*

> Von dir sagt die Provinz, du seiest hübsch?
> Mit dir wird unsere Lesbia verglichen?
> O geschmackloses und plumpes Jahrhundert.

> (*carm.* 43, Übers. K. Büchner)

Zu dieser Zeit war die Beziehung unzweifelhaft bereits zu Ende. Lesbia aber ist zur Kunstfigur geworden, und jene Gedichte, in denen ihr Charme und ihre Schönheit gepriesen werden, in denen Catull liebt und leidet, finden sich in seinem Œuvre nicht als zusammenhängender »Liebesroman«; sie sind – ob von der Hand des Dichters selbst oder der seiner Freunde – eingeordnet in die Vielfalt seines Schaffens, als eines seiner Themen, neben der ergreifenden Klage um den jungverstorbenen, in Troja bestatteten Bruder (*carm.* 65, 68, 101) oder dem kunstvollen Kleinepos von der

Hochzeit des Peleus und der Thetis mit der Klage der verlassenen
Ariadne (*carm.* 64) und einem Hochzeitsgedicht für den Freund
Torquatus (*carm.* 61). Mit seinem Ausdruck leidenschaftlichen Ge-
fühls, verbunden mit höchster Sprachkunst, hat Catull die Dich-
tung in Rom heimisch gemacht und der nächsten Generation, den
Augusteern, den Weg gewiesen.

Zweites Kapitel

Cicero in Tusculum

Gespräche in Tusculum

»An meinem Tusculanum habe ich eine solche Freude, daß ich mich nur rundherum wohlfühle, wenn ich hier bin.« So schrieb Cicero an seinen Freund Atticus und bat ihn, ihm Marmorbüsten und Statuen sowie Bücher für seine Bibliothek zu besorgen. Sein Landhaus bei Tusculum sollte für ihn nicht nur ein buen retiro, ein Ort der Erholung von den Amtsgeschäften in Rom sein, sondern eine Stätte wissenschaftlicher und literarischer Betätigung, eine Insel des Geistes.

In der Gegend von Tusculum, am Fuß der Albanerberge, beim heutigen Städtchen Frascati, befand sich eine ausgedehnte römische Villenkolonie. Die Nähe zu Rom, die herrliche Aussicht und die frische Luft, die der heutige Besucher noch als angenehm empfindet, veranlaßte viele Römer, sich hier anzusiedeln. Zahlreiche Reste von Mauerwerk, von Gewölben, Terrassen und Wandelgängen sind noch erhalten, doch läßt sich nicht mit Sicherheit sagen, wo Ciceros Tusculanum stand. »Scuola di Cicerone« heißt ein Platz in einer Talmulde mit einem Rund steinerner Sitzbänke. Mag es sich hierbei auch eher um die Ruinen eines Theaters handeln, so ist doch bedeutsam, wie sich in einheimischer Tradition die Erinnerung an das Tusculanum Ciceros als einen Ort geistiger Vermittlung erhalten hat.

Marcus Tullius Cicero hatte seine Villa vor den Toren Roms im Jahr 68 v. Chr. erworben, als er die ersten Karriereschritte der römischen Ämterlaufbahn hinter sich gebracht hatte. 106 v. Chr. war

Marcus Tullius Cicero. Archäologisches Museum, Florenz

Das antike Theater in Tusculum

er in dem Landstädtchen Arpinum geboren, im östlichen Latium, am Hang über dem Tal des Liris. Das heutige Arpino besitzt nicht nur ein Denkmal, sondern erinnert auch mit einem internationalen Lateinwettbewerb für Schüler und Schülerinnen an den Meister der lateinischen Sprache. Ciceros Familie stammte aus dem *ordo equester*, dem Ritterstand. Deren Mitglieder nahmen in der politischen Rangordnung den minder geachteten zweiten Platz ein nach der Nobilität, den stadtrömischen Adelsfamilien, die fast ausschließlich die höheren Beamten für die Staatsverwaltung stellten und eifersüchtig über ihre Privilegien wachten.

Cicero wurde zusammen mit seinem Bruder Quintus von seinem Vater nach Rom gebracht und studierte dort Rhetorik und Rechtswissenschaft. Dann absolvierte er unter der Obhut angesehener Männer das *tirocinium fori*, seine Lehrzeit auf dem Forum, die ihm Einblick in die juristische und politische Praxis bot. Im Anschluß an eine Bildungsreise nach Griechenland, wo er bedeutende Lehrer der Rhetorik und Philosophie hörte, begann er in Rom den *cursus honorum*, die Ämterlaufbahn. Er bekleidete den Rang des Ädils und Prätors und durfte einen Sitz im Senat einnehmen: Er gehörte nun zum Amtsadel. Als Anwalt in aufsehenerregenden Prozessen war er schon als junger Mann unerschrocken für Recht und Gerechtigkeit eingetreten und hatte sich in weiten Kreisen Respekt verschafft, auch bei den altadligen Senatoren, die zunächst auf den Emporkömmling aus der Provinz herabsahen. Als den »Romulus aus Arpinum« hatten sie Cicero belächelt, weil er für die alten Römertugenden, für Uneigennützigkeit und Pflichttreue eintrat und Eigennutz, Macht- und Gewinnstreben anprangerte. Als nun aber die revolutionären Umtriebe ihres adligen Standesgenossen Catilina den Staat erschütterten und ihre eigene Existenz bedrohten, überwanden die *nobiles* ihre Abneigung gegen den *homo novus*, den »neuen Mann«, und stimmten Ciceros Wahl zum Konsul zu. Im Jahr 63 v. Chr. deckte Cicero als Konsul die Verschwörung des Catilina auf, ließ die Schuldigen verurteilen und bannte die Gefahr für den Staat. Dankbar feierte ihn ganz Rom als »Vater des Vaterlandes«. Doch konnte er sich seines Triumphes nicht lange erfreuen.

Zwar hatte sein Ruhm als Redner mit den Catilinarischen Reden einen neuen Höhepunkt erreicht, seine politische Zielsetzung aber war zum Scheitern verurteilt. Er war bestrebt, den Auflösungstendenzen der *res publica*, des Gemeinwesens, entgegenzuwirken und alle Stände, die Nobilität wie die Ritter, zu einer Einheitsfront zu verbinden, zum *consensus omnium bonorum*, dem Zusammenschluß aller staatstreu Gesinnten. Seine Bemühungen wurden jedoch durchkreuzt zum einen vom Eigennutz der einzelnen Gruppierungen, zum andern aber vom Machtwillen der Großen, die sich nicht mehr in die althergebrachten Formen des Staatsdienstes einfügen wollten. Julius Caesar, der von sich gesagt hatte, daß er lieber der Erste in einem kleinen Dorf als der Zweite in Rom sein wolle, schloß mit dem Feldherrn Gnaeus Pompeius und dem reichen Geschäftsmann Marcus Crassus einen Dreibund, ein Triumvirat. Dieser Zusammenschluß sollte der langfristigen Durchsetzung politischer Ziele auch außerhalb der legalen Bahnen dienen. Caesar erhielt das Kommando über die gallischen Provinzen und schuf sich dort eine gewaltige Machtposition. Nach Ablauf seiner Amtszeit war er nicht gewillt, sein Kommando niederzulegen und als Privatmann nach Rom zurückzukehren. Die Folge war der Bürgerkrieg, in dem Pompeius die Heere des Staates gegen seinen ehemaligen Bündnispartner führte und dabei den Tod fand. Caesars Siege brachten ihm eine unumschränkte Machtposition in Rom: Seit dem Jahr 47 v. Chr. war er Diktator. Cicero, der vergebens versucht hatte, durch Verhandlungen den Krieg zu verhindern, hatte sich ins Lager des Pompeius begeben und war bei Kriegsende von Caesar begnadigt worden. Nun zog er sich auf seine Landgüter zurück. Mit Vorliebe weilte er auf seinem Tusculanum und widmete sich dort der Philosophie. Sie sollte ihm Trost und Heilmittel sein in jener traurigen Zeit, da die *res publica*, das Gemeinwesen, nicht mehr die *res populi* war, die Sache des ganzen Volkes, wie Cicero es in seiner Schrift vom Staat formuliert hatte, sondern sich in der Machtbefugnis eines einzelnen befand.

Die Beschäftigung mit Philosophie, mit Künsten und Wissenschaften, war für den gebildeten Römer bislang eine Freizeitbeschäftigung gewesen, auf den Raum des *otium* beschränkt. *Otium*, die Zeit der Muße, stand im Gegensatz zum *negotium*, zu der öffentlichen Tätigkeit im Kriegsdienst, in den Amtsgeschäften, auf dem Forum und dem weiten Feld der Politik. An den Feiertagen, wenn man sich zur Erholung in seine Landhäuser zurückzog, oder in der Ruhe des Alters, pflegte man das *otium*. Man lud sich Freunde ein, diskutierte mit ihnen und las philosophische oder schöngeistige Werke. Das bedeutete zur Zeit Ciceros: Man beschäftigte sich mit den Griechen. Die große Literatur Roms, die für uns heute zur antiken Klassik gehört, begann ja erst mit Cicero und mit den Augusteern Vergil, Horaz und Livius. Die Römer lernten in der Schule Griechisch und studierten die Werke der griechischen Dichtung und Philosophie, die Klassiker. Das Griechische spielte im Geistesleben die gleiche dominierende Rolle wie

bei uns im 18. Jahrhundert das Französische, bis die Weimarer
Klassik eine eigenständige Geisteswelt, eine Nationalliteratur, her-
vorbrachte. Zu den Griechen aber hatte man in Rom ein zwiespältiges Verhältnis. Man bewunderte die Werke ihrer Kunst und ihres
Geistes, sah aber auf die griechischen Zeitgenossen herab. Sie waren nicht mehr die Heroen früherer Zeiten, die bei Marathon gekämpft hatten, sondern repräsentierten die Spätblüte einer müde
gewordenen Kultur. *Graeculi*, die Griechlein, nannte man sie und
attestierte ihnen einen Hang zu endlosen, spitzfindigen Reden:
viel Worte und wenig Taten. Doch was gab es für sie auch zu tun?
Griechenland war seit langem römische Provinz. Die Griechen
wiederum waren geneigt, auf die Römer herabzublicken. Sie waren die Sieger, aber reichlich unkultiviert. Es bedurfte großer Un-
voreingenommenheit und Liebe zum Geistigen, damit sich jene
Symbiose vollzog, die Horaz, einer der Begründer der römischen
Klassik, in die Worte faßte:

> *Graecia capta ferum victorem cepit et artis*
> *intulit agresti Latio.*

> Das unterworfene Griechenland unterwarf sich seinerseits
>   den rauhen Sieger
> und brachte die Künste ins bäuerliche Latium.

> (*Epist.* 2,1,156 f.)

Daß dieser Übernahmevorgang nicht einseitig blieb, sondern daß
auch Italien Wesentliches und Zukunftsweisendes einbrachte, ist
im besonderen das Verdienst Ciceros. Er hatte keinerlei adels-
stolze Vorurteile gegenüber den »Griechlein«, sondern eignete sich
mit Begeisterung und Dankbarkeit die Werke der griechischen
Klassiker an. Die Geistesheroen Griechenlands, Platon und Aristoteles oder der Philosoph Poseidonios, den er auf Rhodos gehört hatte, bildeten, zusammen mit den vorbildlichen alten Römern, die sich für die *res publica* eingesetzt hatten, eine Art geistiger Ahnengalerie für den *homo novus* Cicero. Er begnügte sich
aber nicht damit, den Schatz griechischer Weisheit für sich selbst
zu heben, sondern wollte ihn mit seinen Landsleuten teilen. Dies

bedeutete für ihn eine Aneignung in lateinischer Sprache, die
»Einbürgerung der Philosophie in Rom« (Richard Harder). Dazu
galt es zunächst eine Terminologie zu schaffen und die griechi-
schen Begriffe ins Römische zu übertragen. Wenn wir heute z. B.
Argumentation und Definition sagen, profitieren wir von Cicero.
Es ging ihm jedoch nicht um bloße Übersetzung, sondern um eine
Verschmelzung mit römischer Denkart.

So behandelte er selbst die wichtigsten Themen aus dem Umkreis der Philosophie, stellte die Meinungen der einzelnen Philosophenschulen dar und nahm dazu Stellung. Er kleidete seine Abhandlungen in ein römisches Gewand, indem er den Ge-
sprächscharakter der platonischen Dialoge aufnahm und bekannte
Persönlichkeiten der Vergangenheit, aber auch seine Freunde in
einer Rahmenhandlung auftreten und sie miteinander diskutieren
ließ. Die Situation des *otium*, der feiertäglichen Muße bei einem
Landaufenthalt, schafft eine Atmosphäre urbaner Geselligkeit, in
der jeder Gesprächspartner seine Meinung mit dem ganzen Gewicht seiner Persönlichkeit vertritt, zugleich aber auch ohne rigi-
des Beharren die Ansicht des anderen gelten läßt. Dies entsprach
den Grundsätzen von Ciceros eigenem Philosophieren. Er hatte
sich keiner der streng dogmatischen Schulen angeschlossen, wie
den Epikureern oder den Stoikern, sondern einer Richtung der
platonischen Akademie, die sich die skeptische nannte. Cicero bezeichnete sie als *genus minime adrogans*, die am wenigsten anma-
ßende Schule.

Die skeptische Akademie vertrat die Ansicht, daß die menschlichen Sinneswahrnehmungen keine sichere Erkenntnis zuließen.
Daher müsse man *epoché*, Zurückhaltung im Urteil, üben und
dürfe keine allgemein verbindlichen Ansichten postulieren. Hier-
aus ergibt sich freilich kein Indifferentismus, sondern die Pflicht,
sich um die Erkenntnis der Wahrheit nach Kräften zu bemühen,
auch wenn man nur das *verisimile* finden kann, das, was jeweils
den höchsten Grad von Wahrscheinlichkeit hat, da die Wahrheit
selbst im Verborgenen liegt. (So läßt sich auch die berühmte Frage
des Pilatus »Was ist Wahrheit?« nicht als Zynismus verstehen,
sondern als Skepsis gegenüber der Überzeugung, im Besitze der

Wahrheit zu sein.) Zum andern ergibt sich aus dieser skeptischen Zurückhaltung das Gebot der Toleranz gegenüber allen Andersdenkenden, die sich jener verborgenen Wahrheit auf einem anderen Wege nähern. Statt strengem Dogmatismus und rigoroser Observanz tritt Cicero für die Freiheit des Urteils ein. Sein Philosophieren ist jedoch, konsequent gesehen, der schwierigere Weg. Keine fundamentale Sicherheit – »der Meister hat's gesagt«, wie es bei den Pythagoreern hieß –, vielmehr eine lebenslange, immer wieder neu und vorurteilslos zu leistende Wahrheitssuche, die mit Persönlichkeitsbildung einhergeht und sich und den anderen bilden und formen will.

So wandelt sich auch für Cicero der Begriff des *otium*. Statt unverbindlicher Freizeitbeschäftigung, statt bloßer Ablenkung von der Misere der Gegenwart wird ihm sein *otium* zur Aufgabe, zum *negotium*. Er hat sich darüber in den Vorreden seiner philosophischen Dialoge geäußert (z. B. in *De divinatione*, *Von der Weissagung*, Buch 2). Bei der Aneignung der griechischen Wissenschaften, sagt Cicero am Anfang der *Tuskulanischen Gespräche*, stand in Rom die Redekunst an erster Stelle. Die Philosophie aber, meint er, liegt bis heute darnieder und fand keine erhellende Darstellung in lateinischer Sprache. Deshalb sieht er gerade darin seine besondere Aufgabe: »Wenn meine öffentliche Tätigkeit meinen Mitbürgern von Vorteil war, so möchte ich ihnen auch in meiner Muße, meinem *otium*, einigen Nutzen bringen.«

Cicero, als Politiker kaltgestellt, wird zum Erzieher, und er verspricht seinen Lesern, es werde keine *lectio* ohne *delectatio*, keine Lektüre ohne Genuß werden. Er will vor allem die Jugend ansprechen, da Philosophie für ihn eine Lebenslehre ist und kein System von trockenen Lehrsätzen. Und die Jugend kommt zu ihm auf sein Tusculanum, angezogen vom Ruhm des Redners Cicero, von dem sie profitieren will. Cicero veranstaltet, wie man heute sagen würde, mehrtägige Seminare; er nennt sie *declamationes*, Rede- und Vortragsübungen, oder nach dem Vorbild der Griechen *scholae*. (*scholé* ist ursprünglich nicht die Schule, sondern die Muße – der Schulbesuch ist ein Privileg derer, die sich freie Zeit leisten können!)

Auf dem Tusculanum hat Cicero ein Gymnasium anlegen lassen, nach dem Muster der Übungs- und Ausbildungsstätte für die
griechische Jugend. Es besteht aus zwei Anlagen mit gedeckten
Wandelhallen und Bibliotheken, Hörsälen und Räumen für körperliche Ertüchtigung und Erholung, wie für Ballspiel und Baden.
Am Vormittag begibt man sich ins etwas oberhalb gelegene Ly-
ceum, das nach dem Lehrort des Aristoteles in Athen heißt. Hier
werden Redeübungen abgehalten, zu Mittag erholt man sich ein
wenig, und am Nachmittag steigt man hinab in die Akademie, so
genannt nach Platons Wirkungsstätte. Dort weist Cicero seine
Schüler in die Philosophie ein. Sein Ideal ist die Verbindung von
Beredsamkeit und Weisheit: Der Mensch definiert sich für ihn
durch Sprache und vernunftgemäßes Handeln.

Die in fünf Bücher eingeteilten *Tuskulanischen Gespräche* über
praktische Ethik sind ein Abbild eines solchen fünftägigen Semi-
nars, einer Scuola di Cicerone. An jedem Tag wird von einem der
Hörer eine These aufgestellt, die Cicero in Frage und Antwort
und im Lehrvortrag widerlegt. *Auditor* und *magister* (*A.* und *M.*)
hat man die Unterredner genannt, Hörer und Lehrer. Teils im Sitzen, teils im Auf- und Abwandeln wird die Erörterung geführt. Es
geht um die Fragen: Ist der Tod ein Übel? Lassen sich Schmerz
und Kummer überwinden, kann man die Leidenschaften besiegen,
und genügt die Tugend (*virtus*), die sittliche Vollkommenheit, für
ein glückliches Leben? Trotz gewichtiger Einwände steht am
Ende, allgemein anerkannt, die Überzeugung, daß der Besitz der
virtus zu einem befriedigenden Leben ausreicht. Der Weise, der
nach den Regeln der Philosophie lebt, ist frei und unabhängig von
allen äußeren Umständen; er verkörpert die autonome Persönlichkeit. Die Zeiten des Bürgerkriegs und der noch andauernden Be-
drohungen geben der Frage wie auch der Antwort ihr besonderes
Gewicht.

Der heutige Leser wird sich vor allem von der Geschlossenheit
des ersten Buches angezogen fühlen. Der Hörer stellt die These
auf, der Tod sei ein Übel, und zwar für die Toten wie auch für diejenigen, die sterben müssen. Folglich ist jeder unglücklich – wir
wären also alle für ein ewiges Unglücklichsein geboren. Der Magi-

ster weist jedoch Schritt für Schritt nach, daß dies nicht zutrifft. Entweder gibt es nach dem Tode keinerlei Empfindung mehr, dann ist der Tote, da er nichts entbehrt, auch nicht unglücklich. Damit ist gegeben, daß die Seele mit dem Körper zugrunde geht, wie es Demokrit und die Epikureer lehren. Bleibt die Seele aber erhalten, dann ist sie notwendigerweise unsterblich; sie ist ein Teil der göttlichen Kraft, die als ewig bewegte das All durchwaltet (eine kosmische Energie, würden wir heute sagen). Mit dieser verbindet sich die Seele wieder, nachdem sie sich vom Körper getrennt hat. Der Tod ist dann kein Untergang, sondern Übergang und Verwandlung des Lebens: *commutatio vitae* (»*Vita mutatur, non tollitur* – Das Leben wird gewandelt, nicht genommen«, sagt die christliche Kirche). Die Seele findet im Ewigen ihren ursprünglichen Platz wieder und ist dort selig. So lehrten es Platon und seine Schule. Nur zu gern hört der Schüler diese tröstliche Botschaft, der Magister aber hält es für nötig, noch in weitere Beweisgänge einzutreten und von der platonischen Hoffnung auf Unsterblichkeit abzusehen. Darauf der Hörer: »Ich will wahrhaftig lieber mit Platon irren als mit gewissen anderen das Wahre erkennen.« Der Magister stimmt zu. Gerade auf diesem Gebiet kann man nur das *verisimile* erreichen, eine plausible Annäherung an die Wahrheit. Und da die Philosophie eine Lebenslehre sein soll – *vitae philosophia dux*, Führerin im Leben, wird sie in den *Tuskulanen* genannt –, hat der Verweis auf die Seelenlehre Platons und das Vorbild des Sokrates in seinen Reden vor dem Tode ebensolches Gewicht wie zuvor das logische Deduzieren. Am Ende des ersten Gesprächstages steht fest, daß der Tod kein Übel ist. Von den unsterblichen Göttern, das heißt von unserer gemeinsamen Mutter, der Natur, wurde er für alle festgesetzt. Und diese ewige Macht ist um das Menschengeschlecht besorgt und hat es nicht erschaffen und genährt, um es in die ewige Nacht des Todes zu stürzen. Glauben wir also lieber, schließt der Magister, daß uns im Tode ein Hafen und eine Zufluchtsstätte bereitgehalten wird. Der Schüler stimmt zu, und der Lehrer meint: »Das ist recht so. Doch nun wollen wir etwas für unsere Gesundheit tun. Morgen aber und die übrigen Tage, die wir auf dem Tusculanum zubringen, wollen wir diese Gespräche fortsetzen, vor allem darüber, was dem Kummer, den Ängsten und Leidenschaften Heilung und Linderung bringt. Das ist nämlich die reichste Frucht alles Philosophierens.« Orientierungshilfe, ja Religionsersatz ist die Philosophie in einer aufgeklärten, aber unsicheren Zeit, da der einzelne nicht erst im Tode, sondern bereits im Leben einen Hafen und Zufluchtsort braucht.

Die *Tuskulanischen Gespräche* sind im Sommer 45 entstanden, zu einer Zeit, als Cicero selbst einen besonderen Grund hatte, Heilung und Linderung von Kummer und Schmerz zu suchen. Er trauerte nicht nur um die verlorene *res publica*. Wenige Monate zuvor war seine über alles geliebte Tochter Tullia gestorben (um 79 – 45 v. Chr.). Nach der Geburt eines Kindes kränkelte sie und kam zum Vater auf das Tusculanum, um in der frischen Luft der Albanerberge Heilung zu finden. Ihr Zustand verschlimmerte sich jedoch und wurde hoffnungslos. Im Februar 45 starb sie auf dem Tusculanum, wenig später auch ihr Kind. Aus zahlreichen Erwähnungen in der reichhaltigen Korrespondenz Ciceros vermag man sie sich vorzustellen als eine zarte, gebildete, überaus sympathische junge Frau. Sie war wohl die einzige, die, anders als die robuste Gattin Terentia und der etwas oberflächliche Sohn Marcus, an den geistigen Bestrebungen ihres Vaters Anteil nahm, seinen Schmerz um die verlorene republikanische Freiheit teilte und, wohl aus eigener Seelenverwandtschaft, Verständnis hatte für Ciceros intensives, oft labiles Gefühlsleben. »Meine Tochter, mit ihrer liebevollen Art, ihrem angenehmen Wesen, ihrer Klugheit – im Gesichtsausdruck, in ihrer Rede und ihrem Wesen ist sie ganz mein Ebenbild«, so schreibt der Vater, der sie in seiner Verbannung schmerzlich vermißte und sich Sorgen um ihre Gesundheit machte. Sie war jedoch bei aller Zartheit innerlich festgegründet. So rühmt der Vater ihre *virtus*, ihre bewundernswerte tapfere Haltung, mit der sie ihn beim Ausbruch des Bürgerkrieges darin bestärkte, seinen Prinzipien treu zu bleiben und nicht, wie die Freunde es rieten, seiner Sicherheit zuliebe ins Lager Caesars zu gehen.

In den letzten Jahren hatten sich Vater und Tochter besonders eng aneinander angeschlossen. Cicero war von Terentia geschie-

den, und Tullia fühlte sich unglücklich in ihrer Ehe mit Publius
Cornelius Dolabella (69 – 43). Aus einer altadligen Patrizierfami-
lie stammend, ehrgeizig, begabt und charmant, aber skrupellos,
war er einer jener typischen Vertreter der »verlorenen Generation« am Ende der römischen Republik, schillernd zwischen Gut
und Böse, mit einer eigenen Anziehungskraft auf Männer wie
Frauen. Wie ein Curio oder Caelius schloß er sich Caesar an, um
seine Aufstiegschancen wahrzunehmen und seine zerrütteten Fi-
nanzen zu sanieren. Trotz mancher Eskapaden behielt er das
Wohlwollen Caesars. Nach dessen Tod ging er zu den Caesarmör-
dern über, spielte aber sein eigenes Spiel und hielt sich widerrecht-
lich im Besitz der reichen Provinz Syrien, die er mit Mord und
Brand ausplünderte. Hier fand er schließlich als Geächteter den
Tod. Eine solche catilinarische Existenz als Gatte der zarten Tullia:
ein Beispiel für die unbarmherzige patriarchalische Heiratspolitik
in Rom? In der Tat war Tullia, wie damals üblich, von ihrem Vater
verheiratet worden, sogar zweimal. Der erste Gatte war gestorben,
von dem zweiten war sie geschieden. Den dritten aber, ebenjenen
Dolabella, hatte sie sich selbst gewählt, gegen die Bedenken ihres
Vaters. Während Cicero als Statthalter in Kilikien weilte, waren
die beiden Damen Terentia und Tullia offenbar dem Charme Do-
labellas erlegen, der zudem noch beträchtlich jünger war als Tullia.
Die energische Terentia hatte der Tochter Rückendeckung gegeben, und beide stellten den Vater bei seiner Rückkehr vor vollendete Tatsachen. »Meine Tullia verheiratet sich mit Cornelius Dolabella. Wenn das nur gutgeht«, schrieb Cicero. Es ging nicht gut,
denn Dolabella führte weiterhin das Leben eines berüchtigten Le-
bemannes und verpraßte auch Tullias Mitgift. Zudem stand er im
Bürgerkrieg im anderen Lager, und Tullia fühlte sich zerrissen
zwischen der Parteinahme für den Vater und den Gatten. Im November 46 trennte sich Tullia trotz ihrer Schwangerschaft von ihm
und kam dann zu ihrem Vater.

Er hatte bei ihr auf dem Tusculanum, wie er sagte, »eine Stätte,
wohin ich mich flüchten, wo ich Ruhe finden konnte, einen Menschen, der durch sein Gespräch und seine liebevolle Art mir meine
Sorgen und meinen Schmerz abnahm«.

Gespräche in Tusculum – das sind nicht nur jene fünf Bücher philosophischer Erörterungen, sondern auch die Unterhaltungen Ciceros mit Tullia. Sie war, neben einem genialen Mann aufgewachsen, geistig wie bildungs- und wohl auch empfindungsmäßig »überqualifiziert« für ihre Zeit und mußte den daraus entstehenden Zwiespalt in ihrer Person austragen (wie später etwa Cornelia Goethe).

Marcus Iunius Brutus.
Zeitgenössische Goldmünze

Tullias Tod stürzte Cicero in eine schwere Krise. Nachdem viele Tröstungsversuche der Freunde erfolglos geblieben waren, hatte Marcus Brutus die rechten Worte gefunden, indem er Cicero an seine Pflichten mahnte. Noch gab es für ihn etwas zu tun: Er mußte seinen Plan, die griechische Philosophie in römischem Gewande darzustellen, ausführen. So konnte er sein erzwungenes *otium* im Schatten Caesars für seine Mitbürger nutzbar machen und selbst Linderung für seinen Kummer finden. Zum Dank für seine Aufmunterung widmete Cicero die *Tuskulanischen Gespräche* Marcus Brutus, dem er auch schon die rhetorischen Schriften *Orator* und *Brutus* zugeeignet hatte. Brutus war nicht nur mit Cicero, sondern auch mit Caesar befreundet, was den ersteren

aber nicht hinderte, sich in beiden Schriften stark zu exponieren.
Er preist seinen verstorbenen Kollegen, den Redner Hortensius,
glücklich, daß er das Unheil des Bürgerkrieges und die Misere der
Gegenwart nicht mehr erleben mußte, und bedauert sich selbst,
daß er in diese Nacht des Staates geraten sei und ihm kein ehren-
voller Abschluß seiner politischen Laufbahn vergönnt war. Vor
allem aber bedauert er Brutus und die junge Generation, daß ihnen
diese *misera fortuna rei publicae* alle Wege zu ruhmvoller Betätigung als Redner auf dem Forum und im Staatsdienst abgeschnitten
hat. »Deinetwegen quält uns ein doppelter Kummer, daß nämlich
du selbst die *res publica* entbehren mußt und sie dich. Wir wünschen für dich, Brutus, einen solchen Staat, in dem du das Andenken deiner beiden glanzvollen Ahnengeschlechter erneuern und
ihren Ruhm vermehren könntest.« Die beiden berühmtesten Ahnen väterlicher- wie mütterlicherseits waren Lucius Iunius Brutus,
der die Königsherrschaft gestürzt, und Servilius Ahala, der einen
Tyrannen getötet hatte. Was mußte Brutus also tun, wenn er auf-
gefordert wurde, in ihre Fußstapfen zu treten? Caesars autokrati-
sche Tendenzen wurden unübersehbar, allenthalben ging das Ge-
rücht, er strebe nach der Königswürde. Auch in den *Tuskulanen*
wird Brutus an seinen gleichnamigen Ahnherrn erinnert, der die
Könige vertrieben und die Freiheit begründet habe.

Noch eindringlicher aber wird auf einen anderen Verwandten
des Brutus hingewiesen, auf seinen Onkel Cato (M. Porcius Cato
den Jüngeren), für den die *virtus* die einzige Richtschnur seines
Lebens gewesen sei. Als überzeugter Stoiker und aufrechter Republikaner hatte er schon vor dem Bürgerkrieg gegen Caesar oppo-
niert, war dann auf seiten des Pompeius in den Krieg gezogen und
nach dessen Tod durch sein hohes moralisches Ansehen zum
Haupt des Widerstandes geworden. Nach der Niederlage von
Utica im Jahr 46 hatte er es abgelehnt, sich von Caesar begnadigen
zu lassen. Die *clementia Caesaris*, seine vielgerühmte Milde, sei die
Haltung eines Herrschers gegenüber seinen Untertanen und nicht
die eines Bürgers unter Bürgern. So gab er sich selbst den Tod und
wählte damit die Freiheit. Cicero wie Brutus priesen sein Andenken in einer Lobschrift. Brutus aber heiratete im Juni 45 seine Ku-

Das sogenannte Grabmal Ciceros in Formia

sine Porcia, die nicht nur die echte Tochter ihres Vaters Cato war,
sondern auch die Witwe des Bibulus, der als Mitkonsul Caesars im
Jahr 59 gegen dessen Maßnahmen Protest eingelegt und im Bürgerkrieg gegen ihn gekämpft hatte. Brutus, der Freund Ciceros,
der Neffe des Cato, der Gatte der Porcia, blieb er weiterhin auch
der Freund Caesars? Hatte nicht Cicero in seinem Dialog *Laelius,
Über die Freundschaft,* unmißverständlich klargemacht, daß die
Verpflichtungen der Freundschaft dort endeten, wo einer der
Freunde sich von der *virtus* lossagt? Wenn die Philosophie eine
Lebenslehre ist, so kann sie nicht unpolitisch sein; die *virtus* muß
gelebt werden, wie Cato es bewiesen hatte. Brutus folgte ihm
nach, gemeinsam mit Cassius, auch er einer der Philosophenschü-
ler auf dem Tusculanum. Die Verschwörung gegen Caesar for-
mierte sich.

Die Tat an den Iden des März 44 veränderte die Welt. Cicero
verließ sein Tusculanum und kehrte in die Politik zurück. Noch
einmal stand er, wie einst gegen Catilina, an der Spitze des Staates.
Mit seinen aufrüttelnden *Philippischen Reden* gegen Marcus Antonius versuchte er, die *res publica* wiederherzustellen. Doch all
seine Bemühungen waren vergebens. Ein neues Triumvirat, eine
Allianz der Caesarerben und -Nachfolger, etablierte die Militärdiktatur in Rom. Eine neue »Nacht des Staates« kam herauf, und
Ciceros Name wurde auf die schwarzen Listen gesetzt. Er zog sich
aus Rom zurück, nicht auf sein zu nahe gelegenes Tusculanum,
sondern in seine entferntere Villa bei Formiae. Man identifiziert
sie vielfach mit den Ruinen eines römischen Hauses im Garten der
Villa Rubino in Formia. Ein alter Turm, aus rohen Steinen gefügt,
steht noch heute an der Straße zwischen Gaëta und Formia, ein
antikes Grabmal: Tomba di Cicerone, Grab des Cicero, heißt es.
Hier geht ein Steg zur Küste hinunter, und hier soll es gewesen
sein, wo Cicero auf der Flucht von seinen Häschern eingeholt
wurde. Er ließ seine Sänfte halten und empfing gefaßt den Todes-
streich, in der sicheren Überzeugung, seinen Grundsätzen bis zuletzt treu gewesen zu sein. »*Certe omnes virtutis compotes beati
sunt* – Mit Sicherheit sind alle, die im Besitz der Tugend sind,
glücklich«, hatte er in den *Tuskulanen* gesagt.

Drittes Kapitel

Vergil in Mantua

Saturnische Erde

Mantua me genuit, Calabri rapuere, tenet nunc
Parthenope; cecini pascua, rura, duces.

Mantua gab mir das Leben, Kalabrien raubt' es, Neapel
birgt mich, Weiden besang, Felder und Helden mein Lied.

(aus der Probusvita, Übers. J. u. M. Götte)

Diesen Grabspruch, der sein Leben und Werk in knapper Form
zusammenfaßt, soll Vergil sich selbst gedichtet haben. Er steht
heute als Inschrift am Palazzo del Broletto in Mantua. Dort an der
Fassade thront Vergil auch als Gelehrter und Patron der Stadtre-
publik Mantua als Statue aus dem Jahr 1227. Als im Jahr 1981 der
zweitausendste Todestag Vergils begangen wurde, meldeten sich –
neben Rom – die drei Regionen Italiens zu Wort, die dem Grabspruch entsprechend eine besondere Beziehung zu Vergil aufwei-
sen können: Mantua, seine Vaterstadt, Brindisi, Brundisium im
damaligen Kalabrien, wo er auf der Rückreise von Griechenland
einer Fiebererkrankung erlegen ist und wo es heute noch die Casa
di Virgilio gibt, sowie Kampanien, Neapel mit Umgebung, wo der
Poet lange Jahre seines Lebens verbracht hat und wo man auch
sein Grab zeigt. Es war die Stimme Mantuas, die sich am nach-
drücklichsten zu Gehör brachte: *Gli anni padani di Virgilio* (Luigi
Alfonsi), die Jahre, die er in der Polandschaft verbrachte, in der
Transpadana, haben ihm seine ersten, prägenden Eindrücke ver-

schafft, die existentielle Erfahrung von Leid, Ungerechtigkeit und
Gewalt, gegen die er leise, aber unbeirrbar in allen seinen Werken
seine Stimme erhob, in den *Bucolica*, den *Hirtengedichten*, in den
Georgica, dem Werk über den Landbau, und in seinem Epos
Aeneis.

Am 15. Oktober 70 v. Chr. ist Publius Vergilius Maro in Andes
bei Mantua geboren. Seine Heimat gehörte damals noch zur Provinz *Gallia cisalpina*, dem diesseitigen Gallien (Oberitalien). Wie
bei Catull, der aus Verona stammt, ist auch bei Vergil anzunehmen, daß seine Eltern von römischen Siedlern abstammten. Wie
uns die antiken Viten mitteilen, betrieb Vergils Vater Landwirtschaft und arbeitete außerdem noch als Töpfer. Auch heute sieht
man in Oberitalien an manchen Bauernhäusern Töpferwaren aus-
gestellt. Die Mutter Magia Polla gebar ihren Sohn auf dem Felde;
die Erde selbst diente ihm als Wiege. Das Kind wimmerte nicht,
sondern lächelte: Es stand offenbar unter göttlichem Schutz. Die
Eltern pflanzten der Sitte gemäß ein Pappelreis, das rasch zu
einem hohen Baum heranwuchs. Von diesem Baumreis (lat. *virga*)
leitet sich die Namensform Virgil ab, die noch heute in den angel-
sächsischen Ländern gebräuchlich ist. Sie erschien zuerst um 400
n. Chr., als Aelius Donatus, der Lehrer des hl. Hieronymus, seinen Vergil-Kommentar herausgab, dem er auch die Nachrichten
der antiken Viten und die Geburtslegenden beifügte.

Vergil erwähnt seine Vaterstadt Mantua des öfteren; ihr will er
die Siegespalmen heimbringen, die er durch seine Dichtung gewinnt (*Georg.* 3,10 ff.). Sie war damals eine ländliche Kleinstadt,
aber ehrwürdig durch ihr Alter: Manto, die wahrsagende Tochter
des aus der griechischen Sage bekannten Sehers Teiresias, soll sie
gegründet haben. Heute erinnert ein Denkmal in einem Park an
den großen Sohn der Stadt, das 1930 zu Vergils 2000. Geburtstag
gestiftet wurde und seine Herkunft aus jenen Jahren deutlich erkennen läßt. Von zeitloser Gültigkeit sind die huldigenden Verse
Dantes auf dem Sockel des Denkmals: »Du bist mein Meister, bist
mein Leitstern. Von dir allein nahm ich den schönen Stil, der mir
Ehre eingebracht hat.« Dante und Vergil: »ein Flammenbogen, der
von einer großen Seele zur andern überspringt«, so hat Ernst Ro-

bert Curtius die wundersame Begegnung der beiden Dichter genannt, wie sie sich in der *Göttlichen Komödie* spiegelt. An Vergil
wird man auch im Palazzo Ducale erinnert, dem prächtigen Her-
zogspalast der Gonzaga mit seinem Trojasaal und der Aeneas-
treppe. Hier wird man freilich eher an den Herzog von Mantua in
Verdis *Rigoletto* denken, doch auch er huldigt Vergil: »*La donna e
mobile* – O wie so trügerisch sind Frauenherzen«, jene etwas ver-
wunderliche Feststellung aus dem Munde eines notorischen Her-
zensbrechers, ist ein zum Sprichwort gewordener Vergilvers (*Aen.*
4,569 f.): »*Varium et mutabile semper femina* – Wechselhaft und
stets veränderlich ist das Weib.« Oder zitiert Vergil hier bereits
einen volkstümlich-sprichwörtlichen Ausdruck?

Um Vergil und seinen »Anni padani« möglichst nahezukom-
men, sollte man vor die Tore der Stadt hinausfahren, zum Mincio
und zur Gemeinde Virgilio mit dem kleinen Ort Pietole, der Anspruch darauf erhebt, das antike Andes zu sein, der Flecken, wo
Vergil geboren wurde. Hier kann man noch die ländliche Stimmung spüren, von der Vergil spricht:

> Hast du ein wenig Zeit, so ruh dich aus hier im Schatten!
> Hier umsäumt mit schwankem Schilf der Mincio grünend
> Rings die Ufer, es summen aus heiliger Eiche die Bienen.
>
> (*Buc.* 7,10 ff., Übers. J. und M. Götte,
> auch für die folgenden Stellen der *Bucolica* und *Georgica*)

Noch heute dehnen sich hier Kornfelder, Wiesen und Weiden,
auch die Bewässerungskanäle sind noch da, mit kleinen Holzgat-
tern als Schleusen, wie zu Vergils Zeiten:

> *Claudite iam rivos, pueri; sat prata biberunt.*
>
> Schließt die Kanäle nun, Knaben! Es tranken reichlich die
> Wiesen.

So schließt das dritte der zehn *Hirtengedichte* Vergils, der *Bucolica*
oder *Eklogen*, das einen Sängerwettstreit zweier Hirten erzählt.
Hier in dieser Gegend soll Vergil, so will es die einheimische Tra-

dition, mit dem Dichten begonnen haben: An einer Wegbiegung
am Mincio findet man den Stein, auf dem Vergil gesessen haben
soll (vorsorglich durch ein Drahtgitter vor Souvenirsammlern geschützt). Man hat von hier einen freien Blick auf die Türme und
Kuppeln von Mantua. »Über die Wiege Vergils kam mir ein lau-
licher Wind: Da gesellten die Musen sich gleich zum Freunde«,
schrieb Goethe in den *Venezianischen Epigrammen.*

*Der Stein, auf dem Vergil gesessen haben soll, im Hintergrund
der Mincio und Mantua*

Das liebliche, fruchtbare Land um Mantua, sorgsam gepflegt
und fleißig bearbeitet, wurde zur Seelenheimat Vergils. Aber es ist
keine bukolische Ideallandschaft, wenn auch die Hirten und ihre
Liebchen in den Eklogen klangvolle griechische Namen tragen
wie Tityrus und Amaryllis. Sie erinnern damit an den Schöpfer der
Hirtenpoesie, den sizilischen Griechen Theokrit (geb. 305 v. Chr.).
Er gehörte zu den Alexandrinern, die so großen Einfluß auf die
römischen Dichter ausgeübt haben, wie wir bei Catull sahen. Vergil übernimmt von Theokrit das Szenarium, die Hirten mit ihrem

Leben und Lieben, die in ihrer Mußezeit den Musen huldigen und singen, dichten und musizieren. Statt in Sizilien, das inzwischen zu einem Großlandwirtschaftsraum mit Monokulturen geworden war, siedelt Vergil seine Dichtung in Arkadien an, der griechischen Schäferlandschaft, der Heimat des Hirtengottes Pan. Ein Hirte, der unter einem Baum im Schatten gelagert die Flöte bläst – dies wurde zum typischen Bild der Bukolik und der späteren »Schäferpoesie«. Aber bei Vergil erhält es eine eigene Bedeutung:

Tityre, tu patulae recubans sub tegmine fagi
silvestrem tenui musam meditaris avena:
nos patriae finis et dulcia linquimus arva.
nos patriam fugimus: tu, Tityre, lentus in umbra
formosam resonare doces Amaryllida silvas.

Tityrus, du ruhst hier unterm Dach breitästiger Buche,
Übst auf kleiner Flöte ein Lied versonnen vom Walde.
Wir aber lassen das Land der Väter, traute Gefilde,
Müssen das Vaterland fliehen! Du, Tityrus, lehnest im Schatten,
Lehrest den hallenden Wald Amaryllis, die liebliche, rufen.

(*Ecl.* 1,1 ff.)

Meliboeus und Tityrus unterhalten sich, doch sie sind keine Hirten aus einem idyllischen Arkadien, sondern italische Kleinbauern im Hier und Jetzt. Der eine, der unterm Baum sitzt und Flöte bläst, wird geradezu schmerzhaft kontrastiert mit dem anderen, der fort muß, vertrieben von Haus und Hof. Nur mühsam bringt er seine Ziegen voran, eine von ihnen hat ihre gerade geborenen Zwillingslämmchen auf hartem Stein liegen lassen müssen. Vertrieben ist er, muß sein sorglich gepflegtes Land einem Soldaten überlassen, der es *impius*, ehrfurchtslos gegenüber der Erde, übernehmen und verwildern lassen wird. Er selbst aber, der frühere Besitzer, muß ins Ungewisse, irgendwohin ans Ende der Welt, denn für ihn gibt es keinen Platz mehr in der Heimat.

Wir befinden uns nicht in Arkadien, sondern in der leidvollen Gegenwart des Jahres 41 v. Chr. Wenn Vergil auf sein Mantua hinblickt, drängen sich ihm die Worte auf:

Mantua vae miserae nimium vicina Cremonae!

Mantua, wehe, benachbart zu sehr dem armen Cremona!

(Ecl. 9,28)

In der Schlacht von Philippi 42 v. Chr. hatten Marcus Antonius und Octavian, der Erbe und Adoptivsohn Caesars, die Caesarmörder Brutus und Cassius besiegt. Beide verloren das Leben; der Traum von der Wiederherstellung der *res publica* war ausgeträumt. Antonius und Octavian errichteten eine Militärdiktatur; es folgten die berüchtigten Proskriptionen, »schwarze Listen« mit den Namen der Geächteten, die das Opfer von Mörderkommandos wurden. Der erste Name auf den Listen war der Ciceros. Er hatte in seinen *Philippischen Reden* zum Kampf für die Republik und gegen Antonius aufgerufen. Wenn sich die Machthaber im Sattel halten wollten, mußten sie nun die Soldaten zufriedenstellen. So wurden Veteranenansiedlungen durchgeführt, auch in Oberitalien in der Gegend von Cremona. Die dortige Landbevölkerung wurde entschädigungslos enteignet und mußte ihr Land verlassen. Da sich die Gemarkung als zu klein erwies, wurde auch die Region Mantua einbezogen. Allenthalben zogen Männer und Frauen, Kinder und Greise fort in die Fremde, Heimatvertriebene im eigenen Land. Erschütternde Szenen ereigneten sich in Rom, wo die Vertriebenen mit Weinen und Wehklagen die Tempel umlagerten. Wie die Viten berichten, war auch Vergils Familie von diesem Schicksal betroffen. Freunde des Dichters verwendeten sich für ihn bei einem der führenden Männer, bei dem hochgebildeten Asinius Pollio, vielleicht bei Octavian selbst, und Vergil erhielt sein Hofgut zurück. Dies ist der Hintergrund des Gedichts von den beiden Hirten, von denen der eine bleiben darf, der andere aber vertrieben wird. »Ein Gott hat mir diesen Frieden geschenkt«, erklärt Tityrus auf die Frage des Meliboeus und erzählt, wie er in Rom einen Jüngling sah, der ihm wie ein hilfreicher Gott erschien, denn er gab ihm auf seine Bitten die Antwort:

Pascite ut ante boves, pueri, summittite tauros.

Weidet nur, Burschen, wie sonst eure Rinder, züchtet euch Stiere!

Niemals wird sein Anblick aus seinem Herzen entschwinden, wie einem Gott will er ihm immer opfern. Wer ist der göttergleiche Jüngling in Rom, der eine solche Machtvollkommenheit besitzt? Es gab zu dieser Zeit nur einen, auf den dies zutrifft, Octavian, den jungen Caesar; er war verantwortlich für die Verwaltung Italiens und für die Veteranenansiedlung. Er war auch mitverantwortlich für die Greuel der Proskriptionen, das Leid und Elend, das ein abermaliger Bürgerkrieg nach Caesars Tod über die Welt gebracht hatte. Und in Vergils Gedicht wird er als junger Gott gepriesen? »Welcher Gott hat uns da diesen göttergleichen Jüngling gesandt?« Das ist die Stimme Ciceros in seiner 5. *Philippischen Rede* am 1. Januar 43. Damals versuchte Cicero lobend, bittend und beschwörend den machtgierigen jungen Caesar auf der rechten Bahn, das hieß auf der Seite der Republikaner, zu halten und ihn auf die Rolle eines göttergleichen Retters festzulegen – vergebens. Nun unternimmt Vergil das gleiche: Sein Lob ist ein Appell, eine der kühnsten Hoffnungen, die je ein Dichter aussprach, mit einer Kraft, die man als »utopische Energie« bezeichnen kann (Albert von Schirnding). Vergil zeigt sich nicht dankbar dafür, daß er sein Land zurückerhalten hat, wie man zuweilen meinte – er richtet seinen Blick und den des Lesers vielmehr auf den unglücklichen Hirten, mit solch unvergeßlichen Einzelzügen wie der leidenden Kreatur, der Ziege, die ihre Jungen verlassen muß. Tröstlich erscheint schließlich eine Geste der Mitmenschlichkeit, als der Glückliche den Unglücklichen einlädt, wenigstens für diese Nacht bei ihm zu bleiben. Aber auch dadurch wird das Leid nicht gewendet in einer heillosen Welt. Das Gedicht schließt mit dem Bild des Dunkelwerdens, der Schatten, die von den hohen Bergen fallen.

Im berühmtesten aller Vergilgedichte, dem Lied von der Geburt eines göttlichen Kindes und der Wiederkehr des Goldenen Zeitalters, der 4. *Ekloge*, beschwört der Dichter Hoffnungsbilder herauf, Heilserwartung in einer Zeit, die noch weit entfernt war von der Epoche, die wir heute mit dem Namen Vergils verbinden, der augusteischen Zeit. Ein *euangelion* ist es, eine gute Botschaft, und so hat man es auch mit der Geburt Jesu Christi verknüpft. Man hat aber auch, gerade heute, den fordernden Charakter der Hoffnungsbilder betont, die nicht utopisch, das heißt ortlos, bleiben sollen. Wer ist nun das geheimnisvolle göttliche Kind? Auf diese immer wieder gestellte Frage antwortet Hermann Broch in seinem Roman *Der Tod des Vergil*. In seinen letzten Stunden erscheint dem Dichter neben vielen quälenden Bildern auch eine tröstliche Vision: »Und in der Mitte des Weltenschildes ward es erblickbar in unendlichster Tiefe, erblickbar zum letzten und doch auch zum ersten Male: der kampflose Friede, das menschliche Antlitz in kampflosem Frieden, erblickbar als das Bild des Knaben im Arme der Mutter, vereint mit ihr zu trauernd lächelnder Liebe.«

Mit der 4. *Ekloge* und ihrem hohen Ernst einer Weltalterschau tritt Vergil heraus aus seinem bisherigen Kreis; die *res Romanae*, römische Geschichte und Roms Schicksal lassen ihn nicht mehr los. Aber er verliert die Wiesen und Felder am heimatlichen Mincio nicht aus seiner Sicht. Sein künftiges Schaffen vergleicht er mit einem Tempel, den er erbauen will am Ufer des Mincio, wo dieser »in gewundenem Lauf langsam dahinzieht und die Ufer mit leichtem Schilf beschirmt« (*Georg.* 3,13 f.). Es ist die passende Umgebung für ein Werk, das in der Erde verwurzelt ist: *Georgica, Vom Landbau*. Vergil will sich auf neue Bahnen wagen und als erster die Musen vom Gipfel des Helikon nach Italien geleiten. Das heißt, daß er die Nachfolge des Hesiod antreten will, der um 700 v. Chr. die Gattung des Lehrgedichts im episch-hexametrischen Stil geschaffen hat. Hesiod hatte als erster Dichter von sich selbst gesprochen, er hatte von seiner Dichterweihe erzählt, als ihn die Musen beim Weiden der Schafe am Berge Helikon besuchten. In seiner Dichtung, den *Werken und Tagen* (*Erga*) führt er die Welt der Bauern im Jahreskreis vor, gibt Regeln und Ratschläge für Saat und Ernte. Aber die *Erga* sind kein Bauernkalender. Hesiod will darlegen, daß das Leben von Gerechtigkeit getragen sein muß, von frommer Scheu gegenüber den göttlichen Mächten. Er erzählt den Mythos von der Abfolge der Weltzeitalter: Wohl ist die Goldene Zeit längst vergangen, und die Menschen leben nun mit Mühen und Plagen im Eisernen Zeitalter, doch kann auch ihnen Segen und Gedeihen zuteil werden, wenn sie

[. . .] jedem sein Recht, dem Fremden und Heimischen, geben
Ganz und gerad und sich nirgends vom Pfad des Rechten entfernen.

(Erga 224 f., Übers. A. von Schirnding)

Auch bei Vergil ist das Goldene Zeitalter längst vergangen, doch
blieben noch Spuren zurück von den *Saturnia regna,* dem stillen,
friedvollen Reich des Gottes Saturn, der einst, von Jupiter vertrieben, nach Italien kam und hier eine milde, segensreiche Herrschaft
errichtete. Daher ist Italien seit alters ein Hort einfacher, ländlich-
frommer Gesinnung, in der einst die berühmten Ahnen aufwuch-
sen, ein Romulus oder die Scipionen, und kraftvolle Stämme wie
die Sabiner. Vergil ist der erste Dichter ganz Italiens, dem er in den
Georgica einen Hymnus widmet, die *laudes Italiae* (2,136 ff.). Als
seine Heimat, die gallische Provinz jenseits des Po, in den Jahren
um 40 v. Chr. ins römische Reich eingegliedert wurde, war dies der
Schlußstein zur Einigung Italiens, dessen Einwohner insgesamt
erst im Jahr 89 v. Chr. durch die *Lex Plautia Papiria* das volle römische Bürgerrecht erhalten hatten. Vergil vermag Italien als Einheit zu sehen, als ein gesegnetes Land: *Saturnia tellus,* die Saturnische Erde, die Nährerin der Feldfrucht und Mutter tüchtiger Männer (2,173 f.).

Aber wie beim »göttergleichen Jüngling« in den *Eklogen* mag
man sich auch hier verwundern und fragen: Ist denn Italien eine
Saturnische Erde – jenes Italien, das Vergils Freund Asinius Pollio
im Jahr 43 als verwüstet und verödet bezeichnete, ein Opfer der
endlosen Bürgerkriege?

Auch Vergil weiß dies; er beklagt, daß die Fluren brach liegen,
die Sichel zum Schwert geschmiedet wurde und gottloser, bruder-
mörderischer Krieg auf der Erde wütet. Wieder ist es die »utopische Energie«, die hinter Vergils Worten steht. Italien, das von der
Natur gesegnete Land, muß wieder zur Saturnischen Erde werden. Und abermals wendet er sich mit Lob und Appell an den
iuvenis, den Jüngling, der dem *eversum saeculum,* der aus den
Fugen geratenen Welt, zu Hilfe kommen soll:

Di patrii indigites et Romule Vestaque mater,
quae Tuscum Tiberim et Romana Palatia servas,
hunc saltem everso iuvenem succurrere saeclo
ne prohibete [. . .]
quippe ubi fas versum atque nefas: tot bella per orbem,
tam multae scelerum facies; non ullus aratro
dignus honos, squalent abductis arva colonis,
et curvae rigidum falces conflantur in ensem.

Stammväter, Vaterlandsgötter! Du, Romulus, du, Mutter Vesta,
Die du den uralten Tiber und Roms Palatium schirmest,
Diesen Herrscher im Jugendglanz, wollt ihn doch nicht hindern
Retter zu sein der zerrütteten Welt!
Hier ist Recht ja und Unrecht verkehrt. Wie die Kriege auf Erden
Wachsen, so heben ihr Haupt in grausiger Zahl die Verbrechen.
Niemand ehrt noch den Pflug. Fort muß der Bauer, die Fluren
Liegen verödet. Man glüht zum mordenden Schwerte die Sichel.

(Georg. 1,498 ff.)

Während der jugendliche Herrscher sich mit Hilfe der Götter um
den Frieden bemühen soll, will er, der Dichter, in seinem Gedicht
erzählen vom Ackerbau, von der Pflege der Bäume, von Weinbau
und Viehzucht, auch von der Vorbildlichkeit des Bienenstaates –
von den friedlichen Tätigkeiten des Menschen, der die Erde kultiviert und im Rhythmus eines naturgemäßen Lebens zu sich selbst
findet. Daß dies keine »Agrarromantik« ist, sondern ein ernstes
Anliegen, verstehen wir heute besser als vergangene Generationen.

Während Vergil die *Georgica* vollendete, hatte sich die Welt
verändert. Noch einmal forderte die Bürgerkriegsfurie blutige Opfer: Die einstigen Freunde und Bündnispartner Antonius und Octavian hatten sich zerstritten und kämpften um die Vorherrschaft.
Im Jahr 31 wurde der Kampf endgültig entschieden: Octavian, der
Führer Italiens, siegte in der Schlacht von Actium gegen Antonius,
den Herrn des Ostens, und dessen Gefährtin und Kampfgenossin
Kleopatra. Beide gaben sich nach der Einnahme von Alexandria
den Tod. Auf der Rückreise nach Rom trifft Caesar Octavian mit

Vergil zusammen, der ihm sein Gedicht vom Landbau vorträgt. Maecenas, Gönner des Vergil und Freund des Octavian, hatte die Begegnung vermittelt. Eine denkwürdige Zusammenkunft, denn noch bevor der Sieger in Rom eintrifft und dort seinen großen Triumph feiert (*feriae Augusti*, Ferragosto), stellt ihm der Dichter vor Augen, was nach dem militärischen Sieg nun seine Aufgabe ist: eine neue Ordnung im Innern zu schaffen, das Fundament zu legen für eine bessere Zukunft – einen dauerhaften Frieden, damit die Erde in Ruhe bebaut werden kann. Schon in den *Eklogen* hatte Vergil von dem Pflanzen von Bäumen und dem Aufziehen von Stieren gesprochen und damit eine lange, ungestörte Friedenszeit gefordert. In den Viten heißt es, Vergil und Maecenas hätten sich abgewechselt beim Vortrag des langen Werkes in vier Büchern. Und der Hörer Octavian stimmte sich ein auf das Werk des Friedens – und auf eine neue Existenz als Augustus, der Erhabene – ein anspruchsvoller Ehrentitel, der ihm verliehen wurde und für den Goethes Wort gilt: »Erwirb ihn, um ihn zu besitzen!«

Und Augustus war in der Tat nicht mehr Octavian, der skrupellose Machthaber zur Zeit der Proskriptionen. Er bemühte sich nach Kräften, die Wunden des Bürgerkriegs zu heilen. Die neue Staatsform, die er Rom gab, war aus seiner Sicht die wiederhergestellte Republik, die aber gegen Mißbrauch, das heißt Parteienhader und neuen Bürgerkrieg, gesichert war durch eine monarchische Spitze. Sie wurde verkörpert durch den Princeps, wörtlich der Erste Mann, ein »Staatspräsident« mit weitreichenden Vollmachten und dem Oberbefehl über die Heere. Dieser Prinzipat sollte für Jahrhunderte Bestand haben und auch unfähige Träger überdauern. Daß er nicht mehr die *res publica* der Vorfahren war, daß die Meinungsbildung nicht mehr auf dem Forum in der Öffentlichkeit stattfand, sondern in Gremien, die Augustus überwachte – das mochten die Spätergeborenen beklagen, die nicht unter dem Elend eines jahrzehntelangen blutigen Bürgerkriegs gelitten hatten. Die *Pax Augusta* ließ die ganze römische Welt aufblühen, und wir vermögen noch heute in den antiken Ruinen der Städte rings ums Mittelmeer die Spuren einer friedlichen Zeit zu erkennen, in der es sich angenehm leben ließ, oft besser als in vorausgegangenen und sogar in nachfolgenden Epochen. *Saturnia tellus*, die friedliche, segenspendende Erde Vergils wird zum Bildnis in der Gestalt der *Tellus* an der *Ara pacis*, dem Friedensaltar des Augustus in Rom.

Von seiner Seelenlandschaft Arkadien, mit den Zügen seiner Heimat um Mantua, ging Vergils Blick auf Italien, die *Saturnia tellus magna virum*, das fruchtbare Land, zugleich die Heimat tüchtiger Männer der Vorzeit. Auch hier spielt also das Geschichtliche hinein, Geschichte und Mythos. Hierher kommt der Held von Vergils größtem Werk, seiner *Aeneis*.

Arma virumque cano Troiae qui primus ab oris
Italiam fato profugus Laviniaque venit
litora

Singen will ich von Kämpfen und von dem Mann, der zuerst von Trojas Gestade, vom Schicksal verbannt, zu Laviniums Küste, Nach Italien kam –

(Aen. 1,1 ff., Übers. W. Plankl / K. Vretska)

Vergil läßt seinen Trojanerhelden Aeneas jedoch nicht sogleich an »Laviniums Küste« landen, in der Gegend des späteren Rom, wohin ihn Sage und Dichtung früherer Zeiten geführt hatten. Vergils Aeneas betritt Italien zuerst bei Cumae. Dort landet die Flotte, und während die Mannschaft für das Nötige sorgt, steigt ihr Führer, der *pius Aeneas*, zur Akropolis von Cumae hinauf, zum ragenden Heiligtum des Apollo, und wendet sich dann zur Grotte der Sibylle. Von der Seherin geführt, tritt er den Weg in die Unterwelt an, wo er seinen Vater Anchises trifft. Dieser kündet ihm sein Schicksal und seine Bestimmung. Im »Abstieg zu den Vätern« wird Aeneas vom Trojaner zum Römer; er legt die Last der Vergangenheit ab und erhält die Einweihung zu einem neuen Leben, einem Leben voller Kampf und Mühsal, aber letztendlich im Einklang mit einer höheren Ordnung, seien es die Götter, die Vorsehung oder die Geschichte.

Vergil benutzt die Gegend um Neapel als Bühne für das sechste Buch der *Aeneis*, den Kern- und Angelpunkt seines Epos. Er

Ara Pacis. Relief der Tellus

selbst hatte hier, zwischen Neapel und Puteoli, seinen Aufenthalt
genommen; das milde Klima Kampaniens war seiner schwachen
Gesundheit auf die Dauer zuträglicher als die heimatliche Poebene
mit ihren feuchten und kalten Wintern. In einem seiner Jugendge-
dichte spricht Vergil von seinem Freund und Lehrer, dem epiku-
reischen Philosophen Siro, und dessen Häuschen, das er, Vergil,
nun dankbar bewohnt. Hier lebte und dichtete er, dem epikure-
ischen Lebensideal entsprechend, in stiller Zurückgezogenheit.
Die von der Philosophie erstrebte *galḗnē*, die »Meeresstille der
Seele«, hatte er mit dem Blick auf den Golf von Neapel gewissermaßen bildlich vor Augen. Die nähere und weitere Umgebung mit
ihren zahlreichen geschichts- und mythenträchtigen Orten bot
ihm vielerlei Anregungen. Baiae erinnerte an Baius, den Steuermann des Odysseus. Das Kap Misenum hatte seinen Namen von
Misenus, dem Trompeter des Aeneas, der hier, wie ein Sühnopfer
zur Beschwichtigung der Götter, kurz vor der Landung den Tod
gefunden hatte. Das altehrwürdige Cumae, im 8. Jahrhundert
v. Chr. gegründet, war die älteste und nördlichste Griechensied-
lung auf dem italischen Festland. Zu ihr gehörte die Tochtergrün-

dung Parthenope mit ihrer Neustadt Neapolis. Auch den Kult des
Apollon hatten die Griechen aus ihrer Heimat mitgebracht, und
seit dem 5. Jahrhundert befand sich hier ein Orakelheiligtum des
Gottes, in dem, ähnlich wie in Delphi, eine Priesterin in göttlicher
Ekstase weissagte. Während dort die Pythia waltete, war es hier
eine der prophetischen weisen Frauen, die ihren Namen Sibyllen
daher hatten, weil sie *Diòs boulē*, den Ratschluß des Zeus, verkündeten. Sie hatten meist ihren Sitz in Griechenland oder im griechischen Osten; eine der Sibyllen von Cumae aber soll es gewesen
sein, die dem römischen König Numa uralte Schriftrollen mit
wichtigen Weissagungen und Prophezeiungen gebracht hatte. Diese *Sibyllinischen Bücher* gehörten seitdem zum religiösen Schatz
der Römer und wurden in Kriegszeiten und Gefahrensituationen
befragt. Augustus gab ihnen ihren Platz im neuerbauten Apollotempel auf dem Palatin.

   Auf der Akropolis von Cumae sind noch Ruinen des Apollo-
tempels zu sehen; die Sibyllengrotte, vielfach ins Reich der Fabel
verwiesen, wurde 1932 von dem neapolitanischen Archäologen
Amedeo Maiuri wiedergefunden. Sie besteht aus einem langen,
trapezförmigen Gang, der in den Tuffstein hineingehauen ist. Er
wird durch seitliche Öffnungen erhellt und mündet in eine große,
gewölbte Halle, zu der noch drei Nischen gehören. Hier saß die
Sibylle und verkündete den Ratsuchenden das Orakel.

Excisum Euboicae latus ingens rupis in antrum,
quo lati ducunt aditus centum, ostia centum;
unde ruunt totidem voces, responsa Sibyllae.

Ausgehaun ist die Wand des euboeischen Felsens zur Höhle,
Wo man durch hundert geräumige Gänge und Tore hineingeht,
Hundertfältig bricht auch hervor der Spruch der Sibylle.
                                   (*Aen.* 6,42 ff., Übers. Plankl / Vretska)

Die umgebende Landschaft mit dem düsteren Avernersee und den
vulkanisch brodelnden Phlegräischen Feldern bieten den Schauplatz für die Unterweltszenen des 6. Buches. Schon in griechischer
Zeit lokalisierte man hier den Eingang in die Unterwelt: *aornós*,

vogellos, hieß der See, weil wegen der Schwefeldämpfe aus un-
ergründlicher Tiefe kein Vogel darüberfliegen könne. Vergil hat
seine Unterweltlandschaft als ein großartiges Phantasiegemälde geschaffen, in dem man immer wieder Blicke auf die reale Umgebung
zu erkennen glaubt. Der mythenumwobene See war freilich 37
v. Chr. von Agrippa, dem Feldherrn des Augustus, mit dem Lukri-
nersee verbunden und zum Kriegshafen Portus Julius ausgebaut
worden. Die Verbindung nach Cumae wurde durch einen Tunnel
hergestellt, der, heute noch erkennbar, durch den Monte Grillo
führte. Die in diesem Hafengebiet gebaute Flotte und die hier trai-
nierte Mannschaft errang schließlich den endgültigen Sieg im Bürgerkrieg in der Seeschlacht von Actium. Zur nun folgenden Frie-

Apollotempel von Cumae

denszeit gehörte es auch, daß das Seengebiet wieder »entmilitarisiert« wurde. Vergil nimmt es gleichsam erneut in Besitz, wenn er hier seinen Helden mit der Sibylle in den Gefilden der Unterwelt wandeln und ihn mit seinem Vater Anchises sprechen läßt.

Von Troja nach Italien, von der Vergangenheit in die Zukunft führt der Weg des Aeneas. Die erste Hälfte des Epos hat mit ihren farbigen, fesselnden Episoden stets das vorrangige Interesse der Leser auf sich gezogen: Hier finden sich die Erzählungen von der Flucht des Aeneas mit Vater und Sohn aus dem brennenden Troja, die unglückliche Liebesgeschichte mit Dido in Karthago, der Gang des Aeneas in die Unterwelt und die Begegnung mit dem Vater und mit Roms Geschichte. Der zweite Teil aber handelt von Italien, leidvolle Kämpfe gehen der endlichen Einigung voraus. Die Blüte der italischen Jugend wird aufgerieben in blutigen Schlachten: ein Pallas und Lausus, die Freunde Nisus und Euryalus, die Heldenjungfrau Camilla und der Fürst Turnus. Immer wieder scheint eine friedliche Einigung, ein Waffenstillstand greifbar nahe, doch dann tritt die Höllenfurie Allecto selbst auf, um das Bündnis zu sprengen, und das Morden geht weiter. Warum quält Vergil, der nach allem, was wir wissen, eine sanfte, leicht verletzliche Seele war, seine Leser mit endlosen, blutigen Kampf- und Schlachtgeschichten? Glaubte er an die Furie Allecto? Vergil faßt Leben und Geschichte in Bilder; Allecto erscheint ihm als die Verkörperung der dämonischen Kräfte im Menschen, die, stärker als jede Vernunft, immer wieder verheerend aus seinem Innern hervorbrechen. Worum war es in den Bürgerkriegen gegangen? Warum hatten sich Caesar und Pompeius, Schwiegervater und Schwiegersohn, entzweit, warum hatte Caesar eine ganze Welt in seinen Streit hineingerissen? Warum hatten Antonius und Octavian, auch sie verschwägert, ihr Bündnis aufgekündigt und Roms Männer auf dem Schlachtfeld verbluten lassen? Auch wir Heutigen wissen im Grunde, trotz aller Bemühungen der Historiker und Psychologen, keine Antwort auf die Frage, warum der Mensch andere und letztlich sich selbst zerstört.

Was die dämonischen Kräfte in der Welt bewirken, wird schließlich jedoch zur Geschichte. Am Ende des 7. Gesanges läßt

Vergil die Völker Italiens mit ihren tapferen Führern vorüberzie-
hen, zum Kampf gegen Aeneas und seine Bundesgenossen. Wie
hier im Mythos, so kämpften in der Geschichte Sabiner, Volsker
und Samniten gegen die Latiner, dann Römer gegen Latiner, bis
alle schließlich ein Volk bildeten. Das gleiche gilt für die Gallier,
für die Bewohner von Vergils Heimat, die nun alle stolz darauf
sind, Italiker und Römer zu sein: ein paradoxes Faktum der
Geschichte, das Vergil, noch in einer Provinz geboren, besonders
empfand und einer eindringlichen Darstellung für wert hielt.

> *Tantae molis erat Romanam condere gentem.*

> So vieler Mühe bedurfte die Gründung des römischen Volkes.

(Aen. 1,33)

Die Geschichte in ihrem Verlauf einerseits und das leidvolle
Kämpfen und Ringen der Menschen andererseits hat Vergil zum
Schluß seines Epos in einer Handlung auf zwei Ebenen dargestellt.
Die Götter, die den Krieg geschürt haben, versöhnen sich lächelnd
und planen die Zukunft: Friede, Bündnis und Hochzeitsfest, itali-
sche Mannesstärke als Kern künftiger römischer Größe – unten
auf der Erde aber stirbt noch der Fürst Turnus, und mit seinem
Tod schließt düster das Epos:

> [. . .] *ast illi solvontur frigore membra*
> *vitaque cum gemitu fugit indignata sub umbras.*

> [. . .] da löste der Tod ihm kältend die Glieder,
> Und aufseufzend entfuhr sein grollender Geist zu den Schatten.

(Aen. 12,951 f., Übers. A. Vezin)

Wo bleiben Bündnis und Hochzeit, das Zusammenwachsen der
Völker? Vergil hat darauf verzichtet, es darzustellen, es bleibt als
Aufgabe für die Spätergeborenen: das Römervolk zu gründen
oder es neu zu begründen nach Kampf und Bürgerkrieg und die
»viele Mühe« zu leisten, die dazu nötig ist.
    Als die *Aeneis* fast abgeschlossen war, begab sich Vergil auf
eine Reise, die ihn nach Griechenland und in den griechischen

Grabmal des Vergil in Neapel

Osten führen sollte, wo er die Stätten seines Epos in Augenschein
nehmen und dem Werk den letzten Schliff geben wollte. Unterwegs erkrankte er an einem Fieber und kehrte um. In Brundisium
starb er am 21. September 19 v. Chr. Am Hafen, wo eine Säule das
Ende der Via Appia markiert, befindet sich ein Denkmal des Dichters und dahinter die Casa di Virgilio, ein größeres Gebäude. Es
steht auf den Grundmauern eines antiken Hauses, das als Vergils
Sterbehaus angesehen wird. Eine zum 2000. Geburtstag Vergils im
Jahr 1930 dort angebrachte Inschrift besagt, daß der Dichter hier
zum letzten Mal die *Saturnia terra*, seine Heimat, grüßte.

Sein Grab wollte Vergil aber dort finden, wo er gelebt hatte:
»*nunc me tenet Parthenope* – jetzt birgt mich Neapel«, heißt es in
seinem Grabspruch. Daß der Dichter wirklich dort bestattet war,
bezeugen Martial sowie Plinius der Jüngere, der in einem Brief
von seinem Zeitgenossen, dem Dichter Silius Italicus, erzählt. Dieser beging feierlich den Geburtstag Vergils, »meist in Neapel, wo
er dessen Grabmal wie einen Tempel zu besuchen pflegte« (*Ep.*
3,7,8). Die Tomba di Virgilio findet man heute in einem schönen
kleinen Park am Hang des Posillipo. Ob der Ort wirklich die Be-
gräbnisstätte des Dichters ist? Einer der Besucher, Johann Gottfried Seume, der hier auf seinem *Spaziergang nach Syrakus* vorbei-
kam, sagt dazu, er wolle sich nun einmal daran halten: »Man hat
für manchen Glauben weit schlechtere Gründe: und also glaube
ich, daß dies Maros Grab sei.« Die Urne in einem antiken Grab-
turm enthält heute keine sterblichen Überreste des Dichters mehr,
sondern Heimaterde aus Pietole. Amerikanische Latinisten haben
1930 eine Porträtbüste Vergils aufgestellt, und 1939 wurde der
große Lyriker Giacomo Leopardi hierhin umgebettet. Neben Vergil sollte er, den im Leben Melancholie und Unruhe gequält hatten, nun endlich Ruhe finden. Vergils *Saturnia tellus*, die reiche,
von ihm so gepriesene Natur Italiens, hat diesen seiner Erinnerung
geweihten Platz seinen Worten entsprechend ausgeschmückt:

hic ver adsiduum atque alienis mensibus aestas –

Hier blüht dauernder Lenz, hier strahlt fast zeitloser Sommer.

(*Georg.* 2,149)

Viertes Kapitel

Horaz in den Sabinerbergen

»Lachend die Wahrheit sagen –
Ridentem dicere verum«

In den Sabinerbergen, nordöstlich von Tivoli, beim Ort und Flüßchen Licenza, liegt das Landhaus des Horaz. Der Dichter hat sein
Sabinergut so oft erwähnt und so eingehend geschildert, daß wir
uns inmitten der Ausgrabungen auf Schritt und Tritt an seine
Verse erinnern können.

Hoc erat in votis: modus agri non ita magnus,
hortus ubi et tecto vicinus iugis aquae fons
et paullum silvae super his foret. auctius atque
di melius fecere. bene est. nil amplius oro
Maia nate, nisi ut propria haec mihi munera faxis.

Mein höchster Wunsch war einst ein kleines Feld,
ein Garten, eine Quelle nah am Hause,
und etwas Wald dazu: die Götter haben mehr
und Bessers mir gegeben. Mir ist wohl,
ich bitte weiter nichts, o Majens Sohn,
als daß du mir erhaltest, was du gabst.

(Sat. 2,6,1–5, Übers. Chr. M. Wieland)

So schrieb Horaz 35 v. Chr., als er das erste Buch seiner *Satiren*
veröffentlicht und von seinem Gönner Maecenas die ländliche
Villa zum Geschenk erhalten hatte. Horaz ist ihm dankbar; im

Das Horazdenkmal in seinem Geburtsort Venosa

Gedicht jedoch gilt der Dank Merkur, dem Sohn der Maja. Er ist
der Gott der guten Gaben und des glücklichen Beistandes. Der
Dichter wahrt seine innere Unabhängigkeit, die er sich schwer genug errungen hatte.

Als ein Niemand aus der Provinz ist er am 8. Dezember 65
v. Chr. in Venusia, dem heutigen Venosa, geboren, an der Grenze
zwischen Apulien und Lukanien. Heute ist man dort stolz auf den
berühmten Sohn der Stadt und zeigt den Fremden das Horazdenkmal (das freilich erst 1935, zu seinem 2000. Geburtstag, gesetzt wurde) und die Casa di Orazio, ein Haus auf den Grundmauern eines antiken Bauwerks. Die Benennung geht auf die Humanisten zurück, die allenthalben in Italien die Spuren antiker
Lebensläufe suchten. Ob die Einwohner des antiken Venusia die
Erinnerung an das Haus pflegten, in dem der Dichter geboren
wurde, ist ungewiß. Als Quintus Horatius Flaccus hier geboren
wurde, zollte man ihm jedenfalls keinerlei Beachtung. Denn er war
nichts weiter als der Sohn eines Freigelassenen. Sein Vater war
»Staatssklave« gewesen, also ein unfreier Gemeindearbeiter. Er
hatte sich dann aus dem Sklavenstand freikaufen können und gehörte fortan zu den Freigelassenen, die kein römisches Bürgerrecht besaßen und nur mindergeachtete Berufe ausüben durften.
Horatius der Vater war *coactor*: Er kassierte und verwaltete die
Gelder bei Auktionen.

Und er kümmerte sich ausgiebig um die Erziehung und Ausbildung seines Sohnes. Die Mutter war wohl früh gestorben, und
der Vater bemühte sich, die Rolle beider Eltern zu übernehmen.
Zunächst besuchte der junge Horaz die Grundschule in Venusia.
Dann aber wollte der Vater trotz seiner recht bescheidenen Verhältnisse den Sohn nicht in die örtliche Oberschule geben, die von
den Söhnen der Honoratioren besucht wurde. Er hatte die Kühnheit, seinen Sohn auf die Schule nach Rom zu schicken. Sein
Sprößling sollte das gleiche lernen wie die Söhne eines römischen
Ritters oder Senators. Und damit nicht genug – der Vater gab
seine Stelle auf und zog mit dem Sohn nach Rom. Dankbar erinnert sich Horaz später der treuen Fürsorge des Vaters, der ihn mit
allem Nötigen ausstattete, so daß man ihm den Provinzler nicht

Casa di Orazio in Venosa

anmerkte, der ihn aber auch mit sicherer Hand vor den Gefahren
des Großstadtlebens bewahrte. Dabei erwartete er keineswegs,
daß der Sohn eine große Karriere machte, in deren Glanz er sich
sonnen konnte. Auch wenn Horaz den gleichen Beruf ausüben
würde wie er selbst, sollte es den Vater nicht gereuen, seinem Sohn
zu diesen Studien verholfen zu haben: Bildung statt Ausbildung.

Die Erziehungsgrundsätze von Horaz senior sind heute noch
bemerkenswert: »Daß ich frei bin von schweren Fehlern, die einen
Menschen ins Verderben stürzen, und nur leichtere, verzeihliche
Schwächen habe, an denen ich arbeite, das verdanke ich meinem
Vater«, sagt Horaz. Bei ihm gab es keine starren Regeln; er stellte
dem Sohn vielmehr Beispiele vor Augen, die für sich selbst sprachen. So sagte er: »Siehst du nicht, wie elend der junge Albius lebt,
und wie kümmerlich der Bajus? Eine deutliche Mahnung, das vä-
terliche Gut nicht zu vergeuden!« Um den jungen Horaz vor verhängnisvollen Liebschaften zu bewahren, verwies er ihn auf junge
Männer, die sich dabei ruiniert hatten, und meinte: »So willst du
doch nicht werden!« Und der Vater fügte hinzu: »Wenn du einmal

Philosophie studierst, wird man dir die Gründe dafür sagen, was
du zu erstreben und was du zu vermeiden hast. Mir soll es genü-
gen, nach alter bewährter Sitte dein Leben und deinen guten Ruf
zu bewahren, solange du eines Hüters bedarfst. Bist du erst einmal
älter und gestärkt an Leib und Seele, dann wirst du schon ohne
Kork schwimmen« (vgl. *Sat.* 1,4,105 ff.).

Als ein Erzieher, der auf die Einsicht und Urteilsfähigkeit seines Zöglings baut und damit dessen Reife fördert, hat der Vater
des Horaz seinem Sohn die besten Grundlagen gelegt. Die Art,
wie Horaz später in seinen *Satiren* und *Episteln* spricht – undok-
trinär, freundschaftlich, aber ohne sich anzubiedern –, geht auf die
Schulung durch den Vater zurück. Dieser ermöglichte ihm auch
noch ein Philosophiestudium in Athen, der Hohen Schule der antiken Welt. Ein wenig Sehnsucht nach den unbeschwerten Studien-
jahren schwingt mit in den Erinnerungen des Horaz an das »liebe
Athen«, wo er sich in die Philosophie versenkte. Hier aber griff
das Schicksal in sein Leben ein: »Harte Zeiten vertrieben mich von
dem angenehmen Ort, ohne Erfahrung in den Waffen rissen mich
die Wogen des Bürgerkriegs hinweg« (*Ep.* 2,2,43 ff.). 43 v. Chr.,
ein Jahr nach Caesars Ermordung, stellten die Tyrannenmörder
Brutus und Cassius im Osten des Reiches Truppen auf gegen
Octavian, den Adoptivsohn Caesars, und Marcus Antonius,
Caesars General. Die jungen Männer verließen die Hörsäle und
sammelten sich auf seiten des Brutus unter dem Banner der Freiheit. Auch Horaz wurde mitgerissen, Begeisterung sollte offenbar
die Unkenntnis im Waffenhandwerk ersetzen, denn er erhielt sogleich eine Kommandostelle als Militärtribun im Stabe des Brutus.

Die Niederlage von Philippi im Jahre 42 v. Chr. und der Tod
von Brutus und Cassius machen allen Freiheitsträumen ein Ende.
Wer sich aus der Schlacht retten kann, verliert sein Hab und Gut
und den Anspruch auf öffentliche Ehren und Ämter. Horaz fristet
sein Leben als Sekretär (*scriba quaestorius*) bei der Staatskasse.
»Mit gestutzten Schwingen, völlig am Boden«, wie er sagt, begann
er dennoch »mit der Kühnheit der Jugend« zu dichten. Im Früh-
jahr 38 schlägt seine große Stunde. Er darf sich bei Maecenas vorstellen, dem großen Förderer der Literaten, der als Freund des Sie-

gers Octavian auch politisch großen Einfluß genießt. Wie kam es
zu diesem Glücksfall? Hat Horaz, wie moderne Autoren mehr
oder weniger ernsthaft behaupten, die Rückseiten der von ihm
ausgestellten amtlichen Rechnungen mit eigenen Gedichten ver-
ziert, durch die man auf ihn aufmerksam wurde? Diente er sich
durch Preisgedichte dem Machthaber Octavian oder dessen Freunden an? Horaz selbst erklärt, die Begegnung mit Maecenas sei
kein Zufall gewesen; Vergil, der damals schon Berühmte und von
Maecenas Geförderte, habe ihn empfohlen. Sicher hat Horaz an
einem der Literatentreffpunkte in Rom seine Gedichte vorgetragen, und er hat nicht nur durch seine Poesie Aufmerksamkeit und
Wohlwollen erregt, sondern auch durch sein ganzes Wesen. Denn
es gelang ihm, die lebenslange Freundschaft zuerst des Vergil,
dann des Maecenas und schließlich des Octavian-Augustus zu er-
ringen. »Ein ganz und gar liebenswürdiges Menschenkind« hat ihn
der Princeps Augustus in einem Brief genannt.

   An seine erste Begegnung mit Maecenas erinnert sich Horaz
in einer seiner frühen *Satiren* (1,6). Er ging zu diesem »Vorstel-
lungsgespräch« mit Zittern und Zagen. Was hatte er vorzubrin-
gen? Da gab es keinen Vater in hohen Ämtern, kein altererbtes
Landgut, das er auf einem edlen Roß umreitet, im Krieg hatte er
keine Lorbeeren geerntet, sondern auf der Verliererseite gestanden. Er erzählte ganz einfach, wer er war, und berichtete von
seinem Vater und was dieser für ihn getan hatte. Maecenas ant-
wortete seiner Gewohnheit gemäß nur wenig, ließ den jungen
Dichter aber nach einiger Zeit wieder zu sich rufen und nahm
ihn in seinen Freundeskreis auf. Als *conviva*, Tischgenosse des
Maecenas, war er nun von materiellen Sorgen befreit. Horaz be-
kennt seine Dankbarkeit, daß ein solch vornehmer Herr wie
Maecenas, der seine Herkunft von den etruskischen Königen
ableitet, ihn so vorurteilslos zu seinen Freunden zählt. Maecenas
sieht nicht herab auf ihn, den Sohn eines Freigelassenen: *liber-
tino patre natum*. Mehrmals bezeichnet sich Horaz mit diesem
Ausdruck und läßt erkennen, daß andere sehr wohl auf ihn her-
abschauten und ihn ihre Geringschätzung und dann auch ihren
Neid spüren ließen.

Horaz aber hat in seiner Dichtung nun ein Mittel, sich selbst darzustellen und alle Angriffe elegant abzuwehren. Er wählt die Literaturgattung der Satire, eine Gedichtform in Hexametern, die in ihrem Charakter der Prosa nahesteht. Sie bot ihm ein breites Spektrum von Ausdrucksmöglichkeiten, denn die römische Satire besteht aus einer unterhaltsamen Mischung von Geschichten aller Art, mit Spott und Kritik an den Schwächen der lieben Zeitgenossen. Horaz nennt seine Satirensammlung *Sermones, Gespräche,* und betont damit, daß es ihm auf die Beziehung zu einem Gegenüber ankommt. Er will nicht scharf und besserwisserisch von hoher Warte herab urteilen und verurteilen, sondern, wie es ihn einst sein Vater gelehrt hatte, anhand von Beispielen auf die rechte Lebensführung hinweisen. Die väterlichen Lebensmaximen wurden von Horaz noch durch die Philosophie vertieft. In Athen hatte er alle philosophischen Schulen kennengelernt und sich von jeder das ihm Gemäße angeeignet. *Iurare in verba magistri,* auf die Worte eines Meisters zu schwören, widerstrebte ihm. Heimisch fühlte er sich am ehesten bei den Jüngern Epikurs. Die Epikureer waren keine hemmungslosen Genußmenschen, wie man ihnen oft unterstellte, denn eine Hingabe an Sinnenlust und Leidenschaften würde ja gerade jene innere Seelenruhe stören, die als ihr oberstes Ziel galt. Durch rechte Einschätzung der Güter des Lebens und ihren besonnenen Gebrauch kann der Mensch weise werden und die Ataraxie, das unerschütterliche Ruhen in sich selbst, gewinnen. Abseits des Weltgetriebes, im Kreise gleichgesinnter Freunde, soll sich der Jünger Epikurs um das Ideal der Seelenruhe bemühen. Für Horaz bildete die Freundschaft mit Maecenas Stütze und Halt seines Lebens. Viele Gedichte sind an ihn gerichtet, in Form einer Widmung, wie die Ode 1,1:

> *Maecenas atavis edite regibus,*
> *o et praesidium et dulce decus meum.*

> Maecenas, uralter Könige Sproß,
> mein Hort und meine Freude im Leben.

Maecenas.
Relief von der Ara Pacis

Zum andern ist Maecenas aber auch als Ansprechpartner gedacht, als der ideale Hörer und Leser, mit dem gemeinsam Horaz die Probleme der rechten Lebensführung besprechen möchte. So beginnt er die erste seiner Satiren mit der Frage an Maecenas, warum denn kein Mensch mit seinem Los zufrieden sei. Jeder glaubt, der andere sei besser dran, und alle schaffen und raffen und plagen sich – angeblich doch nur, damit sie schließlich einmal genug haben, um sich's wohl sein zu lassen. Wie die Ameise wollen sie es machen, die sich Vorräte ansammelt. Aber die Ameise ist klüger als die Menschen: Zu gegebener Zeit genießt sie die Ruhe und tut sich an ihrem Vorrat gütlich. Die Menschen jedoch hetzen und jagen ständig weiter. Warum kommt denn jener Zeitpunkt nie, für den sie sich so abmühen? Sie behaupten: »Nichts ist genug! Was einer hat, das gilt er, und nicht mehr!« Hören wir Horaz dazu, in der Übersetzung von Christoph Martin Wieland, der den römischen Hexameter in freie Jamben umgeformt hat, um den leichten Ge-

sprächston des Originals beizubehalten: »Was ist mit solchen Leuten anzufangen? / Laß sie doch elend sein, wofern sie es / so gerne
sind. Weißt du denn / nicht, was das Geld gilt? Nicht wozu es gut
ist? / Daß Brot, Gemüse und ein Quentchen Wein / dafür zu haben sind, und manches andre / was sich die menschliche Natur
nicht gern / versagen läßt. Wie? Sollte dir's soviel / Vergnügen
machen, Tag und Nacht, entseelt vor Angst und ohne Schlaf, vor
Dieben / und Feuersbrünsten dich zu fürchten, und / vor deinen
eignen Sklaven, daß sie dich / nicht überfallen, und mit deinem
Gelde / davon gehn? Oh, wenn Reichtum uns nichts Bessers / zu
geben hat, so wünsch' ich bettelarm zu sein!«

Horaz entlarvt die Irrwege auf der Suche nach dem Glück. Wer
dauernd Angst um seinen Besitz haben muß, wer ständig einen
noch Reicheren einholen will, der kommt nicht zum Genuß dessen,
was er hat. Und ist ein Reicher wirklich so hochgeschätzt von jedermann? Oder lieben ihn nur die Schnorrer, und viele, die ihm schön-
tun, würden ihn am liebsten möglichst bald beerben? – Ja soll ich
denn einer von den windigen Burschen werden, die von der Hand
in den Mund leben? wirft man ein. Horaz entgegnet: »Zwischen
Geizhals und Verschwender liegt, denk' ich, etwas in der Mitte. /
Halt' Maß in allem, denn in allem gibt's / ein Mittel, dessen Linie
das Rechte / bezeichnet; dies' und jenseits wird gefehlt« (*Sat.*
1,1,105 ff.). Das rechte Maß einzuhalten, den goldenen Mittelweg,
die *aurea mediocritas*, empfiehlt Horaz immer wieder. Dies scheint
den meisten ein wohlfeiler, mittelmäßiger Rat zu sein, den zu befolgen es nicht lohnt. Horaz aber weiß: »Daher kommt's, daß der
Mann / so selten ist, der wohl gelebt zu haben / versichert und, ver-
gnügt mit seinem Anteil, vom Leben wie ein Gast von einem Mahle /
gesättigt weggeht« (*Sat.* 1,1,117 ff.). Das Bild eines geglückten Lebens: zufrieden mit seinem Schicksal zu sein, innerlich frei und unabhängig das Gute zu genießen und das Unangenehme zu ertragen, ohne alle Unruhe, wie sie durch das Streben nach Reichtum
und Macht, durch Neid und Großmannssucht entsteht. Wenn man
das Dasein auf rechte Weise genossen hat, kann man auch ohne Bit-
terkeit vom Gastmahl des Lebens aufstehen und gehen, ganz gleich
ob man nun länger oder kürzer dabei verweilen durfte.

Vermutetes Porträt
des Horaz.
Museum of Fine Arts,
Boston

Horaz vertritt seine Ansichten mit Überzeugung, aber er mil-
dert sie immer wieder ab durch eine scherzhafte Bemerkung, denn
er will keine philosophische Predigt halten: »Wiewohl, wer wehret
uns die Wahrheit lachend zu sagen? So wie milde Pädagogen / die
kleinen Zöglinge durch Honigplätzchen / zum ABC verführen«
(*Sat.* 1,1,24 ff.). »*Ridentem dicere verum* – Lachend die Wahrheit
sagen« ist das Motto der Satirendichtung, die freilich nicht immer
auf einen mild verzeihenden Ton gestimmt ist. Da gilt es Stellung
zu nehmen zu den lieben Kollegen, die neidisch sind, daß der Sohn
eines Freigelassenen beim vielumworbenen Maecenas eine solche
Rolle spielt, da sind die Kritiker, die selbsternannten Schiedsrichter der Dichtkunst, die an Horaz herummäkeln. Den einen ist er
als Satiriker zu scharf, den anderen erscheint er kraftlos und matt.
Was soll ich tun, fragt er in einer Satire einen Freund. Dieser gibt
ihm unverblümt den Rat, mit dem Dichten aufzuhören. Aber das
kann Horaz eben nicht: »Und wenn's mein Schicksal will, von
Rom verbannt / ich schreib' und werde schreiben!« (*Sat.* 2,1,59 f.)

Den Neidern aber antwortet er in der sogenannten Schwätzer-
satire (*Sat.* 1,9). Hier berichtet er, wie sich einer aus der Literaten-
zunft aufdringlich an seine Fersen heftet und nach langem Ge-
schwätz schließlich zur Sache kommt: »Wie steht Maecen mit
dir? / Du solltest einen tücht'gen Nebenmann / zur zweiten Rolle
bei ihm haben, wenn / du meine Wenigkeit empfehlen wolltest. /
Denn wer macht schneller Verse und in größrer Menge / als ich?
Wer tanzt mit mehr Geschmeidigkeit? / Und eine Lunge hab' ich
dir zum Singen / die Virtuosen selbst beneiden möchten. / Mich
soll das Wetter! wenn du nicht in kurzem / die andern alle ausge-
stochen hättest! / – Da irrst du dich; wir leben nicht auf solchem
Fuß / in diesem Hause; keines in der Stadt / ist reiner von dergleichen Unrat. Nie gereicht / es mir zum Nachteil, daß ein andrer
reicher oder / gelehrter ist als ich; ein jeder steht / auf seinem eignen Platze. – Was du sagst! Es ist kaum glaublich! – Und / doch
ist es so. – Du machst mich desto ungeduldiger, / recht nah an ihn
zu kommen.« Dem Dichterling ist nicht klarzumachen, daß es bei
Maecenas keinen Jahrmarkt der Eitelkeiten gibt, mit Eifersüchte-
leien, Neid und Intrigen. Er beschließt, den Pförtner und den
Kammerdiener zu bestechen und Maecenas auf der Straße aufzu-
lauern. So werde er sein Ziel schon erreichen! Und solche imper-
tinenten Leute wagen zu behaupten, Horazens Verse seien Dut-
zendware!
    Horaz trug seine Satiren wie auch später seine anderen Ge-
dichte im Kreis von Freunden und Liebhabern der Dichtkunst vor,
am liebsten im Hause des Maecenas oder in dessen Gärten, von
denen noch ein Nymphäum, ein Brunnen- und Gartensaal, das sogenannte Auditorium des Maecenas, erhalten ist. Dieser war mit
seinem Dichterfreund zufrieden und gedachte, ihn in größere Unabhängigkeit zu entlassen. So schenkte er Horaz ein kleines Landgut in den Sabinerbergen, für den Dichter die Erfüllung all seiner
Wünsche. Nie wird er müde, sein Anwesen zu preisen: ein Haus
mit Garten, ein paar Äcker, ein Stück Wald und eine kühle Quelle
an einem schattigen Plätzchen. Das Leben in der Großstadt war
ihm immer beschwerlicher geworden mit all den drückenden Verpflichtungen, denen er sich nicht entziehen konnte. Er muß früh

aufstehen, sich im Stadtgedränge herumschubsen lassen, heute zu einem Gerichtstermin eilen, morgen bei der Versammlung der Sekretäre, seiner ehemaligen Kollegen, anwesend sein, übermorgen Bittgesuche vermitteln. Und dann kommen ständig Einladungen, und die Gastgeber erwarten, daß Horaz ein neues Gedicht vorträgt. Er will niemanden enttäuschen, aber wann soll er denn dichten? Dazu plagen ihn die sommerliche Hitze, der Schirokko und die fieberschwangere Luft.

Auf seinem Sabinergut aber fühlt er sich nun wie in einer Burg. Er teilt sich den Tag nach seinem Belieben ein, steht auf, wann er will, mustert seinen kleinen, überschaubaren Besitz, hält Siesta an seiner kühlen Quelle und lädt sich abends Freunde ein zu einem bescheidenen, aber fröhlichen Mahl. Es gibt deftige Landkost, Bohnen mit Speck, Kohl mit Schweinefleisch. Hier herrscht kein Zwang, besondere exotische Gerichte auf die Tafel zu bringen, wie in der sogenannten feinen Gesellschaft in Rom. Auch dürfen die Gäste, frei von den üblichen Trinksitten, ihr Quantum Wein selbst bestimmen. Horaz hat ein paar Krüge mit gutem alten Wein, die er für besondere Festtage reserviert, wie für den Geburtstag des Maecenas, sonst gibt es Landwein. Nicht das Essen und Trinken ist die Hauptsache, es muß ja am nächsten Tag nicht überall herumerzählt werden, was es zur Tafel gab oder nicht gab. Man führt Gespräche, nicht darüber, wer die protzigste Villa und den größten Landbesitz hat, oder wie die letzte Vorstellung eines Gesangsstars ausgefallen ist, sondern man spricht über Themen wie Freundschaft und Glück, über die *vitae praecepta beatae*, den rechten Weg zu einem zufriedenen Leben. Auch ein Nachbar kommt zu Wort, der eine zwar bekannte, aber immer wieder gern gehörte Geschichte zum besten gibt: die Fabel von der Landmaus und der Stadtmaus (*Sat.* 2,6). Die Stadtmaus bedauert ihre Freundin, die Land-, genauer gesagt, die Feldmaus, die in einem ärmlichen Loch am Ackerrain haust und sich kümmerlich ernährt. Sie fordert sie zum Besuch der prächtigen Großstadtvilla auf, in der sie lebt. Dort läßt die Stadtmaus ihre Freundin auf seidenen Kissen ruhen und bewirtet sie mit all den Köstlichkeiten, die von einem großen Gastmahl des Hausherrn übriggeblieben sind. Die

Die Bandusiaquelle bei der Horazvilla
in den Sabiner Bergen

Feldmaus genießt ihr neues Leben und läßt sich alles trefflich schmecken – bis plötzlich die Türen aufspringen und Hundegebell durchs Haus schallt. Zitternd vor Angst verkriechen sich die Mäuse, und die Landmaus sagt ihrer Freundin Lebewohl. Sie will in ihr Mauseloch am Feldrand zurückkehren, wo sie zwar schmale Bissen, aber dafür ihre Ruhe hat.

Vom Sabinergut des Horaz sind noch beachtliche Reste erhalten, die einen Besuch durchaus lohnen. Von Rom fährt man nach

Tivoli – es ist das antike Tibur, bei Horaz Inbegriff des unbeschwerten Landlebens. Über Vicovaro, wo einst die Erzeugnisse von Horazens Gut auf den Markt gebracht wurden, gelangt man zum Flüßchen und Ort Licenza (mit einem modernen Horazdenkmal). Dort in der Nähe, am Hang des Monte Gennaro, des antiken Mons Lucretilis, geht es zur Villa des Horaz, deren Aussehen man sich aufgrund der Baureste noch gut vorstellen kann. Sie hatte die Maße 107 × 42 m, wobei freilich 76 × 42 m auf die gedeckte Wandelhalle entfallen. Diese Einrichtung war für jeden geistig Tätigen in der Antike offenbar der wichtigste »Wohnraum«, da im Auf- und Abwandeln, im Hinausblicken auf die Landschaft die Gedanken entwickelt wurden, die man dann einem Schreiber diktierte. Der Wohntrakt für Herr- und Dienerschaft umfaßte zwölf bescheiden große Räume. Dazu kam eine Badeanlage und der ausgedehnte Garten, der sich in die Landschaft hinein öffnete, mit der Quelle, der vielbesungenen Bandusia. Das Sabinum war also ein Anwesen, das die Bequemlichkeit eines Stadthauses mit den Annehmlichkeiten einer ländlichen Umgebung verband. Der dazugehörige Landbesitz, der von fünf Pächtern bearbeitet wurde, war groß genug, daß Horaz von den Erträgen seines Gutes leben konnte. Bei all seiner Begeisterung für das Landleben war sich der Dichter freilich im klaren darüber, daß er kein Bauer war. Die Nachbarn, die echten Landwirte, lächeln, wenn sie den Poeten beim Graben und Pflanzen sehen, das gibt er selbst zu. »Beatus ille, qui procul negotiis [. . .] – Glückselig jener, der da ferne von Geschäften seinen Acker bebaut« (Epod. 2,1) – so beginnt ein Gedicht des Horaz, in dem das Landleben in höchsten Tönen gepriesen wird: mit eigener Ernte und Weinlese, mit behaglicher Ruhe am murmelnden Quell. Eine Idylle, die freilich durch die letzten Verse zerstört wird: »So sprach der Wucherer Alfius, fast schon der künftige Bauersmann, und trieb zur Monatsmitte all sein Geld ein, um es am Monatsanfang wieder auszuleihen« (Epod. 2,67 ff.). Durch die ironische Brechung weist Horaz darauf hin, daß der Mensch seiner Tage, trotz aller Sehnsucht nach dem einfachen Leben, die Mentalität eines Großstädters hat und sich nicht mehr in einen der bodenständigen alten Römer zurückverwandeln kann.

Von sich selbst gibt Horaz einmal zu: »Mit wetterwendischer Laune schwärme ich in Rom für Tibur, in Tibur für Rom.« Schiller hat in seiner Abhandlung *Über naive und sentimentalische Dichtung* unterschieden zwischen dem »naiven«, von selbst im Einklang mit der Natur lebenden Dichter und Menschen einer früheren Epoche, und dem »sentimentalischen«, der gefühlvoll die verlorene Einheit sucht. Schiller sagt: »Horaz, der Dichter eines kultivierten Weltalters, preist die ruhige Glückseligkeit in seinem Tibur, und ihn könnte man als den wahren Stifter dieser sentimentalischen Dichtungsart nennen.« Horaz zwischen Rom und Tibur – diese Spannung ist bis heute charakteristisch für viele Dichter und Schriftsteller, die die Stille und Zurückgezogenheit an einem ruhigen, naturnahen Ort brauchen, aber ihre Stoffe und ihr Publikum in der Stadt suchen müssen.

Horaz begab sich nur aus besonderem Anlaß in die große Welt. So trat er Maecenas zuliebe eine Fahrt an, der wir seine berühmte Satire *Iter Brundisinum, Die Reise nach Brundisium*, verdanken (*Sat.* 1,5). Sie liest sich als ein amüsantes Reisetagebuch, in dem Freuden und Leiden des Reisens, die Strapazen des Weges, die Unbequemlichkeiten in diversen Unterkünften und die Begegnungen mit allerlei Zeitgenossen heiter-ironisch betrachtet werden. Horaz bricht in der Hauptstadt auf, läßt die Magna Roma hinter sich und reist auf der Via Appia bis Aricia, wo er sein erstes Nachtquartier nimmt. Von Aricia geht es nach Forum Appi: »ein Nest mit Schiffertroß und Beutelschneidern von Wirten vollgestopft«, so die Übersetzung von Christoph Martin Wieland, die samt den Erläuterungen der »achtzehnhundertjährigen Scherze« ein Vademecum für eine echte oder imaginierte Reise auf Horazens Spuren abgibt. Von hier aus führte die Via Appia durch die Pontinischen Sümpfe, die zuletzt von Caesar gebietsweise trockengelegt waren. Neben der Straße ging ein Abzugsgraben entlang, der einer neuerlichen Versumpfung des Geländes vorbeugen sollte. Man konnte die Via Appia bei Forum Appi verlassen und fuhr dann auf diesem Kanal neben der Straße. Es verkehrten Passagierboote, die getreidelt wurden: Ein Steuermann lenkte das Boot, und ein Maultier mit einem Treiber zog es von einem

Uferpfad aus. Wegen der Ausdünstungen des Sumpfgeländes und der Mücken fanden die Fahrten des Nachts statt. Der Kanal traf kurz vor Terracina wieder auf die Via Appia. Sein Verlauf ist vom dortigen Tempelberg aus noch zu erkennen. Horaz und seine Reisegesellschaft konnten dank Caesars erfolgreicher Entwässerungsmaßnahmen sicher reisen, wenn sich auch die Zeitersparnis durch die Nachtfahrt als Fehlkalkulation erwies: Der Maultiertreiber pflockte sein Tier an und legte sich schlafen, wie die Passagiere auch. In späteren Zeiten, vor allem in der unruhevollen Epoche der Völkerwanderung, breiteten sich die Sümpfe wieder aus, und trotz aller Maßnahmen von Kaisern und Päpsten dezimierte das Sumpffieber die Bevölkerung und die Pioniermannschaften, die zur Trockenlegung entsandt waren. Erst in allerjüngster Zeit konnten die Malariamücken besiegt und die Sümpfe urbar gemacht werden. Heute fährt man auf der Via Appia Nova durch Ackerland und Wiesen, vorbei an neuerbauten Städten, wie der Provinzhauptstadt Latina (1932 eingeweiht), und vermag sich kaum vorzustellen, wie es noch im vorigen Jahrhundert zu Zeiten des Historikers Ferdinand Gregorovius hier aussah. Im Frühling verwandelten sich die Sümpfe in ein Meer von Blüten, im Sommer aber, so sagt er, ist hier eine Hölle, wo das blasse Fieber umherschleicht und die armen Hirten und Bauern auszehrt, die hier um ihren Lebensunterhalt ringen. Selbst in den Städten Anzio und Terracina mußte der Reisende abends bei geschlossenen Fenstern daheimbleiben, um sich in der feuchten Nachtluft nicht das Fieber zu holen.

Horaz und seine Mitreisenden waren offenbar froh, beim Hain der Göttin Feronia das Boot verlassen zu können und an der Quelle frisches Wasser zu genießen. Binnen kurzem sind sie in Terracina, wo sich damals wie heute der imposante Anblick des Jupiter-Anxur-Heiligtums bietet, »das von seinem weißen Felsen weithin in die Ferne glänzt«. Hier stellen sich die Hauptpersonen der Reisegesellschaft ein, und man hört auch zum ersten Mal, worum es bei dieser so spaßig geschilderten Reise eigentlich geht: Maecenas trifft zusammen mit Cocceius Nerva ein: Beide sind als Unterhändler in wichtiger Mission unterwegs, denn sie sind ge-

wohnt, entfremdete Freunde wieder auszusöhnen. Die Verbindung der beiden Machthaber Antonius und Caesar Octavian war
im Jahr 40 v. Chr. durch den Vertrag von Brundisium bekräftigt
worden.

Diese Vereinbarung, eher ein Stillhalteabkommen als ein
Freundschaftsvertrag, war inzwischen brüchig geworden, und um
das Schlimmste, ein Wiederaufflammen des Bürgerkriegs, zu vermeiden, wurden von beiden Seiten Unterhändler ausgeschickt, die
ein neues Abkommen vorbereiten sollten. Maecenas, Freund und
Ratgeber des Octavian, und Cocceius Nerva treffen sich auf der
Reise mit Fonteius Capito, dem Freund des Antonius. Die diplo-
matischen Bemühungen führten zum Vertrag von Tarent (37
v. Chr.), der die endgültige blutige Auseinandersetzung noch einmal hinausschob. Es geht also um hohe Politik, um Geheimdiplo-
matie, die im Hintergrund bleiben muß. Im Vordergrund steht die
Freundschaft, die Freude am Wiedersehen mit Maecenas, mit dem
man über Fundi nach Formiae reist, und mit Vergil, der am folgenden Tag in Sinuessa zur Gesellschaft stößt, zusammen mit seinen Dichterkollegen Plotius Tucca und Varius. Man sieht, Maecenas wollte die Atmosphäre der politischen Gespräche günstig be-
einflussen, indem er nicht Mars, sondern die Musen im Gefolge
hatte. Über Pons Campanus kommt man nach Capua: »Maecenas
geht zum Ballspiel, schlafen gehen / Vergil und ich, weil seinem
schwachen Magen / und meinen schlimmen Augen dieses Spiel /
gleich schädlich war.« Das nächste, recht angenehme Nachtquartier
findet die Gesellschaft in der Villa des Cocceius bei Caudium, wo
eine Stegreifposse, von Horaz in homerischem Stil geschildert, die
Gäste erheitert. In Benevent muß man Quartier in einem öffentlichen Gasthaus nehmen, das beinahe samt den Gästen abbrennt,
weil der eifrige Wirt, um seine vornehmen Gäste zufriedenzustel-
len, den Ofen zu sehr anheizt. Gäste und Diener greifen rasch
einige Bissen vom Herd, bevor sie ihre Haut retten. »Nunmehr
begann mein väterlich Apulien / die wohlbekannten Berge mir
zu zeigen.«

Horaz schwelgt jedoch nicht in Kindheitserinnerungen, sondern nennt seine Heimat »ausgedörrt vom Schirokko«, und nur

Gnatia, Station auf der Reise nach Brundisium

mühsam erklimmt man die Höhe, auf der ein Landhaus als Nachtquartier winkt, Trivici villa. Dort beizt ein Feuer aus nassem Holz
die Augen, und Horaz wartet vergebens auf ein hübsches Mädchen. So ein Narr war er und verdient ebenso Spott wie manche
Leute, die er unterwegs getroffen hat. Dann geht es im Wagen
weiter, nach dem mühseligen Bergauf-Bergab mit den Maultieren
geradezu in rasender Geschwindigkeit, bis zu einem Städtchen, das
angeblich nicht ins Versmaß paßt und daher nicht genannt wird:
möglicherweise Herdoniae, wohin man auf einer abzweigenden
Straße, der Via Minucia, gelangte. Die letzten Stationen der
Strecke sind nicht erwähnenswert wegen großartiger Blicke in die

Landschaft oder dergleichen: Das Wasser ist schlecht, das Brot ist
hart, es regnet, die Straße wird miserabel bis nach Bari hin. In
Gnatia (Egnazia), 37 Meilen von Bari entfernt, findet die Gesellschaft ihren Humor wieder: Da soll doch, so behaupten die Einwohner, der Weihrauch ohne Flamme auf dem Altar brennen.
»Das glaube der Jude Apella, nicht ich!« In amüsierter Distanz
präsentiert Horaz hier sozusagen in letzter Minute noch eine
»Sehenswürdigkeit«, wie sie zu einer Reisebeschreibung gehört.
Und er muß sich von Wieland sagen lassen, daß dergleichen Erscheinungen, bei denen es sich um austretendes Steinöl (Petro-
leum) handelt, öfters beschrieben werden, und statt darüber zu
spotten, hätte man die Sache leicht untersuchen und damit zur allgemeinen Aufklärung beitragen können. Horaz mag nichts mehr
untersuchen, ihm winkt das Ziel: »Brundisium machte unsrer langen Reise und diesem langen Gedicht ein Ende.« *Charta* sagt er,
was darauf schließen läßt, daß er die Satire als Einzelgedicht und
Reiseerinnerung an die Freunde zu schicken gedachte. Den Namen
Iter Brundisinum hatte er gewählt in Anspielung auf das *Iter Sicu-
lum*, ein Gedicht des Satirendichters Lucilius über eine Reise zu
seinen Gütern auf Sizilien. Brundisium erinnerte die Zeitgenossen
freilich an den Vertrag der beiden Machthaber Roms, der durch
diese Mission, an der Horaz teilnahm, noch einmal gekittet wurde,
der aber schließlich doch offener Feindschaft weichen mußte.

Der Bürgerkrieg flammte erneut auf, die zerstrittenen Machthaber Caesar Octavian und Marcus Antonius zogen gegeneinander ins Feld. Horaz ruft den Römern zu:

> *Quo, quo scelesti ruitis? aut cur dexteris*
>   *aptantur enses conditi?*
> *parumne campis atque Neptuno super*
>   *fusum est Latini sanguinis?*

Wohin, wohin sürzt ihr Unseligen? Warum greift ihr
nach den Schwertern, die ihr gerade erst eingesteckt habt?
Ist denn zu Land und Meer
zu wenig Latinerblut geflossen?

(Epod. 7)

Erschrocken über die Greuel des Krieges fragt Horaz in seinen Gedichten nach den Ursachen eines solch wahnwitzigen, selbstmörderischen Handelns. Er erinnert an eine mythische Urschuld, den Brudermord des Romulus an Remus am Anfang der römischen Geschichte, das Ausbrechen der zerstörerischen, friedlosen Kräfte im Menschen.

In der Schlacht von Actium im Jahr 31 vor Christus werden Antonius und Kleopatra von Caesar Octavian besiegt, die Bürgerkriege sind beendet, und unter der Ägide des Octavian-Augustus kehrt Friede ein. Horaz freut sich der Ruhe, die ihm eine Fortsetzung seiner Dichterexistenz ermöglicht, aber er kann die Ängste und Sorgen der Bürgerkriegszeit niemals mehr abschütteln. Er hält es auch für seine Pflicht, stets daran zu erinnern, daß dieser Friede nichts Selbstverständliches ist, daß vielmehr die Abgründe jederzeit wieder aufbrechen können. Der Dichter ist nicht nur *poeta*, Versemacher, er ist *vates*, priesterlicher Seher und Sänger, dem es die Götter auferlegt haben, die Vergangenheit gegenwärtig zu halten, als Mahnung für die Gegenwart.

Horaz beginnt sein lyrisches Hauptwerk, seine Oden, die er *carmina*, *Lieder*, nennt. Er greift damit zurück auf die großen Lyriker des alten Griechenlands, Archilochos, Alkaios und Sappho, und erneuert ihre Liedmaße und den persönlichen Ton ihrer Sprache. Wie sie wendet er sich hochgemut und voll ernster Verantwortung an die Gemeinschaft. Seine Gedichte sollen die lateinische Sprache und das römische Denken mit dem hohen Geist der griechischen Muse verbinden. Er will den großen Vorsprung der griechischen Dichtkunst aufholen und der Sänger der römischen Lyra, *Romanae fidicen lyrae*, werden. Nach dem Abschluß des dritten Buches der Oden ist er sich bewußt, die lateinische Sprache und Dichtung zu einem Gipfel geführt zu haben. Sich selbst hat er damit einen Namen gemacht:

> *Exegi monumentum aere perennius*
> *regalique situ pyramidum altius,*
> *quod non imber edax, non aquilo impotens*
> *possit diruere aut innumerabilis*
> *annorum series et fuga temporum.*

Errichtet habe ich mir ein Denkmal, dauerhafter als Erz
und höher aufragend als der majestätische Bau der Pyramiden,
das der Regen nicht zerfressen kann, der Nordwind stürmend
nicht zerstört und auch nicht die Folge unzähliger
Jahre und die Flucht der Zeiten.

(Od. 3,30)

Viele Themen werden angeschlagen: Liebesglück und Liebesleid,
Gespräche mit Freunden, Mahnungen zu rechtem Lebensgenuß,
Geselligkeit beim Gastmahl und immer wieder die Aufforderung,
im Gedanken an die Vergänglichkeit des Daseins den Augenblick
zu genießen und zu nutzen: *carpe diem* (*Od.* 1,11).

> [. . .] *ille potens sui*
> *laetusque deget, cui licet in diem*
> *dixisse 'vixi'.*

> [. . .] jener nur ist Herr seiner selbst
> und lebt in Freuden, der da vermag jeden Tag
> zu sprechen: »Ich habe gelebt!«

(Od. 3,29,41 ff., Übers. B. Kytzler)

Hinter aller Schönheit des Lebens, mit Rosenblüten, edlem Wein,
Musik, jugendlicher Anmut und freundschaftlich-heiterem Bei-
sammensein erscheint oft der düstere Hintergrund des Todes und
die »schwarze Sorge«, die hinter dem Reiter auf dem Pferd sitzt,
wohin er auch reitet. Gegen die Todesfurcht wird die epikureische
Gelassenheit beschworen:

> *Aequam memento rebus in arduis*
> *servare mentem.*

> Den Gleichmut wahre dir in Bedrängnis.

(Od. 2,3,1 f.)

Die Angst, statt des Friedens neue Kriegsgreuel zu erleben, wird
gebannt im Blick auf Augustus. Er ist der Garant des Friedens:
»*Custode rerum Caesare non furor / civilis aut vis exiget otium –*

Solange der Caesar Hüter der Welt ist, stören kein Bürgerkriegs-
wahnsinn, keine Gewalttaten das ruhige Leben, das *otium*« (*Od.*
4,15,17 f.). Nur von diesem appellativen, verpflichtenden Charakter im Sinne eines: Du sollst, du mußt für Rom Sorge tragen! ist
Horazens Lob des Augustus zu verstehen. Augustus erscheint bei
ihm meist im Bilde eines griechischen Heros, der wie Hercules
durch Arbeit und Mühe für die Menschen nach seinem Tode einen
Platz im Olymp erwirbt (*Od.* 3,3,9 ff.). Horaz war sich auch einig
mit dem Princeps, daß eine dauerhafte Ordnung nicht durch friedliche Zustände und wirtschaftliche Prosperität allein möglich sei,
ohne die Wiederbelebung der alten Werte, die Rom einst groß gemacht hatten. In den ersten sechs Oden des dritten Buches, den sogenannten Römeroden, lenkt der Dichter den Blick auf berühmte
Beispiele römischer *virtus* (etwa Regulus, der einst im Ersten Pu-
nischen Krieg Unnachgiebigkeit demonstrierte – 3,5) und verweist
auf Roms Bestimmung:

> *Dis te minorem quod geris, imperas.*
> *hinc omne principium, huc refer exitum!*

> Wenn du dich den Göttern unterordnest, wirst du die
> Herrschaft behalten,
> laß die Götter Anfang und Ende sein!
>
> (*Od.* 3,6,5 f.)

So nahm Horaz auch den Auftrag des Augustus an, das Festlied zu
schreiben zur Jahrhundertfeier, die zur Einleitung eines neuen Sae-
culums im Jahr 17 v. Chr. begangen wurde. Knaben- und Mäd-
chenchöre sangen Horazens *carmen saeculare*, in dem der Dichter
die Hoffnung ausspricht, daß lang verschmähte und mißachtete
Werte wie Treue, Ehre und Redlichkeit zurückkehren mögen.
Dann werde es auch am Segen der Götter nicht fehlen.

Als Festdichter gehörte Horaz nun auch zum Kreise des Augustus, und dieser trug ihm das Amt eines Privatsekretärs an. Horaz lehnte ab, offiziell aus Gesundheitsgründen, seine Unabhängigkeit ging ihm über alles. Augustus nahm ihm die Absage nicht
übel. Er schrieb: »Wenn du auch so stolz warst, meine Freund-

schaft zu verschmähen, so will ich nicht Gleiches mit Gleichem
vergelten. Du kannst über alle Rechte verfügen, als lebtest du ständig bei mir. Komm nur, sooft es deine Gesundheit erlaubt.« Einem
Brief des Augustus verdanken wir auch einen Hinweis auf das Äu-
ßere des Dichters. Der Princeps bedankt sich für ein Gedicht in
Briefform, das freilich recht kurz geraten war: »Mir scheint, du
fürchtest, deine Briefe könnten größer sein als du selber bist. Freilich fehlt es dir nur an hohem Wuchs, nicht an Leibesumfang. Deshalb kannst du nächstens auf einen Weinkrug schreiben, damit das
Gedicht so etwa deinem Bäuchlein entspricht.«

Horaz hat sich selbst einmal, um den melancholischen Dichterkollegen Tibull etwas aufzuheitern, im Spaß als ein rundliches,
glänzendes und wohlgepflegtes Schweinchen aus der Herde Epikurs bezeichnet (*Ep.* 1,4,15 f.).

Im letzten Jahrzehnt seines Lebens verfaßt Horaz die *Episteln*,
kleine Essays in Hexameterform, voller Lebensweisheit und Humor. Wie bei den Satiren, die er *Sermones*, *Gespräche*, nannte,
wählt Horaz auch hier durch die Briefform den heiter-urbanen
Dialogcharakter. Breiten Raum widmet er Betrachtungen über sein
eigenes Metier, wie im Brief an Augustus (*Ep.* 2,1) oder in der Epi-
stel *De arte Poetica*, *Über die Dichtkunst*. Hier liest man von den
Absichten der Dichter, entweder das Angenehme oder das Nützliche auszudrücken, das *prodesse* oder *delectare*: Am besten verbindet man das Angenehme mit dem Nützlichen. Auch sollen die
Poeten nicht allzu bombastisch beginnen, sonst »kreißen die Berge
und gebären ein lächerliches Mäuslein«. Der Dichter wird aufge-
fordert, seinen Trojanischen Krieg nicht *ab ovo*, vom Ei der Leda,
von der Geburt der Helena, sozusagen von Adam und Eva, anzufangen, sondern sogleich *in medias res* zu gehen, mitten hinein ins
Geschehen, wie Homer. Auch der von Lessing und Kant ausge-
gebene Wahlspruch der Aufklärung stammt aus den Episteln:
»*Sapere aude* – Wage es, dich deines Verstandes zu bedienen!«
Horaz will damit seine Zeitgenossen aus ihrer Trägheit aufrütteln
und sie zu eigenverantwortlicher Bildung der Persönlichkeit an-
treiben:

ut iugulent hominem, surgunt de nocte latrones:
ut te ipsum serves, non expergisceris? dimidium facti,
qui coepit, habet: sapere aude, incipe.

Um einen Menschen zu morden, erheben sich nächtens die Räuber – um dich selber zu retten, willst du nicht aufstehen? Wer beginnt, besitzt bereits die Hälfte des ganzen Werkes – wage es, weise zu sein, fange an!

(Ep. 1,2,32 ff., Übers. B. Kytzler)

Schließlich wird Maecenas angesprochen, der treue, geduldige Freund und Gönner. Abschiedsstimmung kommt auf: »Dir hat das erste Lied meiner Muse gehört, dir soll auch das letzte zu eigen sein.« (*Ep.* 1,1,1 f.) Dachte Horaz daran, daß er einst in seinen Oden den Schwur getan hatte, er werde seinen Freund Maecenas, sein zweites Ich, nicht überleben?

[. . .] *non ego perfidum*
dixi sacramentum: ibimus, ibimus,
    utcumque praecedes, supremum
    carpere iter comites parati.

[. . .] nicht habe falschen
Eid ich geschworen: Gehen werd ich, gehen,
sobald du vorausgehst, den letzten
Weg zu nehmen als dein Gefährte bin ich bereit.

(Od. 2,17,9 ff., Übers. B. Kytzler)

Ende September 8 v. Chr. stirbt Maecenas. In seinem Testament bittet er Augustus: »Horaz soll dir gelten wie ich selber.« Am 27. November des gleichen Jahres – im Abstand von 57 Tagen, wie die antike Vita ausdrücklich vermerkt – folgt ihm Horaz. Er wird auf dem Esquilinhügel, nahe dem Grabe des Maecenas, bestattet.

Wer des Dichters nach 2000 Jahren gedenkt, darf auch seinen Mäzen nicht vergessen, der ihm mit Großherzigkeit und Taktgefühl zur Seite stand und ihm das glückliche Leben auf dem Sabinergut ermöglichte.

PERRONI DICAR GLORIA GENTIS EGO

P. OVIDIVS NASO

Fünftes Kapitel

Ovid in Sulmona

Ein Sänger der zärtlichen Liebe

Mantua Vergilio, gaudet Verona Catullo;
  Paelignae dicar gloria gentis ego [...]
Atque aliquis spectans hospes Sulmonis aquosi
  Moenia, quae campi iugera pauca tenent,
»Quae tantum« dicet »potuistis ferre poetam,
  Quantulacumque estis, vos ego magna voco«.

Mantua kann sich Vergils, Catulls Verona erfreuen,
  Mich aber nennt man dereinst Ruhm des pälignischen
        Volks, [...]
Irgendein Fremder, der kommt und schaut des durchrieselten
        Sulmo
  Mauern, deren Geviert wenige Morgen umschließt,
Spricht wohl: »Die ihr's vermocht, uns solch einen Dichter
        zu geben,
  Seid wie ihr wollt, für mich seid ihr bedeutend und groß.«

                    (*Amores* 3,15,7 f., Übers. R. Harder / W. Marg)

Als Ovid sich so stolz und ruhmessicher neben Catull und Vergil
stellte, hatte er sein erstes Werk, die *Amores*, *Liebesgedichte*, vollendet. Und obwohl erst Mitte Zwanzig, wußte er, daß er die Gattung der Liebeselegie auch zur Vollendung und zum Abschluß gebracht hatte. Properz, aus Assisi gebürtig, und Tibull hatten wenige Jahre vor Ovid in der Nachfolge des Catull eine Existenz als
Dichter verwirklicht und auch sein großes Thema, die Liebe, auf-

Oviddenkmal in Sulmona

gegriffen. Sie erzählten von ihrer Liebe zu einem der schönen
Mädchen der römischen Demimonde, zu einer Cynthia und Delia,
einer Leidenschaft, die sie ganz ausfüllte und deren Stationen zwischen Liebesfreud und Liebesleid sie in ihren Elegien künstlerisch
nachzeichneten. Indem so das Allerpersönlichste ausgesprochen
und in dichterischer Gestaltung in den Mittelpunkt gerückt wird,
erhält die *vita privata* einen neuen Wert – gleichberechtigt, ja höher geschätzt als die traditionellen Werte der römischen *vita publica*. Properz macht unmißverständlich klar, daß er sich dem Joch
einer bürgerlichen Ehe und der üblichen Karriere in Rom verweigert. Er wird keine Söhne haben, die Roms Kriege führen, und er
selbst wird sich damit begnügen, beim Triumphzug als Zuschauer
auf der Straße zu stehen, ein hübsches Mädchen im Arm. Und die
Liebe zu ihr wird das Thema seiner Dichtung sein; keine waffen-
klirrenden Epen zum Ruhme des Caesar Augustus wird er verfas-
sen, sondern Liebeselegien. Dies hebt Properz ebenso wie Tibull
des öfteren hervor, so daß man geradezu von einem *recusatio*-
(Verweigerungs-)Topos spricht: Der Elegiendichter, so meint man,
entzieht sich den Forderungen, die aus dem Kreise des Augustus
an ihn herangetragen wurden, er muß sich seinen Freiraum er-
kämpfen gegenüber einer Staatsmacht, die auch die Dichtung len-
ken will. Doch scheint eine solche Auffassung überzogen angesichts der Tatsache, daß die Liebeselegien in Rom bereitwillige
Aufnahme fanden und ihre Dichter von Männern wie dem Feldherrn und Politiker Messalla ebenso wie von Augustus' Freund
Maecenas protegiert wurden. Viel eher geht es bei dieser *recusatio*
(die ja ihre Vorläufer bereits bei den Alexandrinern hat) um eine
Selbstvergewisserung des Dichters, daß seine Stoffe und seine Art
des Dichtens ihren eigenen Wert besitzen, daß die neuartige Gattung der Liebeselegie gleichberechtigt neben anderen Formen wie
dem Epos bestehen kann. Wenn Properz, Tibull, Ovid (wie auch
Vergil in seinen Eklogen) diese Form der *recusatio* verwenden, so
beanspruchen sie damit ihren Platz in der Welt der Dichtung, und
sie richten sich vor allem an die Dichterkollegen und an das Publikum, an die »Literaturszene«, die ihnen wichtiger ist als eine
»Staatsmacht«. Zudem wissen sie sehr genau, daß es eben der

Augustusfriede ist, der ihnen das Leben und Dichten nach ihrer Fasson erlaubt und ermöglicht.

Ovid befand sich als Dichter in einer glücklichen Lage, denn ihm war von seinen großen Kollegen bereits die Bahn geebnet worden. Catull und Vergil hatten die lateinische Sprache geformt und Roms Literatur ebenbürtig neben die griechische gestellt, Vergil war, hochgeachtet und geschätzt von seinen Mitbürgern wie von Augustus, gewissermaßen Dichter im Hauptberuf gewesen, und Properz und Tibull hatten die Liebe als alleiniges Thema ihrer Poesie gesellschaftsfähig gemacht. Nun kam Ovid: Jung, begabt und selbstbewußt gibt er die kaum begonnene öffentliche Karriere auf, um sich ganz der Dichtung zu widmen. Und er ist so selbstsicher im Bewußtsein seiner eigenen Leistung, daß er seiner bescheidenen Heimatstadt den Rang einer Touristenattraktion verheißt. Bisher gibt es nichts von ihr zu berichten, als daß ihre Bewohner zum Stamm der Päligner gehören, die im Bundesgenossenkrieg mutig gegen Rom aufstanden und ihr Bürgerrecht erkämpften.

Im »wasserreichen Sulmo«, im heutigen Sulmona in den Abruzzen, ist Publius Ovidius Naso am 20. März 43 v. Chr. geboren. Seine Familie gehörte zum Ritterstand; sie zählte zu den Großgrundbesitzern der Gegend und damit zu den Honoratioren des Ortes. Die Region Abruzzo im Zentrum Italiens, an der Ostküste gelegen, wirbt heute für einen Urlaub »mit Meer und Gebirge, mit Natur und Kunst«, und hierbei spielt die Stadt Sulmona als Heimat des Dichters Ovid eine wichtige Rolle. Auf dem Hauptplatz des freundlichen, mittelalterlich geprägten Städtchens steht Ovids Statue. Als Inschrift trägt sie seine Worte: »Mich aber nennt man dereinst Ruhm des pälignischen Stammes«.

Etwa zehn Autominuten von der Stadt entfernt, am Hang des über 2000 m hohen Morrone, befindet sich eine archäologische Zone. Lange glaubte man, daß sich hier unter den römischen Ruinen auch das Haus von Ovids Familie befände. In jüngster Zeit hat man statt dessen ein spätrepublikanisches Terrassenheiligtum, einen Herculestempel, ausgegraben, dennoch bleibt das Gelände mit dem Namen Ovids verbunden. Seit alters her ranken sich allerlei Legenden um die angebliche Villa d'Ovidio. Wie bei Vergil glaubte man im Mittelalter auch von Ovid, er sei ein großer Gelehrter gewesen – so wie ihn die Statue von 1474 am Museo Civico noch zeigt –, und das hieß beim Volk immer: auch ein großer Zauberer und Hexenmeister. Einen riesigen Schatz habe er besessen, den er in den Poteche d'Ovidio hütete. Diese Poteche (Botteghe) sind die noch erhaltenen Bögen eines antiken Tonnengewölbes, das man sich als großen Vorratsraum vorstellte. Wenn es blitzt und donnert, so hieß es, dann fährt ›Vidius‹ in einem eisernen Wagen daher, um Diebe abzuschrecken. Und wie es bei Mantua den Stein gibt, auf dem Vergil beim Dichten gesessen haben soll, so findet sich hier, nahe bei Sulmona, die Liebesquelle, Fonte d'Amore, ein

Die »Poteche« in der Nähe von Sulmona

Brunnenbecken, an dem sich Ovid mit seiner Geliebten getroffen und wo er die *Amores* geschrieben habe. Deren Schauplätze sind freilich eher in Rom zu finden: Zirkus, Theater, die Plätze und Kolonnaden, wo sich Roms lebenslustige Jugend ein Stelldichein gab. Ovid war ein Großstadtmensch; in seiner Dichtung pulsiert das Leben und Treiben der Hauptstadt. Rom mit seinem Glanz und Luxus, mit seinen schönen Frauen und unternehmungslustigen jungen Männern hat er im Auge, wenn er in seiner *Liebeskunst (Ars amatoria)* von sich sagt:

> *Prisca iuvent alios, ego me nunc denique natum*
> *gratulor; haec aetas moribus apta meis.*

> Möge das Altertum andre erfreuen, ich preise mich glücklich,
> Jetzt erst zu leben; es paßt zu meiner Art diese Zeit.
>
> (*Ars* 3,121 f., Übers. N. Holzberg)

Eine kühne Äußerung, denn man knüpfte im augusteischen Rom an die »guten alten Zeiten« an und pries die Tugenden der Vorfahren, die tapfer, bescheiden und fromm Rom zu seiner Weltgeltung erhoben hatten. Noch Vergil und Horaz waren sich in dieser Propagierung der alten Werte mit Augustus einig. Wie dieser auf seinem neuerbauten Forum die Statuen der großen Gestalten aus Roms Vergangenheit aufgestellt hatte, so ließ Vergil im 6. Buch seiner *Aeneis* die Helden der römischen Geschichte auftreten, und Horaz forderte in seinen Römeroden die Rückbesinnung auf die Tugenden der Selbstbeherrschung, Tapferkeit und Frömmigkeit. Vergil und Horaz hatten die Schrecken der Bürgerkriegszeit am eigenen Leibe erlebt; sie wußten den Frieden dankbar zu schätzen und arbeiteten mit in der Phase des Aufbaus. Doch nun lebten beide nicht mehr, der Friede war für die Jüngeren eine Selbstverständlichkeit, und die dynamischen Jahre des Aufbaus und Aufbruchs in eine neue Zeit wurden zwangsläufig abgelöst von einer mehr statischen Epoche.

In Ovid manifestiert sich dieser Generationsunterschied, doch nicht in der Art, daß Ovid als der unbekümmerte Sprößling der

neuen Zeit keinerlei Verständnis für die Sicht der kriegs- und leid-
erprobten Älteren gehabt hätte. Ovid war zur Zeit der Schlacht
von Actium zwölf Jahre alt, und es gab keinen Winkel Italiens, der
vom Bürgerkrieg verschont gewesen wäre. Ovid erinnert auch
daran, wenn er sein Geburtsjahr 43 als das Jahr bezeichnet, »in
dem beide Konsuln fielen« (*Trist.* 4,10,6), als mit der Schlacht von
Mutina die alte römische Republik endgültig ihr Ende fand. So
wußte er den Frieden zu schätzen, doch er fordert, auch die Konsequenzen zu ziehen. Die neue Zeit kann nur lebendig sein und
Weiterwirkendes schaffen, wenn sie nicht rückgewandt bleibt, auf
das Alte fixiert. Augustus hat aus Rom statt der Ziegelstadt eine
glänzende, prächtige Marmorstadt gemacht: Aus Reichtum und Sicherheit ergibt sich zwangsläufig auch ein neues, freieres Lebensgefühl, und dieses will Ovid als Dichter ausdrücken. So entsteht
seine *Liebeskunst*, ein Lehrgedicht, wie man liebt. Auf den ersten
Blick ein Affront: Im Lehrgedicht hatten Hesiod, Vergil und Lukrez über erhabene, würdige Gegenstände berichtet: über das
Leben und Arbeiten auf dem Land, von der Ordnung der Natur
(*Werke und Tage, Vom Landbau, Von der Natur der Dinge*). Nun
erklärt Ovid:

> *Si quis in hoc artem populo non novit amandi,*
>   *hoc legat et lecto carmine doctus amet.*

> Wenn in diesem Volk jemand die Kunst des Liebens noch
>   nicht kennt,
>   Lese er dieses Gedicht und liebe dann mit Verstand.

(Ars 1,1 f., Übers. N. Holzberg)

Die Liebe eine *ars*, eine Kunstfertigkeit, oder gar eine Technik, die
man *doctus*, aufgrund von Belehrung und Überlegung, ausübt?
Für Properz und Tibull war die Liebe eine elementare Daseins-
macht gewesen, der man unterworfen ist, Ovid aber hatte schon in
seinen *Amores* einen mehr spielerischen Ton angeschlagen. Das
»Herzzerreißende« ist für ihn aus der Mode, statt der einen Ange-
beteten liebt er die Liebe selbst, in all ihren Spielarten und mit
wechselnden Partnerinnen. Und dies will er auch seine Zeitgenos-

sen lehren, Männer wie Frauen: Keine Dido soll mehr auf dem Scheiterhaufen enden, weil ihr Aeneas sie verläßt. Die Liebe soll die Liebenden nicht zerstören, Ovid will den wilden Knaben Amor zähmen. Die jungen Leute sollen lernen, aus der Liebe ein Spiel zu machen, heiter-kultiviert und nach den Regeln eines weltstädtischen Geschmacks. Der Vorwurf der Frivolität ist leicht bei der Hand, und vergangene Lesergenerationen haben ihn eifrig erhoben. Wir sehen heute das psychologische Feingefühl, mit dem Ovid die Beziehung der Geschlechter beschreibt, mit dem er dazu aufruft, sich um eine Partnerschaft zu bemühen, und wie er nicht nur für die Männer, sondern auch für die Frauen die erotische Erfüllung fordert. Für beide Partner gilt:

> *Ut ameris, amabilis esto!*
> Um geliebt zu werden, sei liebenswürdig!
>
> (*Ars* 2,107)

Psychologisches Einfühlungsvermögen, Interesse an seelischen Vorgängen, ein besonderes Eingehen auf die weibliche Psyche – das zeichnet Ovid auch in seinem Hauptwerk aus, den *Metamorphosen*, die in den Jahren um die Zeitenwende entstehen. Ovid verknüpft auf kunstvolle Weise Verwandlungssagen aller Art, die zwischen Göttern, halbgöttlichen Wesen und Menschen spielen, Verwandlungen in Tiere, Pflanzen, Steine – ein bunter Reigen unsterblicher Geschichten. Ihre Helden und Heldinnen wie Daphne und Apollo, Dädalus und Ikarus, Orpheus und Eurydice, Narziß, Actäon, Pygmalion haben von der Antike bis heute die Künstler angeregt. Was Ovids Geschichten vor den überlieferten Sagenerzählungen auszeichnet, ist ihre Verbindung zu einem Kosmos, einem neuartigen Werk, das, wie er selbst zu Anfang sagt, »in dauerndem Flusse von dem Beginn der Welt bis auf meine Zeiten« gelangen soll. Dieses Welttheater des Mythos reicht von der griechischen Sagenzeit über die römische, halb legendäre Frühgeschichte bis in Ovids Gegenwart, bis zu Caesar und Augustus. Doch es schließt nicht mit der Apotheose des Herrschers, sondern mit der des Dichters und seines Werkes. Wie Horaz, so hat sich auch Ovid

ein Denkmal geschaffen, das die Zeiten überdauern wird – zu allen
Zeiten wird man ihn lesen, und er wird lebendig bleiben: »*Vivam*
– Ich werde leben«, verkündet er triumphierend zum Schluß. Daß
Ovid und seine *Metamorphosen* in der Tat heute noch lebendig
sind und bildende Künstler, Musiker und Schriftsteller anregen
(man denke nur an Christoph Ransmayrs Roman *Die letzte Welt*),
ist zum einen seiner Fabulierkunst zuzuschreiben, die auch in einer Prosaübersetzung noch deutlich zu spüren ist. Vor allem aber
ist es jenes psychologische Interesse, mit dem er die Seelenkon-

Kupferstichporträt,
angeblich nach einem
antiken Münzbild

flikte seiner Personen in den Mittelpunkt seiner Darstellung rückt
und hineinleuchtet in die Tiefen und Untiefen der menschlichen Psyche. Reifungs- und Identitätskrisen Jugendlicher (Phaëthon, Narziß), Konflikte zwischen Leidenschaft und Vernunft (Medea),
»widernatürliche« Liebe (Byblis, Iphis, Myrrha): »Die Seele ist ein
weites Land« – dieser von Heraklit angeregte Ausspruch Arthur
Schnitzlers gilt bereits für Ovid und seine *Metamorphosen*.
    Doch der Dichter sollte Gelegenheit finden, auch die eigene
Seelenlandschaft auszuleuchten und zum Gegenstand seiner Dich-

tung zu machen. In Sulmona, der Heimatstadt, läßt sich des weiteren Geschicks des Dichters gedenken. »*Sulmo mihi patria est* – Sulmo ist meine Heimat«, ist nicht nur am Oviddenkmal zu lesen, sondern in der abgekürzten Form S M P E im Wappen Sulmonas und vielerorts dort, gewissermaßen als Konkurrenz zum stolzen römischen S P Q R (*Senatus Populusque Romanus*). Mit diesem Ausspruch beginnt ein Gedicht Ovids, das eine Autobiographie enthält. Geschrieben wurde es aber weder in Sulmona, noch in Rom, sondern in Tomi. Es ist das heutige rumänische Konstanţa am Schwarzen Meer, in der Dobrudscha, wo die Donau ganz nahe an der Küste entlangfließt, bevor sie zu ihrem Mündungsknie nach Norden abbiegt. Dort lebte der Dichter von 8 n. Chr. bis zu seinem Lebensende 17/18 n. Chr. in der Verbannung. Was war geschehen? Wie ein Blitz aus heiterem Himmel hatte den gefeierten Dichter, der gerade die *Metamorphosen* zur Veröffentlichung vorbereitete, der Bannstrahl des Princeps getroffen. Ovid wurde relegiert: die mildere Form der Verbannung, bei der dem Verurteilten sein Vermögen und das römische Bürgerrecht erhalten blieben. Ovid bewog seine Gattin, die ihn begleiten wollte, in Rom zu bleiben, um sein Haus zu halten und sich für seine Rückberufung einsetzen zu können. In seinen Gedichten aus der Verbannung, den *Tristien*, *Klageliedern*, und den *Epistulae ex Ponto*, den *Briefen vom Pontus*, vom Schwarzen Meer, erinnert sich Ovid auch des herzzerreißenden Abschieds von Rom, von den Seinen, von seiner früheren Existenz:

Cum subit illius tristissima noctis imago,
  qua mihi supremum tempus in urbe fuit,
cum repeto noctem, qua tot mihi cara reliqui,
  labitur ex oculis nunc quoque gutta meis.

Tritt mir von jener Nacht das traurige Bild vor die Augen,
  Welche als letzte mir schien in der römischen Stadt,
Ruf' ich die Nacht mir zurück, da ich vieles mir Liebe verlassen,
  Gleitet noch jetzt eine Trän' mir aus dem Auge herab.

(Trist. 1,3,1 ff.)

Augustus. Liebieghaus, Frankfurt a. M.

So hat Goethe diese Verse übersetzt, die er statt eines eigenen
»Abschieds von Rom« ans Ende seiner *Italienischen Reise* stellte.
Nirgendwo aber erfahren wir, warum Ovid relegiert wurde – der
Dichter ergeht sich nur in Andeutungen. Es war kein *crimen*, kein
Verbrechen, beteuert er, nur ein *error*, ein Irrtum, ein Vergehen.
Einmal sagt er jedoch:

> *cur aliquid vidi? cur noxia lumina feci?*
> *cur imprudenti cognita culpa mihi?*

> Weshalb sah ich etwas? Warum ward ich schuldig durch
> Blicke?
> Weshalb war ich der Tor, der die Verfehlung erkannt?

> (*Trist.* 2,103 ff., Übers. W. Willige,
> auch für die folgenden Stellen der Exilgedichte)

Und er vergleicht sich mit einer seiner eigenen Gestalten aus den
Metamorphosen, mit dem Jäger Actäon, der zufällig, unwillent-
lich die Göttin Diana nackt beim Bade erblickte und dafür von
seinen eigenen Hunden zerrissen wurde. War Ovids *error* ein
Ver-sehen? Im gleichen Jahr, 8 n. Chr., verbannte Augustus seine
eigene Enkelin Julia die Jüngere wegen Ehebruchs auf die Tre-
miti-Inseln. Wie bei so manchen Skandalen im Hause der Caesaren, vor und nach Ovids Sturz, zeichnen sich hinter dem Vorwurf der Libertinage politische Hintergründe ab, hervorgerufen
durch Parteiungen innerhalb der Herrscherfamilie. Es gab dort
starke Rivalitäten, als Folge der Tatsache, daß Augustus keinen
Sohn, sondern nur die Tochter Julia aus erster Ehe besaß, während seine Gattin Livia, aus der Familie der Claudier, zwei
Söhne mitgebracht hatte. Der ältere, Tiberius, galt damals als
Thronfolger, was den Juliern, den Kindern der Augustustochter
Julia, verständlicherweise nicht genehm war. Es läßt sich vermuten, daß Ovid zum gesellschaftlichen Kreis der Augustus-
enkelin Julia der Jüngeren gehörte (ihren frühverstorbenen Bruder Gaius preist er in der *Liebeskunst*) und daß er in Bestrebungen hineingezogen wurde, die die Rückberufung des einzig noch
lebenden Bruders der Julia, Agrippa Postumus, aus der Verban-

nung zum Ziel hatten: Ein Julier sollte auf den Plan treten gegen den Claudier Tiberius. Der Dichter, eingesponnen in seine Welt der Liebe und des Mythos, überschaute die Konsequenzen nicht: Was für ihn vielleicht nach verwandtschaftlicher Liebe aussah: die Rückführung des verbannten Bruders, war de facto Hochverrat, und er mußte als Mitwisser oder Mithelfer, jedenfalls als Sympathisant, dafür büßen – auch ohne böse Absicht, wie Actäon. Augustus verbannte alle Beteiligten, und er sah in dem Poeten der leichtfertigen Liebesgedichte einen geistigen Anstifter zur Libertinage mit all ihren schlimmen und staatsgefährdenden Folgen.

Die *Liebeskunst* gilt offiziell als Grund für die Verbannung. Ovid versucht diesen Vorwurf zu entkräften: Die *Ars Amatoria* steht schon seit Jahren unangefochten in allen römischen Bibliotheken, und es gibt doch kaum ein Buch, in dem nicht von irgendwelchen Liebesabenteuern zu lesen ist, angefangen mit den frommen Legenden über die Götter und die Gründer Roms. Aber je einleuchtender Ovid argumentiert, desto mehr rückt er, ohne es zu wollen, den anderen, den dunklen Punkt der Anklage in den Vordergrund, jenen *error* samt all dem, was Augustus nicht an die Öffentlichkeit gebracht haben will. Der Poet ist allzu beredt – kein Wunder, daß ihn der sonst so milde Augustus nicht begnadigt. Und wenn es zutrifft, daß Ovid mit einer Aktion der julischen Partei sympathisierte, so erklärt sich damit, warum auch Augustus' Stiefsohn und Nachfolger, der Claudier Tiberius, keine Gnade walten ließ.

Ovid muß sein Leben am Pontus beschließen, in Tomi, das er in seinen Versepisteln als ein trostloses kleines Provinznest charakterisiert. Was zu seiner Zeit sicher nicht allzu übertrieben war, auch wenn manche modernen Interpreten in bezug auf Ovids Schilderungen gerne von »fiktional« sprechen. Aber die lange Zugehörigkeit zum skythischen Reich, die Verheerungen durch den Getenkönig Burebista sowie die lang anhaltenden und schweren Unruhen in den Donaulanden infolge der Dakeraufstände hatten von der einstmals hellenisch geprägten Vergangenheit aus griechischen Gründertagen nicht viel übriggelassen. Und die sichere Zu-

kunft unter Roms Ägide, von der die ansehnlichen Baureste kün-
den, hatte noch nicht begonnen, denn Tomi und die umgebende
Region bildeten keineswegs eine richtige Provinz. Erst 44 n. Chr.
kam es zur Errichtung der Provinz Moesien; vorher wurde das
Gebiet von Makedonien aus verwaltet, wobei auf die Hoheits-
rechte des Thrakerkönigs Rücksicht genommen werden mußte.
Auch lag nicht einmal eine römische Legion in der Stadt, um
gegen die Raubzüge der umwohnenden Völker sogleich einzu-
schreiten. So kann Ovid mit Recht sagen, dieses Tomi sei nicht
nur ein trister, sondern auch ein unsicherer Exilort, denn es hafte
nur lose am Rande des römischen Imperiums. Was er auch immer
wieder beklagt, ist das Klima mit seinen langen, harten Wintern.
Wer Rumänien, ein Land mit kontinentalem Klima, nicht nur von
sommerlichen Urlaubstagen am Sonnenstrand von Mamaia kennt,
an dessen Stelle sich damals noch ungesunde Lagunen ausbreite-
ten, wird Ovids Klagen nicht unberechtigt finden. Und selbst
wenn es dort Leute gab, die lateinisch sprachen und gebildet waren – die Ovid nicht erwähnt –, so wird er sich dennoch einsam
und isoliert gefühlt haben. Denn im Gegensatz etwa zur Situation
Thomas Manns im Exil in Amerika hatten die unfreiwilligen
Gastgeber in Tomi keinen Grund, sich des verbannten Römers,
auf dem der Zorn des Caesars lastete, besonders anzunehmen. So
sah sich Ovid um so mehr auf sich selbst, auf seine Kunst angewiesen als das einzige, das ihm geblieben war. Immerhin durfte er
schreiben, seine Versepisteln gelangten nach Rom und fanden
dort Verbreitung.

Ille ego qui fuerim, tenerorum lusor amorum,
   quem legis, ut noris, accipe posteritas.

Wer ich gewesen, ich tändelnder Dichter der zärtlichen Liebe,
   daß du, Nachwelt, erfährst, wen du gelesen – vernimm!
                                        (*Trist.* 4,10,1 f.)

So beginnt Ovid sein autobiographisches Gedicht, in dem er
Sulmo als seine Heimat preist, aus weiter Ferne, aus Tomi am
Gestade des Schwarzen Meeres. Ein Bogen spannt sich zwischen
beiden Orten, denn die gleiche Statue wie in Sulmona, von
Ettore Ferrari im vorigen Jahrhundert geschaffen, steht noch
heute in Konstanța, dem antiken Tomi. Sie sollte die Verbunden-
heit der beiden Völker im romanischen Erbe ausdrücken. Verse
Ovids, die er sich als Grabspruch gewählt hat, stehen am Denkmal in Konstanța angeschrieben: Auch hier nennt sich Ovid den
»Sänger der zärtlichen Liebesgefühle – *tenerorum lusor amorum*«. Meint er nur seine *Amores* damit, nennt er die *Metamorphosen* nicht, weil er sie noch nicht offiziell herausgegeben
hatte? Oder will er sich damit auch als einen Typus des sensiblen
Dichters darstellen, der in all seinen Werken die Liebe und das
mit ihr verbundene empfindsame Lebensgefühl zum Thema
hatte? Für ihn ist es um so schlimmer, fern am Ende der Welt in
einer halbbarbarischen Gegend leben zu müssen – ohne Familie
und Freunde, ohne Bücher, ohne schöne Frauen und all die Anregungen der Großstadt! Das Werk, das er nach den *Metamorphosen* begonnen und schon halb vollendet hatte, die *Fasti*, den
römischen Festkalender, kann er nicht fortsetzen. Ausführlich
hatte er die religiösen Feste in Rom, ihre Schauplätze und Ur-
sprungsgeschichten, all die alten Mythen und Bräuche im Jahreskreis beschrieben, nicht antiquarisch trocken, sondern mit ovidi-
schem Esprit. Vielleicht hatte er sich entsonnen, wie man in seiner Jugend in Sulmo die Götterfeste feierte, wie er selbst bei der
heiligen Feier zu Ehren des Hercules die Stufen zu jenem Heiligtum hinaufgeschritten war, das man nun wieder ausgegraben
hat. Ob man in Sulmo etwas davon hörte, daß der berühmte
Sohn der Stadt in Ungnade gefallen war? In späterer Zeit erzählte man sich im Volk, »Vidius« habe die Tochter des Kaisers
geliebt, und dieser habe ihn dafür in die Verbannung geschickt,
nach Sibirien, und dort sei er vor lauter Kälte gestorben. Von geradezu sibirischer Kälte erzählt auch der Dichter selbst: Man
wird es nicht glauben, sagt er, aber er erlebte es, daß der Pontus
zufror, er betrat selbst die schimmernde Eisfläche! (Wegen der

großen dort einmündenden Ströme und ihrer Süßwasserzufuhr
werden im Jahr bis zu 50 Eistage im Küstengebiet registriert.) Und
im Winter kommen räuberische Nomadenhorden und greifen die
Stadt an, die Einwohner bilden eine Miliz, zu der auch Ovid gehört (er hat ja noch sein Bürgerrecht). Er, der bisher nur im »Lie-
beskrieg« die Waffen führte: »*Militat omnis amans* – Jeder Lie-
bende tut Kriegsdienst«, drückt nun den Helm aufs ergraute
Haupt, erklettert den Wachturm und erblickt voller Schrecken die
heranreitenden Feinde mit ihren schwirrenden Pfeilen. Krankheit
und Einsamkeit bedrohen den Verbannten gleichermaßen; wie die
Exildichter unserer Zeit quält er sich mit Selbstzweifeln, befürch-
tet aufkommende Sprachlosigkeit oder nachlassende Schöpfer-
kraft. Die Nachwelt spürt nichts dergleichen, weder bei Ovid noch
etwa bei Thomas Manns Werken aus dem Exil – was nicht heißen
muß, daß es den Dichtern, herausgerissen aus ihrem Sprach- und
Kulturraum, nicht ernst war mit solchen Gedanken und Vorstellungen. Der Vergleich Ovids mit den emigrierten Künstlern unserer Zeit zeigt den römischen Dichter geradezu als Vater der Exil-
poesie, der alle Leiden und Konflikte des *exul poeta* exemplarisch
durchlitten hat. In der künstlerischen Durchdringung und Gestaltung hat er sich befreit und hat überlebt. Er vermag sich selbst als
einen »Helden« seiner *Metamorphosen* zu sehen: Vom gefeierten
Dichter Roms zum Verbannten von Tomi ist fürwahr eine Verwandlung besonderer Art! Ovids eigenes Fühlen und Denken angesichts der fremdartigen Umgebung, seine Sehnsucht nach der
Heimat, die Qual der Isolation – dies alles wird ihm zum Thema
seiner Dichtung.

exulis haec vox est: praebet mihi littera linguam,
  et si non liceat scribere, mutus ero.

Die Stimme eines Verbannten ist dies. Mir verleiht der Brief
Sprache, und wenn ich nicht schreiben dürfte, wäre ich stumm.

                                    (*Epist. ex Ponto* 2,6,3 f.)

Die Musen haben ihn bis hierher begleitet und sind ihm treu geblieben. Neben seinem tristen Exilort gibt es das Reich der Dichtung und der Phantasie, aus dem ihn niemand vertreiben kann.
Ovid, der wie kein anderer Dichter in der Antike die Frauen
ernst nahm, hat sein dichterisches Vermächtnis an eine Frau gerichtet, an Perilla, eine Dichterin (vielleicht seine Stieftochter), deren Magister er früher einmal war. Nun ermutigt er sie, sie solle
sich durch sein Schicksal nicht abschrecken lassen, sondern weiterhin den schönen Künsten treu bleiben. Schönheit, Jugend,
Glück, alles ist vergänglich, nur die Güter des Geistes nicht:

> *En ego, cum caream patria vobisque domoque,*
> *raptaque sint, adimi quae potuere mihi,*
> *ingenio tamen ipse meo comitor fruorque:*
> *Caesar in hoc potuit iuris habere nihil.*

> Sieh mich an, der die Heimat entbehrt, sein Haus und
> euch alle,
> mich, dem man alles geraubt, was man zu nehmen
> vermocht;
> dennoch geht meine Kunst mit mir, ich erfreue mich ihrer;
> da hat der Kaiser selbst keinerlei Recht oder Macht.

> (*Trist.* 3,7,45 ff.)

Ovid sollte recht behalten: Sein Reich des Geistes blieb unzer-
störbar, es überdauerte sogar das Imperium Romanum. Im Mittelalter war Ovid eine der führenden geistigen Gestalten. Als ein
Neuerer wirkte er, wie zu seiner Lebenszeit, in den folgenden
Jahrhunderten, denn sowohl die Musik wie auch die bildende
Kunst emanzipierten sich mit Hilfe seines Werkes, vor allem der
Metamorphosen, von ihrer bisher ausschließlich religiösen Thematik. Und auch in der Neuzeit hat Ovid großen Einfluß ausgeübt, man denke nur an Goethe. In unserer Zeit treten die
mit psychologischem Feinstrich gezeichneten Mythengestalten
Ovids in ein neues Licht: Narziß und der Narzißmus, Dädalus
und Ikarus als mahnendes Exempel für die Grenzen und Gefah-

ren des Forschertums und des Fortschritts, Orpheus und die moderne Künstlerproblematik, das Phänomen der Exilliteratur – Ovid ist ein universaler europäischer Dichter, und so läßt sich seiner ebenso an der Statue in Sulmona gedenken wie an ihrem Ebenbild in Konstanţa.

Sechstes Kapitel

Seneca in Baiae

Vom glücklichen Leben

Baiae, der Luxuskurort der Römer im westlichen Teil des Golfs von Neapel, wurde von den einen als Absteigequartier aller Laster geschmäht, von anderen wegen seiner heilsamen Wirkung gepriesen, aber nichtsdestoweniger kamen alle, die Sittenstrengen wie diejenigen, die den Genüssen des Daseins zugetan waren. Es war die mondäne Atmosphäre dieses Ortes ebenso wie die heilkräftigen Quellen aus den vulkanischen Tiefen der Erde, die (wie heute noch in Ischia) viele Leiden linderten, was Baiae den Ruf eines erstklassigen Heilbades und eines gesellschaftlichen Zentrums verschaffte. So gehörte es einfach dazu, einige Wochen des Jahres hier zu verbringen oder sich eine eigene Villa als Ferien- und Altersruhesitz zu bauen. Selbst die großen Feldherrn wie Marius, Pompeius und Caesar hatten hier ihre Häuser, die beherrschend von den Hängen der Bucht herabblickten. Die Kaiser folgten ihrem Beispiel und erbauten sich große Paläste, die aber infolge der vulkanischen Erdsenkungen im Laufe der Zeit im Meer versanken. Um 300 n. Chr. war bei solchen Erschütterungen ein Küstenstreifen von Baiae ins Meer gerissen worden und mit ihm der größte Teil des imposanten Kaiserpalastes, der 200 m breit und mehrere hundert Meter lang von Kaiser Claudius prächtig ausgestattet worden war. Mit Hilfe der Unterwasserarchäologie hat man den luxuriösen und phantasievoll angelegten Bau rekonstruieren können. Es gab dort einen wahrhaft fürstlichen Speisesaal, der als Nymphäum angelegt war, in Form einer Grotte mit Wasserspie-

Baiae. Ausgrabungen

len. Der Saal war vom Meeresufer aus über einen Kanal auf einer Barke zu erreichen, und die Gäste lagerten sich, wie der Ausgräber Bernard Andreae erklärt, auf marmornen Ruhebänken rings um ein Wasserbassin, auf dem man die Speisen in Schüsseln mit der Form von Wasservögeln herumfahren ließ. In den Nischen waren Statuen aufgestellt; unter anderen hat man eine kindliche Figur der Octavia gefunden, der Tochter des Claudius und späteren Gattin des Nero.

In diesem Palast seines Stiefvaters residierte Kaiser Nero, wenn er mit größerem Gefolge in Baiae weilte, wie im März des Jahres 59 n. Chr., als er dort das mehrtägige Minervafest begehen wollte. Zu diesen Feiertagen lud er seine Mutter Agrippina ein. Sie nahm die Einladung gern an als eine Geste der Versöhnung, denn das Verhältnis zu ihrem Sohn war in letzter Zeit sehr gespannt. Dieser wußte nur zu gut, was er der machtbesessenen Mutter verdankte – nichts Geringeres als den Kaiserthron. Oftmals mußte er von ihr hören, daß sie nur um seinetwillen ihren Onkel Claudius dazu gebracht habe, sie zu heiraten und dann ihn, ihren Sohn aus erster Ehe, Lucius Domitius Ahenobarbus, zu adoptieren und als Nero Claudius Caesar seinem eigenen Sohn Britannicus in der Thronfolge vorzuziehen. Und nach dem plötzlichen Tod des Kaisers – infolge eines Pilzgerichts, nicht ohne ihre Mitwirkung – hatte sie ihm, Nero, den Thron gesichert. Sie hatte die Soldaten auf seine Seite gebracht und alle Widerstände kaltblütig aus dem Weg geräumt. Daß sie dann mit ihm zusammen die Macht ausüben wollte, die sie ihm errungen hatte, war in ihren Augen selbstverständlich. Aber der junge Kaiser suchte sich allmählich ihrem übermächtigen und verhängnisvollen Einfluß zu entziehen, worin ihn seine guten wie seine bösen Ratgeber bestärkten. Zu den guten gehörten der Gardepräfekt Burrus und dessen Freund, der Philosoph Lucius Annaeus Seneca.

Seneca entstammte einer Ritterfamilie aus Corduba in Spanien, wo er zwischen 4 und 1 v. Chr. geboren wurde. Er kam früh nach Rom und erhielt außer der üblichen juristisch-rhetorischen Ausbildung auch eine Einführung in die Philosophie. Wegen eines schweren Asthma- und Lungenleidens begab er sich zu Verwandten nach Ägypten. 31/32 kehrte er nach Rom zurück, wurde Quästor und Senator und machte auf sich aufmerksam mit seinem Talent als Redner und philosophischer Schriftsteller. Durch Intrigen zu Fall gebracht, wurde er wegen angeblichen Ehebruchs mit Julia Livilla, einer Schwester Kaiser Caligulas, nach Korsika verbannt. Erst acht Jahre später konnte er heimkehren. Agrippina die Jüngere, Schwester der Julia Livilla und inzwischen Gattin des Kaisers Claudius, hatte ihn zurückberufen und vertraute ihm die Erziehung ihres Sohnes, des Thronfolgers Nero, an. Als Claudius im Jahr 54 starb, war Seneca zusammen mit Burrus, dem Präfekten der Prätorianergarde, Berater und Erzieher des siebzehnjährigen Kaisers. Mit der Vollmacht von Ministern lenkten beide den jungen Princeps und damit die Geschicke des Reiches. In seiner Denkschrift *De clementia*, *Über die Milde*, versucht Seneca in der Form eines Fürstenspiegels Nero auf die Lehren der Philosophie, vor allem der Stoa, und auf die altrömischen Tugenden festzulegen und ihn für ein maßvolles Regiment im Sinne seines Ahnherrn Augustus zu gewinnen: »Über die Milde zu schreiben, habe ich mir vorgenommen, Nero Caesar, um gleichsam als Spiegel zu die-

Baiae, sog. Venustempel, vermutlich Teil der Badeanlagen

nen und dir zu zeigen, wie du zur höchsten aller Wonnen – *ad voluptatem maximam omnium* – gelangen kannst.« *Voluptas* ist ein Ausdruck, der gewöhnlich eher für die Sinnenfreuden, auch in ihrer derbsten Form, gebraucht wird als für die sublime Genugtuung des Tugendhaften. Offenbar kennt Seneca seinen Zögling gut genug, um keine Illusionen zu haben – außer der einen, daß nämlich die Tugend lehrbar sei, daß falsches Handeln nur auf einem »falschen Bewußtsein« beruhe, einer der gewichtigsten, aber am ehesten zu verzeihenden Irrtümer der Antike. Und wenn der junge Herrscher nur genügend eingeübt sei ins rechte Handeln, hofft Seneca, werde er eine Freude dabei empfinden, die, weil ruhmvoll und dauerhaft, jeder Sinnenlust vorzuziehen sei ... Für eine Erziehung nach solchen Grundsätzen galt es natürlich, schlechte Einflüsse nach Kräften auszuschalten, auch wenn es sich um die Mutter des Zöglings und die eigene Gönnerin handelte. So wurde Nero von Seneca darin bestärkt, Agrippina gegenüber seinen eigenen Willen durchzusetzen, wenn dies auch zwangsläufig mit einer Duldung seiner Exzesse verbunden war. Er habe ihm zweifelhafte Abenteuer, Amouren und seine kindischen Künstlerneigungen durchgehen lassen, um ihn auf seiner Seite zu halten und Schlimmeres zu verhüten, wird Seneca später entschuldigend sagen, als sein Zögling zum Monstrum geworden war. Manche seiner Zeitgenossen wie auch die Nachwelt haben anklagend den Zeigefinger erhoben: Es gilt stets, den Anfängen zu wehren; ein schwächliches Gewährenlassen in der Hoffnung, Schlimmeres zu verhüten, hat in der Geschichte niemals zum gewünschten Erfolg geführt. Seneca, der Philosoph, der so handelte, war damit, wie Ludwig Marcuse es formuliert hat, »theoretisch ein Fels und praktisch ein Mitmacher«.

Die Ereignisse in Baiae in jenen Tagen zwischen dem 19. und dem 23. März 59, von denen Tacitus und Sueton berichten, scheinen diesem Verdikt Recht zu geben. Die Einladung Agrippinas war in Wahrheit keine Geste der Versöhnung. Nero fühlte sich durch den Machtanspruch der Mutter, der wie ein Alp auf ihm lastete, so in die Enge getrieben, daß er an ihren Tod dachte. Er hatte ihre Ansprüche zurückgewiesen und sie politisch entmachtet: Nun drohte sie mit ihrer Beliebtheit bei den Prätorianern. Auch auf die von ihrem Gatten Nero verschmähte, aber im Volk beliebte Octavia gedachte sie sich zu stützen, ja, die Fama wußte sogar, daß sie den widerstrebenden Sohn durch Inzest an sich fesseln wollte. Nero wagte es nicht, sich einem seiner Freunde anzuvertrauen. Ein Freigelassener, der bis zum Flottenkommandanten von Misenum aufgestiegen war, erbot sich schließlich, Agrippina auf einem eigens präparierten Schiff durch einen »Unfall auf dem Meere« zu beseitigen. Nero stimmte zu – er reiste nach Baiae und lud seine Mutter mit herzlichen Worten dorthin ein. Agrippina stieg in Bauli in ihrer Villa ab und begab sich ins nahe Baiae, wo ihr Sohn sie mit Händedruck und Umarmung empfing und in den Palast geleitete. Im prunkvollen Speisesaal wurde bei bester Laune getafelt; spät erst hob der Kaiser die Tafel auf und geleitete seine Mutter zu dem Schiff, das für sie bereitlag. Unter Küssen und zärtlichen Worten nahm er Abschied. Das Schiff hatte bei sternklarer Nacht und ruhiger See fast schon den Weg zurückgelegt, als das durch Blei beschwerte Dach der Kajüte herabstürzte und einige Personen auf Deck erschlug. Agrippina wurde getroffen, trug aber nur eine Wunde davon; sie rettete sich schwimmend ans Ufer und dann zu ihrer nahegelegenen Villa. Ihr war sogleich klar, was geschehen war, und sie beschloß, ihrem Sohn eine Botschaft zu schicken: Durch die Gnade der Götter und ihm zur Freude sei sie einem schlimmen Unfall entronnen.

Nero geriet in Panik. Er war sicher, daß seine Mutter wut- und racheschnaubend herbeieilen und all ihre Drohungen wahrmachen werde. Wer könne ihm nun helfen? Nur Burrus und Seneca! Er ließ sie sogleich herbeirufen und klärte sie über alles auf, »wobei es unsicher ist, ob sie vorher Bescheid wußten«, wie der skeptische Tacitus beifügt (*Ann.* 14,7). Langes Schweigen, währenddessen allen dreien klar wird, daß man Agrippina zuvorkommen muß. Wenn sie die Prätorianer aufruft und sie an ihren Treueeid gegenüber den Nachkommen des Augustus erinnert – wenn sie, die blutmäßige Nachfahrin des Augustus, gegen den bloß adoptierten Domitius Ahenobarbus Nero steht? Dann droht Bürgerkrieg. Eine unheilvolle Situation in jener Nacht im heiter-mondänen See-

Kaiser Nero.
Museo Nazionale, Rom

bad Baiae, dem Ort der Erholung und der Lebensfreude. Seneca
begreift, daß es keinen Ausweg gibt. Weder für Nero, den Kaiser,
noch für ihn, Seneca, den Menschen, der sein Leben nach philosophischen Grundsätzen ausrichten möchte. Er bricht das Schweigen, indem er mit einem Blick auf Burrus fragt, ob man die Soldaten mit der Tötung Agrippinas beauftragen könne. Nein, sagt Burrus und bestätigt Senecas Überlegungen. Niemals werden sie der
Urenkelin des Augustus, der Tochter des vergötterten Truppen-
führers Germanicus, ein Leid antun. Der Freigelassene Anicetus
solle, da sein erster Plan gescheitert sei, die Sache zu Ende bringen.
Und dieser, ebenso in einer Zwangslage wie die anderen, bringt es
zu Ende. An der Spitze eines Mordkommandos verschafft er sich
noch in der Nacht Zugang zu Agrippinas Villa in Bauli und tötet
die Kaisermutter. In ihren jungen Jahren war ihr ein Orakel zuteil
geworden: Ihr Sohn werde Kaiser werden, und sie werde durch
ihn umkommen. »Mag er mich töten, wenn er nur Kaiser wird!«

Agrippina.
Ny-Carlsberg-Glyptothek,
Kopenhagen

soll sie gesagt haben. Nun traf das Schicksal ein. Sie zeigte den
Mördern ihren Leib, der den Muttermörder geboren hatte, und
rief: »Stoßt zu!«, und diese taten es. Ihre Diener setzten sie im stillen bei. Noch heute bewahrt das Dorf Bacoli, das antike Bauli,
ihr Gedächtnis, wenn auch das sogenannte Grab der Agrippina in
Wirklichkeit ein Odeion, der Theater- und Musikraum einer
römischen Villa ist.

Nero fühlte sich wie von einem Alpdruck befreit (was freilich
nicht ausschloß, daß ihn später die Furien als Muttermörder ver-
folgten), er spürte aber den Drang, sich vor der Öffentlichkeit zu
rechtfertigen. In einem kaiserlichen Dekret beschuldigte er Agrippina eines Attentatsversuchs, häufte Schandtaten aller Art auf ihr
Haupt und schloß, es sei ein Segen für alle, daß sie tot sei. Aber ein
Muttermord aus Staatsräson erschien im Volk doch allzu bedenklich, und die Folge war, wie Tacitus sagt, daß nicht nur Nero in
Verruf kam, sondern auch Seneca. Man wußte ja, daß er die Ver-

lautbarungen des Princeps formulierte, und so hatte er damit ein
Geständnis abgelegt.

Die Nacht von Baiae brachte einen Wendepunkt in Senecas Leben. Die Billigung, ja Anstiftung zum Muttermord war mehr als
einer jener gutgemeinten Kompromisse, mit denen man »Schlimmeres verhüten« will. Die Folgen bekam Seneca alsbald zu spüren.
Denn nicht nur er hatte Agrippinas Tod, wie man heute sagen
würde, »billigend in Kauf genommen«, er befand sich damit in
höchst unerwünschter Gesellschaft. Als eigentliche Nutznießerin
der Tat trat nun die ebenso schöne wie sittenlose Poppaea Sabina
hervor, die Geliebte Neros, die es an Ehrgeiz und Skrupellosigkeit
mit der toten Kaisermutter durchaus aufnehmen konnte. Sie
wollte keine von Neros zahllosen Amouren sein, sie wollte Kaiserin werden und den Kaiser selbst beherrschen. Agrippinas Einfluß
hatte ihr im Wege gestanden. Nun war sie dem ersehnten Ziel
nahe. Es galt noch, Octavia aus dem Weg zu räumen: Wenn Seneca
auch dabei mitmachte, konnte man ihn als den Schuldigen hinstel-
len und beim Volk diskreditieren. Damit wäre auch seine Macht
gebrochen, und was Burrus anging, so litt er an einer Krankheit,
der man »abhelfen« konnte. Nero und Poppaea beherrschten dann
die Welt – wie es in den gleisnerischen Klängen am Ende von
Monteverdis Oper *Die Krönung der Poppäa* Ausdruck findet.

Seneca wußte, daß er verloren hatte. Nach Agrippinas Tod gab
es für Nero kein Halten mehr: Alles schien ihm erlaubt. Und
Senecas eigene Stellung war nachhaltig erschüttert. Was konnte er
dem Princeps noch verbieten, nachdem er den Muttermord erlaubt
hatte? Poppaea und der lasterhafte Tigellinus, der nach Burrus'
Tod die Prätorianer befehligte, waren nun Neros Ratgeber. Neider
und Mißgünstige fielen über Seneca her und schwärzten ihn beim
Princeps an: Dieser Seneca preist das einfache Leben, dabei hat er
ungeheure Reichtümer angehäuft – er hält sich für einen Philosophen, dabei lehrt er nur unfruchtbare Künste als Präzeptor uner-
fahrener junger Leute. Und den Kaiser selbst hat er nun lange genug gegängelt: »Wie lange noch soll nur das im Staat für großartig
gelten, was Senecas Idee ist?« Noch die gehässigsten Vorwürfe be-
stätigen seine positive Rolle als Führer und Lenker des labilen,

neurotischen Kaisers. Man wird später von dem *felix quinquen-nium*, dem glücklichen Jahrfünft der Regierung Neros sprechen, das zu Roms besten Zeiten gehört habe: die Jahre von 54 – 59, als Senecas Einfluß dominierte. Und es war kein Geringerer als Kaiser Trajan, der Princeps Optimus, der jenes Urteil abgab.

War es also doch richtig, daß Seneca Verantwortung übernommen, Kompromisse geschlossen hatte? Oder hätte er sogleich damals, als er aus dem Exil aus Korsika zurückkam, Agrippinas Vorschlag, ihren Sohn zu erziehen, zwar undankbar, aber in weiser Voraussicht ablehnen sollen? Konnte man ein Philosoph sein, das heißt, sich nach bestimmten ethischen Vorstellungen ausrichten und doch im politischen Leben aktiv sein, ohne seine weiße Weste zu beschmutzen? »Lebe im Verborgenen«, rieten die Epikureer, »nur so wirst du dir deine Seelenruhe bewahren können.« Aber schon Cicero hatte darauf hingewiesen: Wenn sich alle in die Gärten Epikurs zurückziehen, dann werden destruktive Existenzen wie ein Catilina den Staat zerstören und auch die Gärten der friedvollen Jünger Epikurs verwüsten. Die Stoiker forderten die Teilnahme des Weisen am Staat, denn der Mensch ist, wie sie lehrten, zum allgemeinen Nutzen geboren. Seneca hatte den Auftrag angenommen, er hatte versucht, seinen Zögling davon zu überzeugen, daß die größte *voluptas* im rechten, an Vernunft und Moral orientierten Handeln liegt. Er war gescheitert, war schuldig geworden. Und er gab der Mit- und der Nachwelt die Frage auf, ob jeder, der sich in kritischen Situationen im Staat betätigt, ob überhaupt jeder, der handelt, »theoretisch ein Fels und praktisch ein Mitmacher« ist – und wie er, Seneca, sich hätte verhalten sollen. Nun reichte er seinen Rücktritt ein.

Klug und vorsichtig dankt er dem Kaiser für alle Wohltaten und alle Reichtümer, die er von ihm erhalten habe, und bittet ihn, daß er als ein von Alter und Mühen geschwächter Greis sein Leben in Ruhe und Abgeschiedenheit beschließen dürfe. Die Güter aber möge er zurücknehmen: »Ich werde mich ja damit nicht in Armut stürzen. Und wenn ich all das, was mich mit seinem Glanz geblendet hat, abgegeben habe, dann werde ich vielmehr die Zeit, die ich bisher auf die Verwaltung meiner Gärten und Villen verwandt habe, der geistigen Beschäftigung widmen.« Nero antwortet ebenso gewandt, wie er es von seinem Mentor gelernt habe, er verbirgt hinter höflich-dankbaren Worten, daß die Zeiten der gegenseitigen Bindung vorbei sind. Die Güter aber will er keineswegs zurücknehmen, was würde das für einen Eindruck machen? Man würde denken, Seneca habe Angst vor der Habgier oder der Grausamkeit des Kaisers! Mit Kuß und Umarmung endet die Begegnung, wie bei Agrippina.

Seneca zieht sich aus der Öffentlichkeit zurück; er stellt die Empfänge in seinem Hause ein, geht nur selten und mit kleinem Gefolge aus und hält sich, offiziell aus Rücksicht auf seine geschwächte Gesundheit, meist auf dem Lande auf. Einige Zeit später ist er wieder in Baiae.

In einem Brief an seinen Freund und Schüler Lucilius schildert er anschaulich das rege Treiben um ihn herum, denn er hat sich direkt über einer Badeanstalt einquartiert. Man denke an die Ruinen

Seneca.
Doppelherme,
Pergamonmuseum,
Berlin

der sogenannten Venusthermen: ein riesiger Komplex, der Platz
bot für all jene Einrichtungen eines »Erlebnisbades«, dessen Ge-
räusche Seneca humorvoll beschreibt. Aus einem Fitness-Studio
dringt das Stöhnen und Schnaufen der dort Trainierenden, die ihre
bleibewehrten Fäuste niedersausen lassen, das Klatschen der
Handflächen beim Massieren, das eintönige Zählen der Bälle beim
Ballspiel. Dazu kommt das Rufen und Schreien der Badenden, die
mit lautem Platschen ins Wasser springen. Außerdem vernimmt
man den ganzen Tag die Stimmen der Limonadenverkäufer,
der Zuckerbäcker und der Garküchengehilfen, die ihre schnellen
Mahlzeiten anpreisen: Jeder stößt seine eigens modulierten Rufe
aus, die er ständig wiederholt. Und nicht zu vergessen die Barbiere
und die Effilierer, die Haarauszupfer, die schreiend auf sich aufmerksam machen, bis sie dann den Kunden statt ihrer zum
Schreien zwingen. »Ja bist du denn aus Eisen oder taub, daß dir inmitten solchen Getöses der Verstand klar bleibt?« So nimmt
Seneca die Einwände seines Briefpartners vorweg und versichert,
daß er sich gegen all diesen Lärm bereits abgehärtet habe, so daß
er es sogar ertragen könne, den Rudermeister zu hören, wie er mit
gellender Stimme den Ruderern den Takt angibt. »Ich zwinge
nämlich den Geist, auf sich gerichtet zu sein und sich nicht von
Äußerlichkeiten ablenken zu lassen. Draußen mag alles von Lärm
widerhallen, wenn nur im Innern kein Aufruhr herrscht, wenn Be-
gierde und Furcht nicht miteinander im Streit liegen, wenn Habgier und Genußsucht sich nicht gegenseitig die Herrschaft streitig
machen. Denn was nützt das tiefste Schweigen in der ganzen Umgebung, wenn die Leidenschaften lärmen und toben?« Und Seneca
erklärt seinem Lucilius, daß er sich auf diese Weise erproben und
üben wollte. »Denn das mußt du wissen: Erst dann bist du gefe-
stigt, wenn dich kein Lärm erreicht, wenn dich keine Stimme in
Aufregung bringen kann, nicht wenn sie schmeichelt und nicht
wenn sie droht, und nicht wenn sie dich mit leerem Schall ge-
räuschvoll umtönt.« – »Nun gut, aber ist es bisweilen nicht beque-
mer, auf lärmende Stimmen zu verzichten?« – »Ja, ich gebe es zu,
und deshalb werde ich auch diesen Ort verlassen und mich nicht
weiter quälen lassen.«

Was uns zunächst wundert: daß sich Seneca an solch einem Ort
aufhält und sich nicht in einer ruhigen Villa einquartiert – sein
Freund Piso besitzt eine sehr schöne dort –, enthüllt sich als *exercitatio*, als geistige Übung, wie sie zur philosophischen Lebenspra-
xis gehört.

Die antike Philosophie ist keine akademische Theorie, sie will
gelebt werden. Nur so kann sie ihr Ziel erreichen, den Menschen
zu formen, ihn umzuformen in Hinblick auf die »Gesundheit der
Seele«, die ihr großer Meister Sokrates im Blick hatte. Nur durch
stetiges Arbeiten an sich selbst erreicht man dieses Ziel, und dabei
hilft ein System von geistigen Übungen, wie Meditation, Gewis-
senserforschung, Betrachtung der Natur, des Unendlichen als Gegensatz zum endlichen Menschenleben. Diese Übungen wurden
besonders bei den Stoikern gepflegt – man denke an Marc Aurel
und sein philosophisches Tagebuch –, aber auch die Epikureer bedienten sich ihrer, wie Lukrez und Horaz zeigen. Der Stoiker
Seneca hat sich also hier in Baiae einer solchen *exercitatio* unterzogen, und diese »Seelenkur« soll ihn abhärten, aber nicht nur
gegen ein unkontrolliertes Walten der Affekte in seiner Seele:
die Stimme, die schmeichelt oder droht und gegen die er immun
werden will – sein Briefpartner wußte wohl, was da gemeint war.
Senecas Rückzug garantierte ihm zu Lebzeiten Neros kein unge-
störtes, friedliches Alter. Und er weiß seine Zeit zu nutzen.
De vita beata, *Vom glücklichen Leben*, heißt eine kleine Schrift,
das heutzutage bekannteste seiner philosophischen Werke. Wie
man glücklich, das heißt im Einklang mit sich und der Natur leben kann, ist das Thema aller Werke Senecas, wie *De tranquillitate animi*, *Von der Ruhe des Gemüts*; *De brevitate vitae*, *Von
der Kürze des Lebens*; *De otio*, *Von der Muße*; aber auch seines
Hauptwerkes, der *Epistulae morales*, der *Briefe an Lucilius*
(124 Briefe in 20 Büchern, darunter der Brief aus Baiae: 6,56). Es
geht darin um das Freisein von Affekten, um Genügsamkeit, das
Genießen der Güter, die die Natur schenkt, ruhiges Verzichten auf
alles, was sie verweigert oder nimmt, im Blick auf die Weite des
Kosmos ein richtiges Einschätzen des Lebens und die Verbunden-
heit mit allen Menschen, Dienst an der Menschheit – und die Vor-

bereitung auf den Tod, der von der Natur als zum Leben gehörig festgesetzt wurde.

Harte Exerzitien, wenn sie nicht in einen Lebenszusammenhang gestellt wären, in die persönliche Beziehung Senecas zu Lucilius, einem zehn Jahre jüngeren, lebenserprobten Mann, der damals Prokurator von Sizilien war, aber Seneca noch immer als seinen Meister auf dem Wege der Vervollkommnung ansieht. Und auch Seneca ist noch nicht vollkommen; er ist ein Philo-sophos, ein Freund der Weisheit, und klärt im Dialog mit Lucilius die Dinge auch für sich selber. Die Briefform und die Rücksicht auf den Adressaten läßt auch niemals ein trockenes Dozieren aufkommen, stets wird der Lebenssituation Rechnung getragen, werden Erlebnisse und Ereignisse einbezogen und zum Ausgangspunkt für neue Überlegungen gemacht.

»Ein Bild seines Lebens« wollte Seneca den Seinen hinterlassen, und er hat es mit seinem Werk, mit den einzelnen Schriften wie mit diesem sorgfältig aufgebauten Briefcorpus getan. Doch gilt für ihn wie für Cicero, daß die Philosophie, wenn sie wirklich gelebt wird, nicht unpolitisch sein kann, daß sie also in Konflikt mit der Welt gerät. Seneca in Baiae – der Weise im Weltgetriebe, zwischen Macht und Moral: Die Geschichte ist noch nicht zu Ende. In den Jahren 62 – 65 verfaßte Seneca neben den *Briefen an Lucilius* die Schrift *De beneficiis, Von den Wohltaten.* Da der Weise seine Güter stets in innerer Unabhängigkeit besitzt (»Haben, als hätte man nicht«), wird er auch gerne anderen davon mitteilen, freilich in rechter Gesinnung. Ebenso wird er erwiesene Wohltaten vergelten, was auch einem moralisch minderwertigen Menschen gegenüber gilt. »Aber wenn bei jemand überhaupt keine Hoffnung darauf besteht, daß er zur Vernunft kommen könnte, dann will ich mit ein und derselben Hand allen eine Wohltat erweisen und die seinige vergelten. Da ja für solche Charaktere der Tod ein Heilmittel darstellt, ist es für den, der nicht zu sich selbst kommen kann, am besten, wenn er fortgeht.«

Inzwischen hatte Nero die Majestätsprozesse wieder eingeführt – eine bequeme Handhabe gegen jeden Mißliebigen, er hatte Octavia ermorden lassen und sich mit Poppaea Sabina vermählt.

Dann hatte er den Brand Roms im Jahre 64 zum Anlaß für eine
der ersten Christenverfolgungen gemacht und begonnen, sich das
Goldene Haus, eine Palastanlage von riesigen Ausmaßen, zu erbauen, für deren Finanzierung jeder Begüterte einen Majestäts-
prozeß fürchten mußte. Trafen nicht auf Nero die Worte Senecas
zu, der fortfährt: »Doch eine solche Schlechtigkeit ist selten, und
man pflegt sie für ein *portentum* zu halten, ein Unheilszeichen,
wie wenn sich die Erde öffnet oder Feuer aus Meerestiefen hervor-
bricht. Deshalb wollen wir davor zurückweichen und uns Fehlern
zuwenden, die wir ablehnen, aber ohne Grauen« (*Benef.* 7,20,3 f.).
Doppeldeutig ist die Sprache – oder eher eindeutig? *Portentum* ist
ein *monstrum*, ein Ungeheuer wie ein Tier mit zwei Köpfen – es
zeigt den Zorn der Götter an und muß entfernt werden. *Recedere*,
zurückweichen, kann auch »sich lossagen« heißen: Wir wollen uns
von diesem Monstrum lossagen, das auf keine Weise mehr geheilt
werden kann.

Nicht nur Seneca dachte an die Entfernung des Monstrums.
Sein Freund C. Calpurnius Piso wurde zum Haupt einer Verschwörung gegen Nero. In Pisos Villa in Baiae, die der Kaiser gern
besuchte, wenn er ohne Gefolge dort weilte, wollte man ihn ermorden. Doch Piso schreckte vor der Verletzung des Gastrechtes
zurück, die ein böses Omen für Roms Zukunft sei. In Rom sollte
die Tat geschehen, dort, wo der entartete Herrscher seine Untaten
ausübte. Viele Männer und Frauen aus allen Gesellschaftskreisen
hatten sich der Verschwörung angeschlossen, wie der Prätorianer-
präfekt Faenius Rufus und die Freigelassene Epicharis. Tacitus berichtet – allerdings als *fama* – man habe im Kreise der beteiligten
Offiziere sogar daran gedacht, nach der Ermordung Neros auch
Piso zu beseitigen und Seneca auf den Thron zu heben, »als ob
gleichsam ihre Schuld ausgelöscht sei, wenn sie einen Mann, der
durch seine Tugenden berühmt sei, zur höchsten Würde erwähl-
ten« (*Ann.* 15,65).

Durch die Denunziation von Sklaven wurde die Verschwörung
aufgedeckt. Als einer der Verhafteten Senecas Namen nennt, ist
der Princeps hocherfreut. Endlich hat er eine Handhabe, den lästi-
gen Tugendprediger aus dem Wege zu räumen. Selbst in stiller Zu-

Rubens, Der Tod des Seneca. Prado, Madrid

rückgezogenheit auf dem Lande ist er eine stete Anklage für seinen ehemaligen Schüler. Er läßt Seneca seinen Tod befehlen: *vo-*
luntaria mors, der freiwillige Tod, jene Gnade kaiserlicher Tyrannen, die dem Verurteilten den Selbstmord freistellt und ihm die
schimpfliche Hinrichtung erspart. Bei äußerster Bedrückung durch
unheilbare Krankheit oder Tyrannei den Tod zu wählen, gilt für
die Stoiker als legitimer Ausweg, als Weg in die Freiheit zur Ret-
tung der autonomen sittlichen Persönlichkeit. »Und wenn einmal
die Natur mein Leben zurückfordert oder ich selbst es aus eigenem Ermessen zurückgebe, dann will ich das Zeugnis hinterlassen,
daß ich ein gutes Gewissen und edle Bestrebungen geliebt und daß
ich keines Menschen Freiheit, am wenigsten meine eigene, verletzt
habe« (*De vita beata* 20,5). Seneca war sich immer im klaren gewesen, daß das Leben die Vorbereitung auf den Tod ist: »Schlecht
lebt, wer nicht gut zu sterben weiß.« Seneca starb einen würdigen
Tod, im Kreise seiner Freunde, die er aufmunterte im Bewußtsein,
daß der Tod kein Übel sei für diejenigen, die sich zu Lebzeiten um
die Gesundheit ihrer Seele bemüht hatten. Hier wird besonders
deutlich, wie dieses stoische, sokratisch beeinflußte, römisch geprägte Philosophieren geradezu eine Religion ist. Man hat oft gesagt, Seneca habe seinen Tod nach dem des Sokrates »stilisiert« –
was falsch ist, wenn man es in einem äußerlichen Sinne versteht,
aber zutrifft, wenn man an eine geistige Gemeinschaft über Raum
und Zeit hinweg denkt: Der unbeugsame Stoiker Cato las vor seinem selbstbestimmten Tode Platons *Phaidon*, und noch Kaiser Julian starb 363 n. Chr. im Gedenken an Sokrates und jene im *Phai-*
don wiedergegebenen letzten Reden über die Unsterblichkeit der
Seele.

   Rubens hat in seinem Gemälde *Der sterbende Seneca* den
Augenblick festgehalten, in dem der Philosoph im Beisein des
Arztes, eines eifrig mitschreibenden Schülers und der Soldaten
gleichsam visionär sein Lebensziel erblickt, den Übergang in eine
andere, in die ewige Welt. Trotz aller Schmerzen scheint er heiter,
so wie er an Lucilius geschrieben hatte: »Das verbürgt uns die Philosophie: heiter zu sein selbst im Angesicht des Todes« (*Ep.*
4,30,3).

Seneca durfte seinen anwesenden Freunden in seinem Testament nichts hinterlassen; der Kaiser hatte es verboten. So verwies er sie auf das Bild seines Lebens, *imaginem vitae* (*Ann.* 15,62). Hierzu gehören seine Schriften und Maximen zur Lebensführung, die in ihrer geistvoll-pointierten, dabei aber leicht eingängigen Art heute noch zum Lesenswertesten gehören, was aus der Antike überliefert ist. Das Bild seines Lebens umfaßt aber auch sein politisches Wirken, seine Bemühungen, einen philosophisch gebildeten Herrscher heranzuziehen, der im Sinne der göttlichen Weltvernunft zum Wohle der Menschheit tätig sein soll. Und trotz seines Scheiterns wirkten diese seine Ideen mit »utopischer Energie« weiter und verwirklichten sich schließlich, für einen glücklichen Augenblick der Weltgeschichte, im Wahl- oder Adoptivkaisertum des 2. nachchristlichen Jahrhunderts.

Siebtes Kapitel

Petron in Neros Goldenem Haus in Rom

Elegantiae Arbiter

»Jetzt fange ich endlich an, menschenwürdig zu wohnen«, erklärte Kaiser Nero bei der Einweihung seines Goldenen Hauses in Rom. Neros früheres Domizil führte den Namen *Domus transitoria*, Passagenhaus, weil es die kaiserlichen Wohnanlagen vom Palatin bis zum Esquilin verband. Der große Brand des Jahres 64 n. Chr. hatte diesen Bau vernichtet, Nero aber erhielt damit die Möglichkeit, auf dem nun reichlich vorhandenen freien Gelände einen neuen Wohnsitz zu errichten. Ein Haus für den Herrn der Welt: das konnte keine noch so prächtige Stadtvilla sein, denn unvorstellbar teure Luxusvillen besaßen zahlreiche Angehörige der römischen Oberschicht, ja sogar viele zu Geld und Ansehen gekommene Freigelassene. Neros neuer Palast sollte von der Idee her etwas Neues und Besonderes sein; das Unmögliche wurde hier möglich, wurde Ereignis. Es entstand eine *villa suburbana*, ein Landhaus mitten in der Stadt. Neros Biograph Sueton berichtet:

In der Vorhalle hatte eine Kolossalstatue Neros von 120 Fuß [36 m] Höhe Platz, und die aus drei Säulenreihen bestehenden Kolonnaden hatten eine Länge von einer Meile [1480 m]. Auch ein künstlicher See befand sich innerhalb dieser Anlagen, der wie ein Meer von Gebäuden umgeben war, die Städte vorstellen sollten. Obendrein gab es noch Ländereien mit Kornfeldern, Weinbergen, Wiesen und Wäldern in buntem Wechsel, mit einer Fülle von zahmem

und wildem Getier aller Arten. Die Innenräume des Palastes waren sämtlich vergoldet und mit Edelsteinen und
Perlmutt ausgelegt. Die Speisesäle hatten mit Elfenbein-
schnitzerei verzierte Kassettendecken, deren Täfelung ver-
schiebbar war, damit man Blumen auf die Gäste herabregnen lassen konnte, und ein Röhrenwerk, um duftende Es-
senzen herabzusprühen. Der Bankettsaal besaß die Form
einer Rotunde, deren Kuppel sich wie das Weltall Tag und
Nacht beständig drehte. In die Bäder floß auch Wasser aus
dem Meer und schwefelhaltiges aus den Albulaquellen [bei
Tivoli].   (Kap. 31)

Die gesamte Anlage von etwa 50 Hektar erstreckte sich vom Palatin und vom Forum über die Hügel des Caelius und Oppius und
umfaßte die gesamte Talsenke mit dem späteren Kolosseum und
dem Konstantinsbogen (Peterskirche samt Petersplatz und Vati-
kan hätten darin Platz gefunden). Solch eine exzentrische Verdrängung von Wohngebiet mitten in der Stadt erregte den Unwillen
der Römer. Ein Spottvers ging um:

> *Roma domus fiet: Veios migrate, Quirites,*
> *si non et Veios occupat ista domus.*
>
> Rom wird zu einem einzigen Haus: Wandert aus,
>   ihr Römer, nach Veji,
> falls nicht dieses Haus auch noch Veji vereinnahmt.
>
>   (Sueton, *Nero* 39)

Und diese Stadt war 20 km von Rom entfernt ... Wer heute in der
Nähe des Kolosseums, vom Parco Oppio aus die Ruinen des Goldenen Hauses besichtigt, wird enttäuscht sein. Von all der Pracht,
die Sueton schildert, sind kaum Spuren geblieben. Neros Vorgriff
auf den Absolutismus wurde von seinen Nachfolgern wieder zu-
rückgenommen. Bürgerhaus statt Prunkpalast, lautete die Devise.
Vespasian schüttete den See zu und errichtete in der Senke das
Amphitheatrum Flavium. Es wurde später Kolosseum genannt
nach der Kolossalfigur Neros, der Vespasian den Kopf des Son-

nengottes aufsetzen ließ und die von Hadrian vor das Amphitheater versetzt wurde. Domitian, Titus und Trajan trugen das Goldene Haus weitgehend ab, hoben das Erdniveau an und errichteten öffentliche Thermen darauf. So sind die Räume, die besichtigt
werden können, vorwiegend unterirdisch gelegen. Man wandert
durch endlose, hohe Korridore und erblickt eine Flucht von Räumen, zum Teil mit eleganten Malereien: Figuren von Menschen
und Tieren, Blatt- und Rankenwerk, und darunter eingeritzt die
Namen berühmter Besucher: Maler aus der Schule Raffaels, die
sich wie ihr Meister von diesen »Grotesken«, den unterirdischen
Grottenmalereien, anregen ließen. Beeindruckend ist der acht-
eckige Kuppelsaal, der eine runde Öffnung zum Lichteinfall besitzt wie das Pantheon. Die Idee eines hellenistischen Gottkönig-
tums findet in dieser aufwendigen Architektur ihren Ausdruck,
wie sich ja auch der Name »Goldenes Haus« nicht nur auf die ver-
goldete Pracht bezog, sondern auf die damit verbundene Sonnen-
symbolik: Nero als eine Verkörperung des Sonnengottes, seine
Monumentalstatue als Replik des dem Helios geweihten Kolosses
von Rhodos und der sich drehende Kuppelsaal als Abbild des
Weltalls, in dessen Höhen der Sonnengott seine Bahn zieht. Der
Palast war mit berühmten Kunstwerken geschmückt, die Nero
zum Teil aus Griechenland herbeischaffen ließ. In einem der Emp-
fangssäle hat man 1506 die Laokoongruppe gefunden.

Nero bezog das Haus schon vor der gänzlichen Fertigstellung
der Anlagen und gab in diesen Räumen seine berühmt-berüchtigten
Feste. Hier übte er sich als Künstler, als Sänger, Rezitator, Schauspieler und Kitharaspieler, und ließ sich dabei beraten von einem
seiner Freunde, der die Rolle eines Maître de plaisir am Hofe
spielte: Petronius. Er war eine schillernde Existenz, ein genialischer
Décadent, und brachte es fertig, sich in allernächster Nähe des Princeps seine Unabhängigkeit zu bewahren – bis ihn der Neid zu Fall
brachte. Tacitus hat ihn unnachahmlich porträtiert:

Über Petronius gilt es rückblickend noch einiges zu sagen.
Denn er schlief am Tage, des Nachts ging er seinen Geschäften und Vergnügungen nach. Und wie anderen ihre Tüch-

tigkeit zu Ansehen verholfen hatte, so war es bei ihm seine
Untätigkeit. Dabei galt er nicht als Schlemmer und Verschwender, wie die meisten, die ihr Vermögen durchbrin-
gen, sondern als ein Meister des Lebensgenusses. Und je
freier er sich in seinem Reden und Tun gab und ein gewisses
Laissez-faire zur Schau trug, desto bereitwilliger nahm man
alles auf als ein Zeichen von Ungeniertheit. Als er jedoch
Prokonsul von Bithynien [in Kleinasien] und bald darauf
Konsul wurde, zeigte er sich tatkräftig und seinen Aufgaben
gewachsen. Dann aber fiel er in seine Schwächen zurück –
oder gab er sich nur den Anschein? – und wurde von Nero
in seinen engeren Freundeskreis aufgenommen, und zwar
als Schiedsrichter des guten Geschmacks [*elegantiae arbiter*]: Nero hielt nämlich nur das für angenehm und genuß-
reich, was Petronius ihm empfohlen hatte. Dadurch zog
sich dieser den Neid des Tigellinus zu, sah er doch in ihm
einen Rivalen, der ihm in der Kunst des Genußlebens über-
legen war. Also appellierte er an die Grausamkeit des Princeps, dessen stärkste Leidenschaft, und beschuldigte Petronius der Freundschaft mit Scaevinus [der in die Pisonische
Verschwörung verwickelt war]. Er ließ ihn durch einen be-
stochenen Sklaven anzeigen, die meisten seiner Diener ins
Gefängnis werfen und nahm Petronius jede Möglichkeit
zur Verteidigung.

Der Kaiser hatte sich in diesen Tagen gerade nach Kampanien begeben, und als Petronius bis nach Cumae gekommen war, wurde er dort festgehalten. Er wollte das Schwanken zwischen Furcht und Hoffnung nicht lange ertragen.
Aber er warf das Leben nicht überstürzt von sich, sondern
ließ sich die Adern öffnen, sie aber, wie es ihm gefiel, wieder
abbinden und abermals öffnen. Dabei unterhielt er sich mit
seinen Freunden, aber nicht in ernsthaftem Gespräch oder
als erstrebe er den Ruhm der Standhaftigkeit. Und er ließ
sich nichts über die Unsterblichkeit der Seele vortragen
oder Lehrsätze der Philosophen, sondern leichte Lieder
und gefällige Verse. Von den Sklaven bedachte er die einen

Laokoon. Vatikanische Museen

mit Geschenken, die anderen mit Prügeln. Er ging zur
Tafel, genoß den Schlaf, damit sein doch erzwungener Tod
einem natürlichen ähnlich sei. Auch äußerte er in seinem
Testament nicht, wie die meisten Todeskandidaten, Schmei-
cheleien gegenüber Nero, Tigellinus oder einem anderen
der Mächtigen. Er schrieb vielmehr die Schandtaten des
Princeps auf samt den Namen seiner Lustknaben und Weiber sowie allen neuen Spielarten seiner Unzucht und
schickte diese Schrift versiegelt an Nero. Dann zerbrach er
seinen Siegelring, damit später keine Gefahr von ihm ausge-
hen könne.   (*Ann.* 16,18 f.)

»Lebe wohl, aber singe nicht; morde, aber mache keine Verse;
vergifte, aber tanze nicht; zünde Städte an, aber schlage nicht die
Zither: – das wünscht Dir und diesen letzten freundschaftlichen
Rat erteilt Dir der *arbiter elegantiarum*!« In dem berühmten,
mehrfach verfilmten Roman *Quo vadis* von Heinrich Sienkie-
wicz verliest Petronius bei seinem letzten Gastmahl seinen Ab-
schiedsbrief an Nero – vor den schreckensstarren Gästen, die
wohl wußten, daß Nero damit auf das empfindlichste getroffen
sein würde.

Petron starb in heiterer Nonchalance, so wie er gelebt hatte,
wie Seneca hineingerissen in die blutige Vergeltung nach der Auf-
deckung der Pisonischen Verschwörung. Tacitus porträtiert ihn
als das Gegenbild zu Seneca, betont aber auch die verbindenden
Züge: Sein Urteil gilt beim Princeps so viel, daß andere um ihren
Einfluß fürchten und ihn zu Fall bringen wollen. Und beide,
Petron wie Seneca, waren Neros Freunde, aber zugleich unab-
hängige Persönlichkeiten, die Nero auf die Dauer nicht ertragen
konnte. Sie mußten schließlich scheitern, bewahrten aber im Untergang ihr eigenes Selbst. Und, so läßt sich hinzufügen, beide
waren große Sprachkünstler, die uns ihre Sicht der Welt in ihrem
Werk hinterlassen haben, denkbar verschieden, aber zusammen
eine Einheit bildend: Sie zeigen uns das Leben auf der Bühne der
neronischen Zeit – oder einer jeden Zeit mit den gleichen Kon-
stanten.

Es erscheint heute als allgemein sicher, daß Neros *elegantiae arbiter*, besser bekannt als *arbiter elegantiarum*, der Schiedsrichter des feinen Geschmacks, mit jenem Titus oder Gaius Petronius identisch ist, dem wir den römischen Schelmenroman *Satyrica* mit der *Cena Trimalchionis*, dem *Gastmahl des Trimalchio*, verdanken. Petronius Arbiter nennen die ältesten Handschriften den Verfasser. Der Titel lautete wohl ursprünglich *Satyricōn libri*, *Bücher aus der Satyrnwelt*, ein Satyrspiel, wie es üblicherweise im Anschluß an die Aufführungen der griechischen Tragödie stattfand. Hier wurden der erhabene Mythos und die hohe Sprache persifliert, volkstümlich-derbe Späße hatten ihren Platz ebenso wie eine ausgelassene Sexualität. Der drastisch-lebensnahe und unverblümte Mimus mit seinen Varieté- und Stegreifeffekten übernahm diese Tradition auf der römischen Bühne. Die Handlung von Petrons Satyrnroman parodiert den griechischen Roman, die beliebte Lektüre von Griechen wie Römern. In dessen Mittelpunkt steht ein Liebespaar, das durch ein widriges Schicksal oder den Zorn der Götter auseinandergerissen wird, mannigfache Abenteuer auf weiten Fahrten durch die ganze Welt erlebt, dabei unverbrüchlich treu und äußerst tugendhaft bleibt und schließlich, von den Göttern belohnt, wieder zueinander findet. So ist es heute noch zu lesen bei Chariton in seiner *Kallirhoe* (1. Jh. v. Chr.), und das Schema hat sich auch später noch erhalten, bei den nachchristlichen Romanautoren Xenophon von Ephesos in *Abrokomes und Anthia*, in Heliodors *Äthiopischen Abenteuern*, wie bei Longos in seinem bekannten Büchlein *Daphnis und Chloe*. Empfindsam, fromm, treu und tugendhaft, Hochzeit und glückliche Ehe als höchstes Ziel erstrebend – das sind die Helden und Heldinnen des griechischen Romans.

Durch Petrons Satyrspiel geistern sinistre Gestalten: Der Icherzähler ist ein heruntergekommener fahrender Scholar namens Encolp, der mit seinem Lustknaben Giton durch die Lande zieht und sich auf alle mögliche Art über Wasser hält. Er stolpert von einem Abenteuer ins andere, läßt auch keine amouröse Versuchung aus, ob bei Männlein oder Weiblein. Soweit ihm dabei nicht der Zorn der Götter im Wege steht: Nicht Poseidon verfolgt ihn

wie weiland Odysseus auf dem Meere, sondern Priap, der volks-
tümliche Gott der Fruchtbarkeit, dessen Standbild in römischen
Gärten mit einem riesigen aufgerichteten Glied zu finden ist und
der wegen eines angeblichen Frevels Encolp in besagter Körper-
region empfindlich behindert. Zu den beiden Kumpanen gesellen
sich noch andere wie der Strauchritter Ascyltus und der »arme
Poet« Eumolpus. Die griechischen Namen der Helden und der
Schauplatz ihrer Abenteuer, Unteritalien und Kampanien, die
Magna Graecia, erinnern an den sprechenden Ausdruck aus der
Komödie: *pergraecari*, sich »durchgriechen«, ein Lotterleben führen. Als Einsprengsel inmitten der drastischen Abenteuer erscheinen Verspartien, lyrisch gehalten oder in erhabenem Stil vom
Dichter Eumolpus vorgetragen, wie eine *Eroberung Trojas* oder
Der römische Bürgerkrieg, eine gekonnte Parodie von Lucans
Pharsalia. Letztere ist ebenso ernsthaft wie kunstvoll, so daß man
sich gefragt hat, ob es denn überhaupt eine Parodie sei. Oder ob
der Künstler Petron mit leichter Hand zeigen will, daß er auch
dieses Genre beherrscht.

Nur ein Teil des offenbar recht umfangreichen Werkes ist erhalten, Stücke aus dem 15. und 16. Buch, was aber dem Lesever-
gnügen keinen Abbruch tut, sind doch solch amüsante Partien darunter wie die Erzählung von der Witwe von Ephesus, die aus
treuer Liebe beim Grabmal ihres Gatten sterben will, sich dann
aber schnell und auf überraschende Weise tröstet. Und natürlich
die *Cena Trimalchionis*, ein Werk, das mit funkelndem Sprach-
witz, prägnanter Charakterzeichnung und satirischem Scharfblick
seinen Platz in der Weltliteratur behauptet: ein Satyrspiel zu Platons und Xenophons *Gastmahl*. Unsere Helden Encolp, Ascyltos
und Giton haben eine Einladung bei dem neureichen Freigelassenen Trimalchio ergattert, der für seine üppigen Gastmähler berühmt ist. Das Eingangsbild spricht schon für sich: Die drei erblik-
ken den Gastgeber, einen ältlichen Kahlkopf in roter Tunika, der
mit seinen Sklaven Ball spielt (heruntergefallene Bälle werden
nicht aufgehoben, sondern durch neue ersetzt, aber gezählt!) und
sich während des Spiels von einem Eunuchen den silbernen
Nachttopf unterhalten läßt. Im Vestibül gibt es Wandmalereien zu

betrachten, keine mythologischen Szenen, sondern den wahrhaft
märchenhaften Aufstieg des Hausherrn. Man sieht eine Schar
frisch verkaufter Sklaven und Trimalchio selbst als Knaben, wie
er mit dem Heroldsstabe Merkurs, von Minerva, der Göttin des
Gewerbes, geleitet, in die Stadt einzieht. Mit entsprechendem Text
ist dann dargestellt, wie er Rechnen und Buchführung erlernt
und Kassierer wird – die Grundlage seines späteren Reichtums.
Schließlich wird er von Merkur auf eine Ehrentribüne erhoben: Er
ist *sevir Augustalis* geworden, Mitglied eines sechsköpfigen Prie-
sterkollegiums zu Ehren des Augustus. Und Fortuna schüttet ihr
Füllhorn über ihren Liebling aus.

Nun begibt man sich zu Tisch, und es werden – ganz kultiviert,
das heißt unter stetem Gesang – die ersten Getränke und die Vor-
speisen serviert. Ein guter alter Tropfen Falernerwein regt den
Hausherrn zu wehmütig-sentimentalen Bemerkungen über die
Kürze des Lebens an, die er in Stegreifverse faßt – eine Parodie Petrons auf Oden des Horaz, dessen eleganter Diktion (z. B. *Eheu
fugaces, Postume, Postume, labuntur anni*, 2,14) er das Vulgär-
latein und die holprigen Verse seines Protagonisten gegenüber-
stellt. Angesichts der Vergänglichkeit des Lebens, die noch durch
ein silbernes Skelett als *memento mori* dokumentiert wird, fordert
Trimalchio zum Wohlsein auf: »*Quare tangomenas faciamus* –
Darum wollen wir uns ordentlich einen auf die Lampe gießen.«
Und in seiner ungeniert-taktlosen Art fügt er hinzu: »Gestern
habe ich keinen solch guten Tropfen spendiert, und dabei hatte ich
honettere Leute zu Gast.« Nun werden die Gerichte der Haute
Cuisine serviert: eine Schüssel mit den zwölf Tierkreiszeichen,
darauf jeweils die passende Speise liegt, ein Hase, dem man Federn
angesteckt hat, damit er wie Pegasus aussähe, ein Wildschwein, das
von einem von Hunden umringten martialischen Jäger mit einem
Hirschfänger »tranchiert« wird, worauf Krammetsvögel hervor-
fliegen. Und dann kommt jenes Riesenschwein, das der Koch vergessen hat auszunehmen. Schon packen ihn die Prügelknechte, da
nimmt der Koch das Messer, und dem Innern der Sau entquellen
Bratwürste! Die kulinarischen Überraschungen werden gewürzt
von Gesprächen, in denen unsere Helden über den millionen-

Mosaik mit der griechischen Aufschrift »Erkenne dich selbst«,
Vatikanische Museen, Rom

schweren Großgrundbesitzer Trimalchio und die Stationen seines
Aufstiegs aufgeklärt werden. Außerdem finden die Gäste, ebenfalls Freigelassene, die es zu etwas gebracht haben, Gelegenheit,
sich darzustellen, indem sie, jeder in seinem eigenen mehr oder
weniger vulgären Jargon, über Gott und die Welt räsonnieren.
Unsere fahrenden Scholaren, zusammen mit zwei Rhetorikleh-
rern, die sinnigerweise Agamemnon und Menelaos heißen, bedie-

nen sich der urbanen Hochsprache; sie vertreten gewissermaßen
die Intelligenz. Wegen ihrer akademischen Bildung und ihrer lee-
ren Taschen sind sie von seiten der Neureichen jener bis heute
wohlbekannten Mischung aus Hochachtung und Verachtung
ausgesetzt. Während Trimalchio mit seiner »Bildung« protzt –
er hat ein Gemälde, »wo Dädalus Niobe ins trojanische Pferd ein-
sperrt« –, fühlt sich Hermeros, einer der Gäste, durch das Lachen
des Askyltos und Giton empfindlich gekränkt:

Was lachst du, du Schafskopf? Mißfällt dir der geschmack-
volle Luxus unseres verehrten Gastgebers? Ein schönes
Früchtchen, wo sich über andere lustig macht! Irgend so ein
Ausreißer, einer, der sich nachts herumtreibt und wertloser
ist als seine eigene Pisse! Jawoll – und ich lebe, hoffe ich, so,
daß sich keiner über mich lustig machen kann. Ein Mensch
unter Menschen bin ich, ich kann den Kopf hoch tragen, ich
schulde niemanden einen roten Heller. Ein Stückchen Land
habe ich mir gekauft, ein paar Groschen habe ich auf die
hohe Kante gelegt; ich füttere zwanzig Bäuche sowie einen
Hund. Meine Braut habe ich freigekauft, damit niemand
sich an ihrem Haar seine Pfoten abwischen kann; mich
selbst habe ich für tausend Denare losgekauft; man hat mich
in die Sechserkommission [das oben erwähnte Priesterkol-
legium] gewählt, ohne daß ich was blechen mußte; ich hoffe,
daß ich mich nach meinem Tod nicht schämen brauche. [...]
Vierzig Jahre habe ich gedient, aber niemand konnte sagen,
ob ich ein Sklave oder ein Freier war [...] Das ist wirkliche
Leistung: denn freigeboren zu werden ist kein Kunststück.
Was glotzt du mich nun an wie der Ochs vorm Scheunen-
tor?   (Kap. 57, Übers. H. C. Schnur)

Soviel zu dem jungen Giton, dann bekommt Askyltos, der Studierte, sein Teil ab:

Ich hab nicht Geometrie und Viehlosofie und solchen Quatsch studiert; aber ich kann Großbuchstaben lesen, ich kann Prozente rechnen nach Maß, Gewicht und Geld. Kurz, wenn du willst, wollen wir eine Wette machen, ich mit dir. Komm nur her: hier ist mein Einsatz. Du wirst schon merken, daß dein Vater sein Lehrgeld vertan hat, wenn du auch Rederei studiert hast!

In diesem Ton geht es weiter, bis der Gastgeber den Aufgebrachten besänftigt und die nächste Nummer ankündigt: die sogenannten Homeristen, eine Schauspieltruppe, die einen Fechtkampf samt griechischen Versen vorträgt, wozu Trimalchio die lateinische Übersetzung vorliest. Er hat ja eine griechische und eine lateinische Bibliothek. Und er erklärt seinen Gästen auch, worum es geht:

> Wißt ihr, was für ein Stück sie aufführen? Diomedes und Ganymedes waren zwei Brüder; denen ihre Schwester war Helena. Agamemnon hat sie entführt, und Diana hat dafür eine Hirschkuh untergeschoben. So erzählt Homer jetzt, wie sich die Trojaner und die Tarentiner bekämpfen. Agamemnon hat natürlich gesiegt und seine Tochter Iphigenie dem Achilles zur Frau gegeben. Deshalb wird Ajax verrückt und wird uns gleich den Sachverhalt erklären.
>
> (Kap. 59, Übers. H. C. Schnur)

Hier trägt Petron natürlich dick auf, aber seine Leser werden nicht nur amüsiert, sondern auch im geheimen befriedigt gewesen sein, daß er die Freigelassenen nach Strich und Faden lächerlich machte. Sie waren zu einer einflußreichen, ja gefürchteten Klasse im Staat geworden; seit Kaiser Claudius bekleideten sie wichtige Posten in der Regierung und waren als allzeit willfährige Werkzeuge des Princeps oft auch beim Vorgehen gegen mißliebige Aristokraten behilflich. So manche Summen flossen dann in ihre Kassen, die zudem schon gut gefüllt waren, da sie das durften, was den altadligen Familien verwehrt war, nämlich Geschäfte machen, Handel treiben und Geld verleihen. Manches edle Geschlecht, in vornehmer Armut und ob seiner republikanischen Traditionen stets der kaiserlichen Ungnade nahe, blickte mit Groll und Verachtung auf die einflußreichen Parvenüs herab. Und diese wiederum versuchten durch »Überkompensation« den Makel ihrer Herkunft vergessen zu lassen. Auch Petron bedient sich im folgenden einer ironischen Überkompensation. Auf einmal klopft es, und ein unerwarteter Gast steht vor der Tür: weinselig, mit parfümtriefenden Kränzen auf dem Kopf, auf seine Frau gelehnt – wie in Platons *Gastmahl* der schöne Alkibiades erscheint, bekränzt und trunken, auf eine Flötenspielerin gestützt (*Symp.* 212c ff.). Aber statt eines bewunderten adligen Lieblings der Gesellschaft kommt Habinnas – der Name verweist auf eine östliche Herkunft –, seines Zeichens Steinmetz, »der die besten Grabsteine verfertigen soll«, wie Encolp erfährt, und Bestattungsunternehmer. Er kommt gerade von einer »schönen Leich« und erzählt seinem Freund Trimalchio auf dessen Wunsch genau, was es dort an kulinarischen Genüssen beim Leichenschmaus gegeben hat. Dem Leser sollen offenbar einige Zweifel kommen, ob es nicht bei Trimalchio noch um ein weniges feiner zugeht, obwohl man sich sicher war, den Gipfel der Geschmacklosigkeiten schon erreicht zu haben. Aber der Frau Gemahlin ist es dort am Bärensteak hundsübel geworden.

Nun haben endlich auch die Damen ihren Auftritt. Fortunata, die Gattin Trimalchios, hat die Gäste noch nicht mit ihrer Anwesenheit beehrt, da sie ihren Hausfrauenpflichten nachging: »Ehe sie nicht das Silber weggepackt und den Sklaven das übriggebliebene Essen ausgeteilt hat, läßt sie keinen Tropfen Wasser über ihre Lippen.« Nun leistet sie Scintilla, der Frau des Habinnas, Gesellschaft. Man bewundert gegenseitig den Schmuck, und die Ehegatten beklagen sich über die »teuren Gemahlinnen«. Schließlich kommt der Nachtisch – nicht zu vergessen, daß sich vorher die Deckentäfelung öffnete und goldene Kränze mit Parfümfläschchen herunterkamen ... Wieder gibt es ebenso ausgiebige wie mißtönende Tafelmusik, und es erscheint eines jener offenbar sehr beliebten Gerichte, die den Gast verblüffen sollen, da sie keineswegs so schmecken, wie sie aussehen. Trimalchio rühmt sich seines Ko-

ches: »Keiner ist so wertvoll wie er. Wenn du willst, macht er dir
aus Saueuter einen Fisch, aus Schmalz eine Taube, aus Schinken
eine Turteltaube, aus einer Schweinshaxe ein Huhn. Daher habe
ich mir für ihn auch einen sehr hübschen Namen ausgedacht, denn
er heißt Dädalus.«

Im übrigen will Trimalchio jetzt die Gelegenheit wahrnehmen
und mit seinem neuen Gast über seine Bestattung sprechen. Vorher dürfen es sich die Sklaven bei Tisch bequem machen, wie bei
den Saturnalien, dem römischen Karneval im Dezember, bei dem
»verkehrte Welt« gespielt wird und die Diener die Rolle der Herren übernehmen dürfen. Trimalchio gibt nun genaue Anweisun-
gen, wie sein Grabmal aussehen soll. Pflichtschuldig schluchzt das
ganze Gesinde, und er verfaßt sich bereits eine Grabschrift, in der
altrömische Tugenden mit seinen dreißig Millionen Vermögen eine
seltsame Verbindung eingehen. Um die melancholisch gewordenen
Gäste wieder aufzuheitern, geht es ins Bad, dann folgen neue Ap-
petithäppchen – und ein Streit zwischen dem Gastgeberehepaar, in
dessen Verlauf wir erfahren, daß Fortunata eine ehemalige Tingel-
tangeltänzerin ist, die von Trimalchio aus der Gosse geholt und
»erst zum Menschen gemacht worden ist«. Immerhin hat sie dann,
als ihr Mann vor dem Bankrott stand, all ihren Schmuck und ihre
Garderobe verkauft, um ihm zu helfen. Aber jetzt ärgert er sich
über sie. »Und ich blöder Kerl hätte eine mit zehn Millionen kriegen können.« Erst gestern hat ihm jemand seine Tochter angetra-
gen mit dem Hinweis: »Laß deine Familie nicht aussterben.«
»Aber weil ich ein Dummkopf bin und nicht flatterhaft erscheinen
will, hab ich mir ins eigene Fleisch geschnitten. Recht so – heraus-
kratzen wirst du mich aus der Erde mit den Fingern – dafür will
ich sorgen.« Doch auch dieser Streit wird schließlich beigelegt. Trimalchio erzählt wohlgefällig von seinem Reichtum, von seinen
weitläufigen Besitzungen und seinem prächtigen Haus und belehrt
die Gäste: »*Assem habeas, assem valeas; habes, habeberis* – Haste
Geld, so haste was, haste was, so biste was.« Dann läßt er sich
seine Totengewänder bringen, und die Gäste dürfen die feine
Wolle befühlen. »Stellt euch vor, daß ihr zu meiner Leichenfeier
eingeladen seid! – Bring auch das Parfüm her und laß uns einen

Schluck aus der Flasche kosten, womit ich meine Gebeine gewaschen haben will. Ich will mich pompös begraben lassen, so daß das ganze Volk mir einen guten Nachruf gibt.« Zu guter Letzt bläst die Hauskapelle einen Trauermarsch, so laut und ohrenzerreißend, daß die Nachbarschaft aufwacht und im Glauben, es sei ein Brand ausgebrochen, die Feuerwehr alarmiert. Diese kommt, bricht das Tor auf und beginnt, mit Wasser und mit Äxten ihres Amtes zu walten. Im allgemeinen Getümmel gelingt es unseren Helden zu entkommen.

Man hat von Petrons Roman und im besonderen von seinem *Gastmahl des Trimalchio* gesagt, sein einziges Ziel sei es, den Leser zu amüsieren: keine moralischen Absichten, statt wie Horaz »lachend die Wahrheit sagen« nur noch das Lachen, die Darstellung der Welt wie sie ist, als l'art pour l'art. Zweifellos durfte sich damals wie heute der Leser von Herzen amüsieren über Petrons »komische Typen« und ihre haarsträubenden Abenteuer. Doch gehört nicht nach unserem heutigen Verständnis zu einer solch drastisch überspitzten satirischen Darstellung auch das gesellschaftskritische Moment? Wir erwarten in modernen satirischen Werken keinen moralisch erhobenen Zeigefinger, sondern sind gewohnt, daß der Autor ein scharf artikuliertes, oft auch kraß überzeichnetes Bild einer bestimmten Lebenswirklichkeit bietet (zu der auch gerade eine sinn- und gefühlsentleerte Sexualität gehört), wobei er etwaige Schlußfolgerungen kommentarlos dem Leser überläßt. Wenn Petron, wie es oft heißt, der Begründer des realistischen Romans ist, so liegt es nahe, daß auch er sich einer solchen Gestaltungsweise bedient. Haben sich die Leser der *Cena Trimalchionis* also nur amüsiert über den neureichen Protz mit seinen parvenühaften Geschmacklosigkeiten, waren sie vielleicht noch befriedigt, daß die allzu dreisten Freigelassenen lächerlich gemacht wurden? Oder kamen ihnen, vielleicht bei einem zweiten Lesen oder Hören, Parallelen, die gar nicht zum Lachen waren? Dieses prunkvolle Haus des Trimalchio mit seinen Zimmerfluchten, mit Wandmalereien, auf denen der Hausherr die Rolle der mythischen Götter übernimmt, der unsägliche, übertriebene Luxus mit silbernen Nachttöpfen und goldenen Vogelbauern, die Tafelgerichte, die

nicht das sind, nach dem sie aussehen, die geöffnete Kassetten-
decke, aus der allerlei Kostbarkeiten auf die Gäste herabregnen,
die dilettantische, aufdringliche Musik, der Hausherr, der sich als
Sänger und Verseschmied produziert – wem mußte da nicht der
Kaiser in seinem Goldenen Haus einfallen? Und jener Ausspruch
Neros: »Nun beginne ich endlich, wie ein Mensch zu wohnen«, ist
er nicht gewollt witzig und klingt eher nach Trimalchio als nach
einem Freund des *Arbiter elegantiarum*? Und wenn sich der Leser, so gleichsam sensibilisiert, die Charaktere der *Cena* nochmals
anschaut, mochte ihm auffallen, daß sie bei allem Spott doch keine
bloßen Karikaturen sind. Hat jener Hermeros trotz seines vulgären Geschimpfes nicht recht, wenn er darauf verweist, als Freier
geboren zu sein sei keine Kunst, es sei aber eine Leistung, sich
vom Sklaven emporzuarbeiten zu einem auskömmlichen Leben
und einer geachteten Position? Und besitzt Trimalchio wirklich
nur abstoßende Züge? Gleich zu Anfang sehen wir ihn Einzug
halten bei seinen Gästen, wie ein vornehmer Herr begleitet von
seinem Lieblingsknaben. Trimalchios Schatz ist triefäugig und
schon etwas ältlich, noch häßlicher als der Hausherr selbst, urteilt
der Erzähler abschätzig. Doch warum hat Trimalchio, bei dem alles vom Feinsten sein muß, keinen bildschönen jungen Knaben als
Favoriten bei sich? Offenbar hängt er an seinem Liebling und mag
ihn daher nicht aufgeben, obwohl er schon über das Alter eines
puer delicatus, eines Lieblingsknaben, hinaus ist. Ähnliches gilt
für seine Frau Fortunata. Sie ist seine langjährige Gefährtin und
stand ihm bei in schlechten Zeiten, und so verläßt er sie nicht,
obwohl er keine Kinder mit ihr bekommt. Dabei müßte er doch
angesichts seiner Reichtümer bestrebt sein, jenen wohlmeinen-
den Rat eines Bekannten zu befolgen, er solle seine Familie nicht
aussterben lassen. Sogar die verlästerten Freigelassenen haben
also positive Züge – Grund genug zu einer weiteren Überlegung:
Kann man ihnen denn ihre Extravaganzen, ihren Luxus und dessen übertriebene Zurschaustellung überhaupt so sehr übelnehmen,
wenn doch der allerhöchste Herr selbst offensichtlich keinen
höheren Lebenszweck hat? Müßte man ihn also nicht zuerst kritisieren?

In jenem Paradestück eines historischen Epos, das Petron den
Poeten Eumolpus deklamieren läßt, wird, wie bei dem strengen
Moralisten Lucan, der Niedergang der eigenen Zeit zurückproji-
ziert auf die Epoche des Bürgerkriegs zwischen Caesar und Pompeius:

[. . .] *Quare tam perdita Roma*
ipsa sui merces erat et sine vindice praeda.

[. . .] So tief war Roma gesunken,
daß sie zu kaufen war, doch niemand wollte sie haben.

(Kap. 120,49 f.)

[. . .] *aspice late*
luxuriam spoliorum et censum in damna furentem.
aedificant auro sedesque ad sidera mittunt
expelluntur aquae saxis, mare nascitur arvis,
et permutata rerum statione rebellant.

[. . .] Siehe, wie weithin
Luxus Errafftes zerstört, Vermögen sich blindlings vernichten.
Goldene Häuser erbaut man, die hoch zu den Sternen sich heben,
steinerner Bau treibt Fluten zurück, das Feld wird zum Meere,
alles vertauschet den Platz und widersetzt sich der Ordnung.

(Kap. 120,85 ff., Übers. H. C. Schnur)

Auch hier erscheint, wie in der *Cena*, das Motiv einer »verkehrten
Welt«, einer Saturnalienwelt, in der alles auf den Kopf gestellt ist,
ein Motiv, das im Verlauf der weiteren Abenteuerhandlung wie-
derkehrt (so bei den Erbschleichereien in Croton, Kap. 141).
Wenn aber ein Autor die Welt als Saturnalienwelt darstellt, dann
will er zumindest nicht ausschließen, daß der Leser sie in Gedanken »zurechtrückt«. So stellt es ja auch der spätere Landsmann des
Petron, Federico Fellini, in seiner Verfilmung (*Satyricon*, 1969)
dem Zuschauer frei, ob er sich nur amüsieren oder ob er sich noch
darüber hinaus Gedanken machen will. Fellini sagte: »›Satyricon‹
ist für mich nur eine andere Art, stets dasselbe zu sagen. Es han-

delt sich immer um eine Suche nach irgend etwas, die vielleicht
hier auf eine erschreckendere, rätselhaftere und emblematischere
Weise beschrieben ist, aber es geht immer um das gleiche persönliche Verlangen, immer um die Hoffnung auf eine echtere und har-
monischere Beziehung des Menschen zu sich selbst und eine Übereinstimmung mit seiner eigenen Person. [...] Ich bestehe auch
weiterhin darauf (aber niemand ist verpflichtet, sich meine patho-
logische Sehweise zu eigen zu machen), daß dieser Film weniger
von den Römern, als von uns selbst, von der Gesellschaft, in der
wir leben, berichtet.« (Aus einem Interview in: Federico Fellini,
Satyricon, hrsg. von Christian Strich, Zürich 1983, S. 238, 240.)

Zum Nachdenken lädt auch noch ein rätselhaft erscheinendes
Dictum aus der Charakteristik des Petron bei Tacitus ein. Petron,
sagt dieser, erwies sich tatkräftig in seinen Ämtern, »dann aber fiel
er in seine Schwächen zurück – oder er gab sich nur den Anschein:
revolutus ad vitia seu vitiorum imitatione« (*Ann.* 16,18). Offenbar
kann sich Tacitus einen Menschen mit einander so widerstreiten-
den Charakterzügen nicht vorstellen, anders als Velleius Patercu-
lus, der über Maecenas schreibt: »Solange die Umstände seine
Wachsamkeit erforderten, war er Tag und Nacht wach, zeigte sich
umsichtig und tatkräftig. Sobald er aber in seinen Anstrengungen
etwas nachlassen konnte, verströmte er sich in mehr als weibischer
Art in Muße und Wohlleben« (Röm. Gesch. 2,88). Die Ähnlichkeit
ist auffallend, und sie ist in einem – freilich unorthodoxen und
moderaten – Epikureertum begründet, das für Maecenas vor allem
von Horaz bezeugt wird und das uns einen Schlüssel für die wi-
dersprüchliche Persönlichkeit Petrons bietet. Es ist ein der Popu-
lärversion angenäherter, jeweils ganz persönlich gefärbter Epiku-
reismus, der die Lust als oberstes Prinzip ansieht, aber der philosophischen Lehre von der Ataraxie, der Unerschütterlichkeit des
Geistes, gemäß keine völlige Unterordnung duldet, sondern die
innere Freiheit immer wieder erprobt. Und diese persönliche Unabhängigkeit ist so groß, daß sie auch keiner philosophischen
Lehrsätze als Stütze bedarf. So kann Petron sterben ohne gewich-
tige Worte als Trost, und er kann dennoch über die epikureische
galḗnē verfügen, die heitere Meeresstille der Seele.

Achtes Kapitel

Juvenal in der Subura in Rom

»Schwierig ist's, keine Satire zu schreiben«

Cum tener uxorem ducat spado, Mevia Tuscum
figat aprum et nuda teneat venabula mamma,
patricios omnis opibus cum provocet unus
quo tondente gravis iuveni mihi barba sonabat,
cum pars Niliacae plebis, cum verna Canopi
Crispinus Tyrias umero revocante lacernas
ventilet aestivum digitis sudantibus aurum
nec sufferre queat maioris pondera gemmae,
difficile est saturam non scribere.

Wenn ein weichlicher Eunuch ein Weib heimführt, wenn
Mevia mit entblößter Brust Jagdspieße schwingt und etruskischen Eber durchbohrt, wenn mit allen Aristokraten es
einer an Reichtum aufnimmt, der mir in meiner Jugend den
Bart abkratzte, wenn Crispin, vom Pöbel des Nils stammend, als Sklave in [dem übelbeleumdeten] Canopus geboren, sein tyrisches Purpurgewand auf die Schulter zieht und
an schwitzenden Fingern seinen Goldring für den Sommer
»fächelt« – denn größere Last an Juwelen könnte er jetzt
nicht ertragen –, dann ist es schwer, keine Satire zu schreiben.   (*Sat.* 1,22 ff.,   Übers. H. C. Schnur)

Difficile est saturam non scribere: So begründet Juvenal seinen
Entschluß, sich als Dichter der Gattung der Satire zu widmen. Zuvor erklärt er in komischer Verzweiflung, warum er überhaupt
dichten will: Er kommt gerade von einer der zahllosen Dichter-
lesungen in Rom und hat es satt, immer nur Zuhörer zu sein
und bombastische Tragödien oder nicht endenwollende Epen über
abgedroschene mythologische Themen anhören zu müssen: Vom

dauernden Vortrag bersten ja schon die Säulen! Auch ich, meint
Juvenal, habe die übliche rhetorische Ausbildung hinter mir, und
angesichts so vieler Barden kenne ich keine Hemmungen – und
kein Mitleid mit dem armen Papier! Ich habe eine Wut im Bauch,
wenn ich das alles sehe: Da macht sich der Advokat Matho in seiner Sänfte breit, da stolzieren Denunzianten und Betrüger einher,
Kerle stoßen einen zur Seite, die sich des Nachts Legate verdienen
– im Bett einer reichen Alten! Hier einer, der sein Mündel betro-
gen und zur Dirne gemacht hat, dort ein anderer, der seine Frau
verkuppelt, um den Liebhaber zu beerben, nicht zu vergessen die
würdige Dame, die ihrem dürstenden Manne einen Trank reichte,
der ihn von allem Durst befreite: Anstandslos konnte sie den vom
Gift verfärbten Leichnam öffentlich zu Grabe tragen! Möchte man
da nicht mitten auf der Straßenkreuzung ein dickes Notizbuch
füllen?

> *Si natura negat, facit indignatio versum*
> *qualemcumque potest, quales ego vel Cluvienus.*
>
> Wem die Natur es versagt, den bringt die Entrüstung
> zum Dichten,
> wie sie es eben vermag, wie mich oder wie Cluvienus.
>
> (*Sat.* 1,79 f., Übers. O. Weinreich)

Dies ist freilich nicht ganz wörtlich zu nehmen; sicher war die *in-
dignatio*, die Entrüstung, nicht die Triebfeder für Juvenals Dichten
überhaupt, aber daß sie eine wichtige Rolle spielte, ist evident. So
kann er sie hier in satirischer Weise statt der Muse früherer Zeiten
als Impuls seiner Dichtung bezeichnen.

Alles, was die Menschen seit Urzeiten so treiben und was sie
umtreibt: ihre Wünsche und Ängste, ihre Leidenschaften und Begierden, ihr ständiges Rennen und Jagen, das soll als ein buntes
Gemisch (*farrago*) der Stoff von Juvenals Büchlein sein. *Farrago*
ist ein Füllsel, eine Getreidemischung, von Juvenal hier im Sinne
von Melange oder Potpourri gebraucht, Ausdrücke, die, wie die
Farce, ursprünglich aus der Küchensprache stammen und das
Volkstümliche, nicht an strenge Regeln Gebundene des Genres

ausdrücken. Das römische Wort für Satire kommt, wenn nicht aus der Küche, so doch aus dem Gemüsegarten: *satura lanx* war eine Schüssel mit allen möglichen Arten von Gemüsen, die man der Ceres darbrachte, der Göttin der Feldfrucht. Und bunt gemischt war auch der Inhalt einer Satirensammlung: Heiter, besinnlich, aber auch spottend und obszön konnten die Verse sein, die in einem (allerdings nur scheinbar) kunstlosen Gewand daherkamen. Ihre Einheit fanden sie in der Persönlichkeit des Dichters, und es gab in Rom Poeten, die der Satire ihr Siegel aufgeprägt hatten, so daß der Rhetoriklehrer Quintilian in seinem Abriß der griechisch-römischen Literaturgeschichte stolz sagen konnte: »*Satura quidem tota nostra est* – Die Satire aber gehört ganz uns« (*Inst. or.* 10,1,93).

Er nennt auch gleich ihre bedeutenden Vertreter, zunächst Lucilius, der immer noch seine treuen Leser habe, die ihn nicht nur in der Satire allen anderen vorzögen. C. Lucilius, um 180 v. Chr. in Suessa Aurunca im Süden Italiens geboren, römischer Ritter, Freund des Scipio Aemilianus, hat der vielfältig-bunten Satire ihren kämpferischen Impetus und damit ihre gesellschaftskritische Stoßkraft gegeben: »Satura wird Satire« (Otto Weinreich). Obwohl sein Werk nur fragmentarisch überliefert ist, erkennen wir das starke Selbstbewußtsein des Dichters, der, wie später Juvenal, Epos und Tragödie verschmäht, weil er sein Ich zum Ausdruck bringen, mahnen, kritisieren und dabei unterhalten will. Er empfand seine Zeit als eine Umbruchszeit, in der die Orientierung verlorenzugehen drohte. Rom hatte sich in all seinen Kriegen siegreich behauptet und stieg nun zur führenden Macht im Mittelmeerraum auf. Im Gefolge dieser Siege kamen aber zum einen Reichtum und Luxus, zum andern viele neue Ideen aus dem hellenistischen Kulturkreis: Das bisher fraglos an altrömischer Einfachheit und geradlinigem Denken orientierte Leben drohte aus den Fugen zu geraten. Lucilius ruft nun dazu auf, alles, Dinge wie Gedanken, vernünftig einzuordnen. Er scheut sich nicht, weiterhin auf die *virtus* zu pochen, jenen schwer zu übersetzenden, aber alles enthaltenden römischen Lebenswert.

Virtus, Albine, est, pretium persolvere verum
quis in versamur, quis vivimus, rebus, potesse,
virtus est, homini scire id quod quaeque habeat res,
virtus, scire, homini rectum, utile quid sit, honestum [. . .]
hostem esse atque inimicum hominum morumque malorum [. . .]

Tugend, Albin, ist dies: ermessen zu können den wahren
Wert all jener Dinge, in denen wir weben und leben,
Tugend ist dies: daß wisse der Mensch, was ein jegliches tauge;
Tugend, was recht, was nützlich, was ehrenhaft sei,
                    zu erkennen [. . .]
Feind und Gegner zu sein von Menschen und Sitten, die
                    schlecht sind [. . .]
                    (Aus dem *Virtusfragment*, Übers. O. Weinreich)

Auf Lucilius, dem Freimütigkeit, Schärfe und Witz attestiert werden, läßt Quintilian Horaz folgen, geglätteter und reiner, wie er
ihn rühmt, und dann wird Persius genannt, der mit nur einem Sa-
tirenbuch berechtigten großen Ruhm gewonnen habe. Aules Persius, 34 – 62 n. Chr., ist als ein Frühvollendeter mit nur sechs Satiren berühmt geworden. Von Lucilius übernimmt er die angreiferi-
sche Schärfe, von Horaz den leichten Gesprächston, dazu fügt
er Elemente der hellenistischen Diatribe, der populärphilosophi-
schen Erörterung. In dieser Form, die sich in lockerem Ton an ein
Laienpublikum wandte, wurden Themen praktischer Ethik diskutiert, etwa der rechte Gebrauch des Reichtums, Freisein von zerstörerischen Leidenschaften, wie wir dies auch bei Horaz in seinen
Satiren finden. Persius ist strenger als der verbindliche Horaz; er
ist von der stoischen Ethik geprägt, und man könnte seine Satiren
geradezu als das dichterische Gegenstück zu Senecas Prosaschrif-
ten, wie den *Briefen an Lucilius*, bezeichnen. Doch kommt seine
ethische Überzeugung durchaus in witziger Form daher. Von ihm
stammt der komisch-verzweifelte Ausruf: »*Quis leget haec?* –
Wer soll denn das lesen?« mit der Antwort: »Niemand, oder vielleicht zwei, oder keiner!« Aber, so meint Persius, es sei ja kein Verlust, wenn ihn die große Masse nicht läse, Leute, die lieber ein

abgedroschenes Trojanerdrama hören wollten. Er vertraute, und
offenbar zu Recht, darauf, daß sich dennoch genügend Liebhaber
seiner Kunst fänden.

»Auch heutzutage leben angesehene Satirendichter, deren Namen man noch in späteren Zeiten nennen wird.« So beschließt
Quintilian seine Ausführungen zur römischen Satire und hält sich
dabei an den (für uns Nachfahren so leidigen) Brauch, keine lebenden Autoren anzuführen. Er hat wohl an Martial gedacht (38 – 104
n. Chr.), obwohl dieser als Verfasser von Epigrammen im strengen
Sinne nicht zu den Satirikern gezählt wurde, sicher aber an Juvenal, der vermutlich sogar ein Schüler des berühmten und beliebten
Redelehrers war, denn er nennt Quintilian mehrfach in seinen Gedichten. »Gib mir dazu, Quintilian, den *color*, die passende Fär-
bung« sagt er einmal (*Sat.* 6,280). Die antike Vita erzählt von Juvenal, daß er bis in seine mittleren Jahre – seine Lebenszeit läßt sich
etwa um 60 – 140 n. Chr. ansetzen – Redner gewesen sei. Decimus
Junius Juvenalis stammte aus der Volskerstadt Aquinum in Latium, später berühmt als Geburtsort des Thomas von Aquin. Hier
fand man eine Inschrift, die ein Junius Juvenalis der Göttin Ceres
geweiht hat, der Präfekt oder Tribun war sowie *duumvir* (einer
der jeweils zwei Bürgermeister) und Angehöriger eines Priester-
kollegiums. Es ist fraglich, ob es sich hierbei um den Dichter selbst
oder eher um einen Familienangehörigen handelt, jedenfalls gehörte Juvenal zur Zahl jener Römer wie Cicero oder Vergil, die
gleichsam zwei Heimatorte hatten, Rom und ihre ländliche Geburtsstadt. Juvenal gehörte zum wenig begüterten Mittelstand und
war somit, wie ein Vergil oder Horaz, als Dichter auf einen Gönner angewiesen, der ihm entweder eine einträgliche Pfründe verschaffte, einen Posten in der Verwaltung etwa, oder der ihn als
Mäzen unterstützte. Juvenal scheint kein besonderes Glück gehabt
zu haben (es heißt sogar, er habe Anstoß erregt und sei verbannt
worden), obwohl er sicher nicht in den ärmlichen Verhältnissen
lebte, die er so oft beschrieb. Er wurde aber durch seine Lebens-
verhältnisse angeregt, sich zum Sprecher eines Personenkreises
zu machen, der in Rom im Schatten lebte, nämlich der freigeborenen römischen Bürger ohne Rang und Vermögen, die als Schütz-

linge, als Klienten eines wohlhabenden Patrons ihr Leben fristen mußten.

Ursprünglich bildete die Klientel, das Klientenwesen, das »soziale Netz« im römischen Staat: Die Bauern auf dem Land standen unter dem Schutz ihres Gutsherrn, der Feldherr sorgte nach dem Krieg für seine Veteranen, und kleine Leute aller Art hatten vom Vater auf den Sohn vererbte Patronatsverhältnisse; sie standen unter dem Schutz eines der vornehmen Geschlechter Roms. Der Patron leistete seinem Klienten nicht nur finanzielle Hilfe, er vertrat ihn auch vor Gericht, und dafür gab ihm der Klient seine Stimme bei den Wahlen. Kriegs- und Bürgerkriegszeiten hatten dieses patriarchalische Bild verändert, manche altangesehene Familie hatte ihr Vermögen eingebüßt, aus dem sie früher großzügige Unterstützung gewähren konnte, dafür waren andere emporgekommen, die das althergebrachte Ethos des Klientelwesens nicht kannten. So kam es in der Kaiserzeit zu jenen unwürdigen Abhängigkeitsverhältnissen, bei denen ein Reicher, oft ein Freigelassener, der Kultur und den Sitten nach vom Schlage eines Trimalchio, sich einen Dichter oder Philosophen hielt, der ihm hemmungslos schmeicheln mußte und dafür oft nur bescheidene Zuwendungen erhielt, wie kleine Geldgeschenke, einen Mantel und die begehrten Einladungen zur Mahlzeit.

Zur Pflicht des Klienten gehörte es, dem Patron am Morgen seine Aufwartung zu machen, im offiziellen Gewand, der Toga. Dabei wurde er in den Hintergrund gedrängt von einflußreicheren Besuchern, hochnäsig behandelt von griechischen Sklaven und mußte oft erfolglos, ohne eine Einladung, wieder heimgehen. Vor allem in fortgeschrittenem Alter war dies ein schweres Los. Juvenal, dessen Kunst es ist, mit wenigen Strichen ein einprägsames Bild zu zeichnen, erwähnt die alten Klienten, wie sie sich schließlich müde und resigniert auf den Heimweg machen und unterwegs Kohl und Brennholz einkaufen. Ihr Patron verspeist derweilen für sich allein ein ganzes Wildschwein!

Angesichts dieser »traurigen Armut« kommen Ressentiments auf, denen Juvenal seine Stimme leiht. Wer sind denn die Glücklichen, die Erfolgreichen, die überall die Nase vorn haben? Leute aus den Provinzen sind es, vor allem aus dem Osten des Reiches, aus Griechenland, Kleinasien und Syrien, und gegen sie kommt man einfach nicht an. Sie sind gewandt, zungenfertig, die geborenen Schauspieler, wissen dem Patron nach dem Munde zu reden, nehmen es nicht so genau mit Recht oder Unrecht, üben jedes Gewerbe aus und haben in jedem einträglichen Handel ihre Finger. Was nützt da das römische Bürgerrecht oder gar ein Leben nach alten Grundsätzen, wie es noch Lucilius empfahl?

In seiner dritten Satire (von insgesamt 16) läßt Juvenal die Unzufriedenen, Zukurzgekommenen zu Worte kommen, und er macht eine anschauliche Szene daraus. Ein Freund von ihm, Umbricius, hat die Konsequenz gezogen: Er wandert aus, nicht gerade auf die Inseln der Seligen, wie es Horaz einst hochgesinnt und mehr metaphorisch seinen Mitbürgern empfohlen hatte, nein, bloß nach Cumae, einem recht ruhigen Städtchen bei Neapel. Er hat sein bißchen Hausrat auf einen Wagen gepackt und nimmt an der Porta Capena, dort, wo die Via Appia gen Süden, nach Capua, geht, Abschied von seinem Freund. Recht hat er, meint Juvenal:

[. . .] Denn selbst im traurigsten Neste
lebt sich's besser als hier im wilden Getriebe der Hauptstadt
mit ihren tausend Gefahren, den Hauseinstürzen und Bränden,
und ihren Dichtern, die selbst im Monat August rezitieren!

Umbricius erklärt dem Freund noch einmal genau, warum er Rom verläßt:

[. . .] Weil ehrliche Künste
nichts mehr gelten in Rom, weil Arbeit nimmer Gewinn bringt,
weil heut knapper die Habe als gestern, vom Wenigen morgen
wieder ein Teil wird schwinden dahin [. . .]
Was noch soll ich in Rom? Ich weiß nicht zu lügen, ich kann kein
Buch lobhudeln, das schlecht ist, und es zur Abschrift erbitten.
Nichts versteh ich vom Lauf der Gestirne, beschau auch der
                              Frösche
Eingeweid nicht und kann und will drum keinem versprechen,

daß ihm der Vater bald stirbt. Einer Frau die Gaben und Briefchen
ihres Galans zuzustellen, sei andrer Geschäft, und zum Hehler
tauge ich auch nicht. Darum leist' ich auch niemand Gefolgschaft,
unbrauchbar wie ein Krüppel, dem abgestorben die Rechte [. . .]
Was für ein Menschenschlag am genehmsten den Reichen von
                                      heut' ist,
und vor welchem zumal ich flüchte, das will ich sogleich und
ganz ohne Scheu bekennen. Das griechische Rom, ihr Quiriten,
ist unerträglich! Gewiß, nur ein Teil dieses Schlamms sind Achäer.
Denn in den Tiber fließt längst Syriens Fluß, der Orontes,
und schwemmt syrische Sprache und Sitte und Flötenmusik an,
dortige Pauken und Harfen und alle die Mädchen, genötigt
sich in des Circus Gewölben feilzubieten [. . .]
Nein, für Römer unseresgleichen ist keinerlei Platz im
Haus, das beherrscht ein Protogenes, Diphilos oder
                                      Hermarchos [. . .]
[. . .] Geschloßnen
Zugs hätten längst auswandern müssen Quiriten, die arm sind.
                              (*Sat.* 3,5 ff., Übers. O Weinreich)

Quirites, die offizielle Anrede an die freigeborenen Römer, die im
Besitze des Bürgerrechts sind, verweist auf das bedeutsame politische Anliegen dieser Satire. Im geschlossenen Zug waren ja einst
die Plebejer aus Rom auf den Heiligen Berg gezogen und hatten
sich so ihre Rechte als römische Bürger erkämpft (494 v. Chr.).
Damals wurden der Plebs Volkstribunen zugestanden, die ihre
Rechte wahrnehmen sollten. Wer tut es heute? Es tritt niemand
auf als der Dichter, den die Empörung über die ungerechten Zustände umtreibt. Die Überfremdung in Rom, durch die Heere von
Sklaven, von denen sehr viele bald als Freigelassene einen Platz
besetzen, dazu der ständige Zuzug aus den Provinzen in die lok-
kende Metropole, und der dadurch für die minder begüterten

Via Appia

Schichten entstehende Verdrängungswettbewerb ist ein Thema, das bei den vornehmen, wohlsituierten Autoren Roms nicht auftaucht. Juvenal aber spricht dieses Problem mit aller Offenheit an. Schließlich braucht Rom auch diese seine Bürger, für die kein Platz zu sein scheint. Einem aufgeblasenen Adelssprößling, der auf das »niedere Volk« herabblickt, hält der Dichter einmal vor: »Aber aus diesen unteren Schichten des Römervolks [wieder wählt er den Ausdruck Quiriten] wird der kommen, den du brauchst, um dich vor Gericht zu verteidigen, und der Jüngling, der pflichtbewußt zum Euphrat marschiert und die Grenzen bewacht« (Sat. 8,47 ff.).

Zweifellos war es nicht nur moralischer Verfall, der den römischen Bürgern, die Juvenal im Auge hat, das Leben schwermachte. Das wirtschaftliche System bot zu wenig Platz für den »Mittelstand«, für Leute, die nicht dem Arbeiter- und Handwerkermilieu entstammten, aber für gehobene Berufe nicht das nötige Startkapital hatten. Dazu kam als weiteres Hemmnis die althergebrachte römische Auffassung, daß es nicht fein sei, sich mit seiner Hände Arbeit zu ernähren, daß man anständigerweise nur von den Einkünften seines Gutes lebte.

Juvenal unterstreicht den Ernst seiner Argumente, ohne jedoch seine Satire allzu schwergewichtig zu machen. Nach Cumae zieht sein Freund, in die älteste griechische Gründung in Italien: Er will gewissermaßen die griechische Landnahme wieder rückgängig machen, indem er sich dort ansiedelt. Außer der Sibylle von Cumae wohnen nur wenige noch dort: Die Griechen sind wohl in die angrenzenden Luxusbadeorte wie Baiae gezogen, oder nach Rom – hier im griechischen Cumae gibt es nun Raum für den Römer Umbricius. Und er kann dort auch in Sicherheit leben. Das »Haus« Rom hat nämlich nicht nur keinen Platz für ihn, es ist auch baufällig und einsturzgefährdet, auch im wörtlichen Sinne eine höchst unzuträgliche Heimstatt. Während wir bei Cicero, Plinius oder Horaz würdige Plätze für ihr schöpferisches *otium* antreffen, die Villa im Grünen, in Ruhe und Abgeschiedenheit, werden wir von Juvenal in das brodelnde Gewühl der Subura versetzt, in den belebtesten Teil des alten Rom, ein Viertel wie das heutige Trastevere. Hier, wo Esquilin, Viminal und Quirinal gegeneinan-

der auslaufen, und die Hauptstraße, der *clivus Suburanus*, vom
Argiletum gegen das Esquilinische Tor hinansteigt, hier stehen
statt Villen die *insulae*, mehrstöckige Mietskasernen, dazu gibt es
Märkte für Gemüse und Lebensmittel, Schenken und Freuden-
häuser. Das Erdgeschoß der *insulae* wird meist von einer *taberna*,
einem Laden samt Vorratsräumen, oder einer Werkstatt einge-
nommen. Bisweilen befand sich dort auch eine große, elegante
Wohnung, eine *domus*, etwa für einen wohlhabenden Junggesellen,
der der Aufsicht des Vaters entgehen wollte. Wohnraum war
knapp und teuer, und so waren fünf- oder sechsstöckige Häuser
keine Seltenheit. Zwar hatten die Kaiser Sicherheitsvorschriften er-

Miets- und Geschäftshäuser am Trajansforum

lassen; schon Augustus hatte die Höhe solcher Bauten auf 70 Fuß
(20 Meter) begrenzt. Doch was helfen alle Vorschriften, wenn die
Eigentümer, um Kosten zu sparen, statt des unverwüstlichen römischen Zements nur dünne Mörtelschichten für die Mauern verwenden? Schwankende Wände werden mit dünnen Balken abge-
stützt, klaffende Risse notdürftig zugekleistert. Und dann versichert man den Mietern, sie könnten ruhig schlafen! Zu den oberen
Stockwerken führen keine Treppen, sondern nur »Hühnerleitern«
hinauf – wehe den Bewohnern, wenn ein Brand ausbricht! Im dritten Stockwerk qualmt es schon, oben ahnt man noch nichts. Der
arme Poet im obersten Dachkämmerlein, der nur eine Bettstatt,
etwas tönernes Geschirr und ein paar Bücher besaß, hat alles verloren und nackt und bloß nur das Leben gerettet. Und keiner hilft
ihm – aber wenn die Luxuswohnung eines Reichen abgebrannt ist,
da kommen von allen Seiten großzügige Hilfsangebote (so reich-
liche, daß man schon wieder vermuten muß, der Betreffende habe
nach dem Grundsatz »Kaputt ist neu« sein Haus selber angezün-
det . . .). Wie soll man da nachts ruhig schlafen?

[. . .] Doch wen läßt die Mietswohnung schlafen?
[. . .] Allnächtlich rollen die Reisewagen durch enger
Gassen Gewinkel, wo Herden sich stauen und Flüche der Treiber
hallen; der Lärm weckte Erzschlafmützen, wie Claudius war,
und Meerkälber auf!

Die nächtliche Ruhestörung durch den Verkehr ging auf eine gut-
gemeinte Verkehrsregelung zurück. Caesar hatte das erste Fahr-
verbot zur Entlastung der Innenstadt verfügt: Zwischen Sonnen-
auf- und -untergang durften keine Wagen und Fuhrwerke fahren.
(So hat auch Umbricius Zeit, mit seinem Freund Juvenal zu plau-
dern, während er auf den Karren mit seinem Hab und Gut wartet.) Freilich gab es zahlreiche Ausnahmen, wie dringenden Zu-
lieferverkehr und den Transport von Baumaterial. Und da jeder
Kaiser Tempel, Foren, Thermen und Palastbauten errichten ließ,
vom »privaten Wohnungsbau« gar nicht zu reden, riß der Verkehrs-
lärm Tag und Nacht nicht ab. Tagsüber nahm das Gedränge für

den normalen Fußgänger chaotische, ja lebensbedrohliche Formen
an:

Hat ein Reicher ein dringend Geschäft,
läßt er in riesiger Sänfte sich tragen über die Köpfe
der sich drängenden Menge, die ausweicht, liest oder schreibt drin,
setzt auch den Schlaf fort, den das verhangene Fenster begünstigt.
Doch ist er früher am Ziel als ich. Mir Eiligem hemmt die
vor mir flutende Menge den Schritt, und hinter mir drückt das
Volk in Scharen nach. Der stößt mir den Arm in die Seite,
jener ein hartes Brett; bald trifft mich ein Balken am Schädel,
bald ein Ölfaß. Kot bespritzt meine Waden, von allen
Seiten bekomme ich Tritte von mächtigen Sohlen, und bald pflanzt
mir in die Zehen ein grober Soldat die Nägel der Stiefel. [. . .]
Welch ein Gedräng'! Da zerreißen die Kleider, die eben geflickten.
Hier auf dem Lastkarren wippt eine Riesentanne, ein andrer
Wagen führt Fichten: sie schwanken bedenklich, gefährden
                              Passanten.
Wie erst, wenn das Gefährt kracht mit dem carrarischen Marmor
und sein Steingebirge ergießt auf die Scharen des Volkes?
Was bleibt dann noch von den Körpern? Wer noch findet die
                              Glieder,
wer die Knochen zusammen?
                              (*Sat.* 3,234 ff., Übers. O. Weinreich)

Aber Schlaflosigkeit ist noch nicht das ärgste Übel im nächtlichen
Rom. Wehe, wenn man nächtens unterwegs ist! Man muß damit
rechnen, daß jemand sein zerbrochenes Geschirr kurzerhand aus
dem Fenster wirft, oder daß er seinen Nachttopf überm Haupte
des ahnungslosen Passanten entleert. Aber es kann noch schlimmer kommen, wenn man allein auf dem Heimweg ist. Da taucht
ein Kerl auf, der nicht schlafen kann, wenn er sich nicht noch ein
wenig Bewegung gemacht hat. Den Herrn mit Dienergefolge und
Fackeln läßt er ungeschoren, aber den armen Mann, der mühsam
sein Nachtkerzchen vorm Erlöschen schützt, den pöbelt er an:

Zimmerleute bei der Arbeit. Pompejanische Wandmalerei

»Woher kommst du?« so brüllt er,
»bei wem hast du mit sauerem Wein und mit Bohnengemüse
dir den Wanst vollgeschlagen?
Was, du gibst keine Antwort? Heraus mit der Sprache, sonst
                              setzt's 'nen Tritt in den Bauch!
Wo stehst du beim Betteln an, und in welcher
der Synagogen draußen kampierst du, daß ich dich finde?«
Ob du versuchst, was zu sagen, ob schweigend du retirierest,
das ist egal: sie hauen dich so oder so, und entrüstet
stellen sie sich, als planten sie, dich vor Gericht zu belangen!

Nur ein Ausweg steht dem Armen noch frei: daß er bittet
(wenn man ihn haute) und daß er fußfällig bettelt (wenn man mit
Fäusten ihn niedergeschlagen): man möge ihm gnädigst gestatten,
wenigstens noch ein paar seiner Zähne nach Hause zu tragen.

(Sat. 3,292 ff., Übers. O. Weinreich)

»Das sind die Zustände in Rom, und ich könnte noch vieles andere
nennen«, sagt Umbricius zu Juvenal. »Aber die Sonne geht unter,
mein Wagen ist da, es ist Zeit zum Aufbruch. Doch wenn du dich
einmal zur Erholung in deinem Aquinum aufhältst, dann rufe
mich aus Cumae herbei. Ich werde dir gern wieder als bescheide-
ner Stofflieferant für deine Satiren zur Seite stehen.«

Hätte Juvenal auch sein vielgeschmähtes Rom verlassen und
sich nach Aquinum zurückziehen können (vorausgesetzt, dort
schaltete nicht bereits ein älterer Bruder)? Oder führt er uns hier
nur die zwei Seelen in der Brust des »modernen« Großstadtmen-
schen vor, so wie es Englands berühmtester Gelehrter, Samuel
Johnson, 1738 in seinem Poem *London* tut, das der 3. Satire Juvenals nachgestaltet ist? Dort zieht sich ein Freund aufs Land zurück, wo Anständigkeit und aufrechter Sinn keine Schande sind,
und wo er die Schurken und Emporkömmlinge nicht sehen muß,
die nun in London das Heft in der Hand haben. Aber Johnson
sagt auch: »When a man is tired of London, he is tired of life.« Juvenal war nicht müde, er wollte bleiben und kämpfen. Ein anderer
Dichter aber verließ Rom wirklich: Martial. Er zog sich um
das Jahr 98 in seine spanische Heimatstadt Bilbilis (das heutige
Calatayud) zurück, von Plinius dem Jüngeren mit dem nötigen
Reisegeld ausgestattet. Von dort schreibt der Dichter an Juvenal:

> Während rastlos vielleicht umher du wanderst,
> Juvenal, im Gelärme der Subura,
> oder auf den Hügel Dianas eilest:
> wenn dich an der Schwelle der großen Herren
> deine schweißige Toga fächelt [. . .]
> hat mein Bilbilis mich nach vielen Jahren
> aufgenommen: nun bin ich ein Provinzler – [. . .]

> Schamlos gradezu widm' ich mich dem Schlafe
> und bleib oftmals bis neun Uhr morgens liegen.
> Jetzt wird nachgeholt, was in dreißig Jahren
> mich an Ruhe die Nächte Roms gekostet. [. . .]
> so leb gern ich, so will ich auch gern sterben.
>
> (*Epigr.* 12,18, Übers. H. C. Schnur)

Leben kann man dort – aber was soll man dichten, mag sich Juvenal gedacht haben. Die Annehmlichkeiten des ländlichen Lebens waren von Horaz bereits in musterhafter Weise gestaltet worden. Und Martial fand in der Tat in seinem idyllischen Bilbilis keinen besonderen Stoff und wenig Resonanz für seine Epigramme, wie er schließlich selbst zugeben muß. Juvenal aber verfügt weiterhin über ein wohlgefülltes Notizbuch; seine Chronique scandaleuse schont weder die Männer noch die Frauen; von beiden porträtiert er in seiner 2. beziehungsweise 6. Satire eine Anzahl besonders abstoßender, sittenloser Exemplare. In seinen späteren Satiren schlägt er einen mehr erzieherischen Ton an, so wenn er in der 14. Satire die Eltern ermahnt, ihren Kindern ein gutes Beispiel zu geben, da diese von Natur aus das nachahmen, was sie vor sich sehen. »Wenn Besuch kommt«, sagt Juvenal, »da wird großartig saubergemacht, da kümmert sich der Herr persönlich um alles. Ist auch ja kein Schmutz mehr am Boden? Das könnte ein kleiner Sklave mit einem Eimerchen in Ordnung bringen. Doch darum kümmerst du dich nicht, daß dein Sohn sein geheiligtes Heim ohne Flecken und Makel erleben möge?«

»*Maxima debetur puero reverentia* – Dem Kinde schuldet man die größte Ehrerbietung« (*Sat.* 14,47), ist eines von Juvenals schönsten Worten, in Übereinstimmung mit dem Erziehungsprogramm seines Lehrers Quintilian.

In der 10. Satire geht es darum, was sich die Menschen wünschen, vom Leben, von den Göttern: immer das Verkehrte. Samuel Johnson hat auch diese Satire nachgestaltet und ihr den treffenden Titel gegeben: *The Vanity of Human Wishes.* Reichtum und Macht haben sich viele hochstrebende Männer gewünscht, doch die Erfüllung ihres Wunsches war schließlich ihr Ruin. Die Statue des allmächtigen Kaisergünstlings Sejan wird zerschlagen, die Trümmer eingeschmolzen, er selbst verfiel dem Henker. Das Volk ist freilich auch nicht besser. Nur zwei Dinge begehrt es heutzutage noch: *panem et circenses* – »Brot und Spiele« (*Sat.* 10,81). Ja sollen sich die Menschen denn gar nichts wünschen? Man überläßt es am besten den Göttern. Sie werden uns geben, was uns zuträglich ist. Und wenn man durchaus beten und opfern will:

> *orandum est ut sit mens sana in corpore sano*

> soll man gesunden Geist in gesundem Körper erflehen

> (*Sat.* 10,356)

Ein vielzitiertes Wort, das aber keineswegs sportlicher Ertüchtigung das Wort redet, denn es heißt weiter:

Bet' um ein mutiges Herz, das die Schrecken des Todes verachtet,
Welchem die Länge der Lebensbahn als Geschenk der Natur gilt,
Das alle Mühen erträgt, befreit von Zorn und Begierden [. . .]
All dies kannst du dir selber verschaffen; zum ruhigen Leben
Findet man nur auf dem einzigen Pfad, der sich öffnet, der
>   Tugend.
>   (*Sat.* 10,357 ff., Übers. U. Knoche)

Wer die Tugend preist, darf das Laster in grellen Farben malen. Er bereitet dem Leser damit ein ungetrübtes Vergnügen, ohne schlechtes Gewissen. Im Mittelalter war Juvenal als *Poeta ethicus* Schulautor; mehrere hundert Handschriften und Kommentare beweisen seine Beliebtheit. So mancher Leser, über dem ein gestrenges Auge wachte, wie in den Klöstern, wird die Stelle mit dem Preis der Tugend parat gehabt haben, um sich dann, mit der nötigen sittlichen Entrüstung, versteht sich, in der 6. Satire die Ausschweifungen der Kaiserin Messalina zu Gemüte zu führen, die des Nachts das kaiserliche Bett verließ, um sich nackt in einem Bordell feilzubieten. Doch auch über eine solche Art von »doppelter Moral« hat sich Juvenal bereits am Anfang seiner 2. Satire geäußert. Alles, was die Menschen so treiben, ist in der Tat der Stoff seines Büchleins.

Neuntes Kapitel

Plinius der Ältere in Misenum

»Jeder Augenblick ist verloren,
der nicht den Studien gewidmet ist«

Eine Villa am Kap Misenum, am westlichen Rand des Golfs von Neapel. Die Bewohner: Gaius Plinius Secundus, seine verwitwete Schwester Plinia, deren achtzehnjähriger Sohn Gaius Plinius. (Onkel und Neffe erhielten von der Nachwelt die Beinamen Maior und Minor, der Ältere und der Jüngere.) Es ist der 24. August 79 n. Chr. Der Neffe sitzt über seinen Büchern und lernt, als sein Onkel kommt und ihn fragt, ob er ihn hinüber zur Küste begleiten wolle. Es gäbe ein eigenartiges Naturschauspiel zu sehen. Nein, der jüngere Plinius will lieber bei seiner Lektüre des Livius bleiben. Der Onkel macht sich ohne den Neffen mit einigen Begleitern auf den Weg, von dem er nicht mehr zurückkehren sollte. Von den Gefährten aber ließ sich der junge Mann erzählen, was der Onkel erlebt hatte, und schrieb es auf. In einem Brief an den Geschichtsschreiber Tacitus ist uns der ausführliche Bericht des Plinius erhalten, nach dem man später das Geschehene genau rekonstruieren konnte (*Ep.* 6,16). Was er schilderte, war der Vesuvausbruch, der die Städte Pompeji, Herculaneum und Stabiae verschüttete, und nach Plinius' exakter Schilderung wird diese Art eines Vulkanausbruchs heute eine plinianische Eruption genannt.

Der Onkel, Plinius der Ältere, war ein bekannter Naturforscher, Verfasser einer naturkundlichen Enzyklopädie, und damals Kommandant der kaiserlichen Flotte in Misenum. Die Inspektion der sehenswerten Piscina mirabile in Miseno war eine seiner Auf-

Plinius d. Ä. Skulptur an der Kathedrale von Como

gaben. Der monumentale Gewölbebau, über 70 m lang, etwa 30 m breit, auf 48 Pfeilern ruhend, diente als unterirdisches Trinkwasserreservoir zur Versorgung der Flottenmannschaft im Hafen von Misenum – die größte Süßwasserzisterne der Antike.

Ursprünglich wollte Plinius aus naturwissenschaftlichem Interesse aufbrechen, nachdem er eine große, weißlich-graue Wolke, die wie die Krone einer Pinie aussah, in einiger Enfernung erblickt hatte. Ein solches Naturphänomen als Vorbote eines Erdbebens hatte er selbst in seinem Werk beschrieben. Man wußte zu diesem Zeitpunkt – um ein Uhr mittags – noch gar nicht, daß diese Wolke über dem Vesuv stand, der 30 km Luftlinie entfernt ist und damals als erloschener Vulkan galt. Im Jahr 62 aber hatte ein Erdbeben in der Gegend große Zerstörungen angerichtet. Da kommt ein Bote mit einem Brief: Rectina, eine Bekannte, die am Fuße des Vesuvs wohnt, bittet um Hilfe. Die Straße ist durch Erdstöße verschüttet, Rectina und die anderen Leute dort wollen sich auf dem Seeweg in Sicherheit bringen. Daraufhin ändert Plinius seinen Plan. Statt eines privaten Schnellseglers läßt er mehrere Schiffe der Flotte

Das Forum in Pompeji, im Hintergrund der Vesuv

rüsten und startet zu einer Evakuierungsaktion in Richtung Herculaneum. Während er sich zur See der Küste nähert, beobachtet
er alles, was er sieht, und diktiert es seinem Sekretär: welch eine
günstige Gelegenheit, seinem naturkundlichen Werk noch einen
auf Autopsie beruhenden Bericht über ein außerordentliches Naturphänomen anzufügen.

Sein Neffe Plinius überliefert: Es regnete schon Asche auf die
Schiffe, und je näher man kam, desto heißer und dichter wurde sie.
Bald fielen auch Bimssteine und schwarze, halbverkohlte Steine.
Da trat plötzlich das Meer zurück, und man sah, daß die Küste
durch herabstürzende Bergmassen unzugänglich geworden war.
Plinius überlegte, ob er umkehren sollte. Der Steuermann riet ein-
dringlich dazu, sein Kommandant aber gab zur Antwort: »*Fortes
fortuna iuvat* – Den Mutigen hilft das Glück, halte auf Stabiae
zu!« Dort, vier Meilen südlich von Pompeji, will Plinius versuchen, an Land zu gehen, an der Stelle, wo sein Freund Pomponia-
nus wohnt. Dieser hatte schon sein Hab und Gut zusammenge-
packt und wollte zu Schiff fliehen, sobald sich der starke Gegen-
wind gelegt hätte. Mit diesem Wind landete Plinius bei Stabiae,
begrüßte und umarmte den aufgeregten Freund, redete ihm zu
und beschwichtigte seine Panik. Da man nicht abfahren konnte,
setzte sich Plinius mit dem Freund und dessen Angehörigen zum
Essen, plauderte ruhig und gelassen, während rings vom Vesuv
hohe Feuersäulen und Flammenherde herüberleuchteten. Inzwischen war es Nacht, durch den Feuerschein aber taghell. Plinius
beruhigte die Aufgeregten: Das seien nur von ihren Bewohnern
verlassene Hütten, durch den starken Wind habe das Feuer auf sie
übergegriffen. Man solle sich niederlegen und warten, bis das
Meer ruhiger geworden sei. Und Plinius legte sich in der Tat nieder, und, so sein Neffe, daß er wirklich eingeschlafen war, hörte
man an seinen schweren Atemzügen.

Die Gelassenheit und Ruhe, die Plinius an den Tag legt, muß
man nicht, wie dies heute vielfach geschieht, auf eine Idealisierung
zum Bilde des stoischen Weisen durch seinen Neffen zurückfüh-
ren. Ein Mann, der Heerführer im Jüdischen Krieg war und als
Statthalter an Brennpunkten der Welt die oberste Verantwortung

trug, wird im heimischen Misenum in keine übergroße Erregung geraten sein, zumal er im Gegensatz zur Nachwelt noch keine Vorstellung über das Ausmaß der Katastrophe hatte. Der Vesuv galt ja damals als erloschener Vulkan.

Der Vorplatz des Hauses bedeckte sich immer höher mit Asche und Bimsstein, so daß man befürchten mußte, bald nicht mehr hinauszugelangen. So weckte man Plinius, und es wurde beraten, ob man im Hause bleiben oder ins Freie gehen sollte, denn die Erdstöße nahmen ständig an Schwere zu, das Haus schwankte, wie von seinem Fundament gelöst, dauernd hin und her. Draußen aber ging ein heißer Bimssteinregen nieder. Man entschloß sich dann aber doch zum Hinausgehen und band sich Kissen auf den Kopf. Es war schon Morgen, aber es wurde nicht Tag. Das einzige Licht kam von den Flammen am Berge. Das Meer war weit vom Ufer zurückgetreten und brandete so stark, daß an keinen Aufbruch zu denken war. Plinius legte sich auf eine Decke, einen Wasservorrat neben sich. Da kamen Flammenwände heran und als ihr Vorbote dichter, immer stärker werdender Rauch, Qualm und Schwefelgestank, der einem den Atem nahm. Plinius – der Neffe teilt erst jetzt mit, daß er stark asthmatisch war – erhebt sich, ringt vergebens nach Luft und bricht tot zusammen.

Bei jüngsten Ausgrabungen fand man noch Tote, die offenbar am Hafen von Herculaneum auf die Evakuierungsflotte des Plinius gewartet hatten und vom Tod ereilt worden waren.

Der jüngere Plinius berichtet nicht nur vom Ende seines Onkels, sondern auch von seinen eigenen Erlebnissen bei der Katastrophe. Wie sein Onkel, so hatte auch er sich zunächst durch die Erdstöße nicht beunruhigen lassen; sie waren in Kampanien nichts völlig Ungewohntes. Nachts werden die Erdstöße jedoch stärker: Man hat das Gefühl, alles bewegt sich, ja alles steht auf dem Kopf. Die Mutter kommt in sein Schlafzimmer, beide gehen ins Freie und setzen sich auf eine Terrasse zwischen Haus und Meer, wo sie sich sicher glauben. Da kommt ein Freund und mahnt dringend zur Flucht: Drüben von Pompeji und Herculaneum zieht eine riesige schwarze Wolke heran, man kann kaum mehr etwas sehen! Die Mutter meint, sie wolle hier bleiben und auf Nachricht von ihrem Bruder warten. Der Freund stürzt davon, um sich zu retten, und bald graut düster und trübe der Morgen. Die Häuser ringsum sind schwer beschädigt, die stehengebliebenen Mauern schwanken, und nun beschließen Plinius und seine Mutter endlich, sich außerhalb der Wohngebiete zu begeben. In einer verstörten Menschenmenge schieben und drängen sie sich vorwärts. Die Erde ist in Bewegung, Fahrzeuge, obwohl mit Steinen gesichert, rollen hin und her. Als sie ans Meer kommen, sehen sie, daß das Wasser weit zurückgewichen ist, dahinter ballt sich eine riesige schwarze Wolke, die von Flammen wie von Blitzen durchzuckt wird. Nicht lange darauf senkt sich die Wolke hernieder, bedeckt das Meer, Capri wird unsichtbar, dann das nahe Kap Misenum. Schon regnet es Asche, dichter Qualm droht die Fliehenden einzuholen. Um nicht von der kopflosen Menge zertrampelt zu werden, setzt sich Plinius mit der Mutter an den Straßenrand, ganz ruhig, in sicherer Erwartung des Endes. Ganz plötzlich wird es stockfinster: Geschrei und Geheul der Menschen, die beten und fluchen: Der Weltuntergang scheint bevorzustehen. Dann hellt es sich auf, aber nicht vom Tageslicht, sondern vom Feuer, das den Qualm durchbricht. Nun wieder Aschenregen, so dicht und schwer, daß man die Asche dauernd abschütteln muß, um nicht begraben zu werden. Endlich löst sich der dicke Dunst in Rauch und Nebel auf, es wird Tag, eine blasse Sonne kommt zum Vorschein, fahl, wie bei einer Sonnenfinsternis. Alles sieht verwandelt aus: von einer Aschenschicht wie von einer Schneedecke begraben.

Plinius kehrt mit seiner Mutter nach Misenum zurück und verbringt eine unruhige Nacht bei erneuten Erdstößen. Die beiden wollen aber nicht fortgehen, bevor sie nicht Nachricht vom Onkel haben. Zwei Tage später, als sich das Meer wieder beruhigt hat, bringen Überlebende die Kunde vom vollen Ausmaß der Katastrophe in Pompeji, Herculaneum und Stabiae, und sie bringen den Leichnam des Plinius, der, völlig unversehrt, mehr einem Schlafenden als einem Toten gleicht.

1900 Jahre später gedenkt man in seiner Heimatstadt wie auch hier am Golf von Neapel des prominentesten Opfers des Vesuvausbruchs, des Schriftstellers und Naturforschers Plinius.

Um 23/24 n. Chr. ist er in *Novum Comum*, dem heutigen Como geboren, ebenso wie sein Neffe. Die Skulpturen beider

aus dem 15. Jahrhundert schmücken die Fassade des Doms von
Como. Beide Plinii tragen den mit einer Kapuze versehenen Mantel (*lacerna*), wie er in der Antike und noch in den späteren Jahrhunderten vor allem als Gelehrtenmantel gebräuchlich war, und
halten ein Buch in der Hand. Der ältere Plinius aber schiebt mit
dem Buch den Mantel vom Knie zurück, und man sieht den *cal-
ceus*, den bis über die Wade hinaufreichenden Offiziersstiefel: der
bildliche Hinweis auf ein Leben auch außerhalb der Gelehrten-
stube. Getreu seinem Ausspruch: »*vita vigilia est* – Leben ist
Wachsein«, hatte er sich auf vielen Gebieten betätigt.

Als Sohn eines römischen Ritters genoß er die übliche juristische und rhetorische Ausbildung in Rom und leistete in den Jahren 47–52 Militärdienst. Er nahm an den Feldzügen gegen die
Chauken und Chatten teil und lernte dabei die Gebiete Unter-
und Obergermaniens kennen. Später erwähnt er die heißen Quellen von Wiesbaden und die Donauquellen. In Castra Vetera (Xan-
ten) wurde eine bronzene *phalera* gefunden, eine Platte vom Pfer-
dezaumzeug, mit der Inschrift: »Plinius, Reiteroberst«. Während
seines Aufenthaltes in Germanien erschien ihm, wie er berichtet,
im Traum Drusus mit dem Beinamen Germanicus, der Bruder des
Tiberius und Stiefsohn des Augustus. Er hatte in Germanien erfolgreich Krieg geführt und hier im Jahre 9 v. Chr. den Tod gefunden. Dieser Drusus nun mahnte Plinius, sein Andenken bei der
Nachwelt lebendig zu halten. Plinius begann daraufhin noch im
Feldlager sein Werk über die Germanenkriege, das uns verloren
ist, aber von Tacitus ausgiebig benutzt wurde. Nach seiner Rückkehr von den Feldzügen verfaßte Plinius eine Biographie seines
Feldherrn und Freundes Pomponius Secundus. Während Neros
Schreckensherrschaft, »als die Knechtschaft jede etwas freiere und
geradsinnige Art wissenschaftlicher Schriftstellerei zur Gefahr
werden ließ« (Plinius der Jüngere), widmete er sich rhetorischen
und sprachwissenschaftlichen Arbeiten. Nach Neros Tod begann
er eine Darstellung zeitgenössischer Geschichte, war als Anwalt
auf dem Forum tätig und nahm dann auch seine Militärtätigkeit
wieder auf. In Judäa machte er die nähere Bekanntschaft des späteren Kaisers Titus, dann war er in verschiedenen Teilen des Reiches
in Militär- und Verwaltungsämtern tätig. Kaiser Vespasian zog ihn

in seine Nähe und verschaffte ihm eine Vertrauensstellung am Hofe. Im Jahre 77 wurde Plinius Befehlshaber der Flotte in Misenum, dem Stützpunkt für das gesamte westliche Mittelmeer.

Während dieser ausgedehnten, verantwortungsvollen Tätigkeit entstand sein Hauptwerk, das einzige uns erhaltene Opus, die 37 Bücher der *Naturalis historia*, einer enzyklopädischen Naturkunde. Sie ist das umfangreichste überlieferte Hand- und Lehrbuch ihrer Art, eine unschätzbare Fundgrube für die Folgezeit, bis ins Mittelalter und noch darüber hinaus. Plinius schloß sie im Jahre 77 ab und widmete sie dem Thronfolger Titus. Nicht erst wir Späteren bewundern die Schaffens- und Tatkraft des Plinius. Sein Neffe schreibt an einen Freund, dem er sämtliche Werke des Onkels aufgezählt hat (*Ep.* 3,5): »Du staunst sicher, daß ein derart vielbeschäftigter Mann so zahlreiche und mit solch mühsamer Kleinarbeit angefüllte Werke vollendet hat. Und Du wirst noch mehr staunen, wenn Du erfährst, daß er jahrelang auch Prozesse geführt hat, daß er mit 55 Jahren gestorben ist und die ganze Zeit über durch wichtige Amtsgeschäfte und die Freundschaft des Kaisers in Anspruch genommen war. Er besaß jedoch einen regsamen Geist, unglaublichen Arbeitseifer und war stets hellwach.«

Plinius hat auch den Tagesablauf seines Onkels beschrieben: Schon lange vor dem Morgengrauen begann er zu arbeiten, begab sich vor Sonnenaufgang zu Kaiser Vespasian, der auch ein Nachtarbeiter war, und erledigte dann die Pflichten und Amtsgeschäfte, die dieser ihm auftrug. Nach Hause zurückgekehrt, widmete er die Zeit, so weit es irgend ging, literarisch-wissenschaftlichen Studien. Selbst im Bad und beim Essen war ein Vorleser zugegen. Bei der Lektüre machte er sich ständig Notizen, oder er exzerpierte etwas. Denn er pflegte zu sagen: »Kein Buch ist so schlecht, daß man nicht noch etwas daraus lernen könnte.« An der abendlichen Tafel kam es einmal vor, daß ein Freund den Vorleser unterbrach und ihn eine Stelle wiederholen ließ, die dieser fehlerhaft vorgetragen habe. Darauf Plinius zu seinem Freund: »Du hattest es doch verstanden, warum läßt du es ihn dann noch einmal lesen? Mehr als zehn Verse haben wir nun durch deine Unterbrechung verloren!« So sparsam ging er mit der Zeit um. Auf Reisen begleitete ihn neben dem Vorleser stets ein Stenograph, der bei Kälte Handschuhe

trug, damit die Studien auch durch die Unbilden der Witterung
nicht beeinträchtigt würden. Um seine Lektüre nicht unterbrechen
zu müssen, bediente er sich auch in Rom einer Sänfte und tadelte
den Neffen, weil dieser zu Fuß ging: Er hätte damit die Zeit ver-
plempert. Denn, so betont der jüngere Plinius, sein Onkel hielt jeden Augenblick für verloren, der nicht auf die Studien verwandt
würde. Und so, in steter geistiger Anspannung, hat er es erreicht,
ein solch umfangreiches Lebenswerk zu hinterlassen, darunter die
Naturalis historia, die der jüngere Plinius ein überaus reichhalti-
ges, grundgelehrtes Werk nennt, nicht minder vielseitig als die
Natur selbst: ein Urteil, das der spätere »Kollege« Alexander von
Humboldt bestätigt hat.

Plinius faßt darin das gesamte naturkundliche Wissen seiner
Zeit zusammen, und er referiert dieses Wissen nicht nur, sondern
zeigt sich durch seine vielfachen Stellungnahmen als einen Mann
mit festen Grundsätzen und sicherem Urteil.

Das erste Buch enthält eine ausführliche *praefatio* mit dem
stolzen Hinweis darauf, daß man hier ein für die Musen Roms
durchaus neuartiges Werk vor sich habe. Ja selbst bei den Griechen
gibt es keinen, der all diese Gebiete in einem Werk behandelt hat.
Und es ist wahrhaftig ein schwieriges Unterfangen, den zum Teil
recht abgelegenen oder schlecht verbürgten Stoff zu erhellen und
für alles eine naturgetreue, das heißt der Natur in ihrer Vielfalt an-
gemessene Darstellung zu finden. Mit Rücksicht auf den erlauch-
ten Adressaten des Werkes, den Thronfolger Titus (*iucundissime
Imperator*, liebenswürdigster Herrscher, wird er angeredet), der
seine Zeit ja hauptsächlich der Wohlfahrt des Menschengeschlech-
tes zu widmen habe, hat Plinius Inhaltsangaben zu den einzelnen
Büchern verfaßt und sie im ersten Buch der Einleitung angeschlossen. Davon haben, so sagt er, auch die übrigen Leser den Nutzen:
Sie müssen nicht das Ganze lesen, sondern können nachschlagen
und wissen dann, wo sie das Gewünschte finden können. Zu diesen Inhaltsangaben kommt jeweils noch ein Quellenverzeichnis,
getrennt nach römischen und fremden, meist griechischen Autoren. Denn Plinius findet es höchst unpassend, wie so manche seiner Schriftstellerkollegen vorgehen: Sie schreiben ihre Vorgänger
ohne Namensnennung wörtlich ab! Von einer solchen Diebsgesin-

Plinius d. Ä. überreicht Kaiser Titus das Widmungsschreiben seiner
»Naturalis historia«.
Romanische Miniatur, 12. Jh., Biblioteca Laurenziana, Florenz

nung ist Plinius weit entfernt, und so nennt er eine Fülle von
Autorennamen, die uns oft nur durch ihn bekannt sind. Auch der
fürstliche Adressat ist im Quellenverzeichnis für Buch 2 vertreten:
»*Ex auctoribus ... Tito Caesare Imperatore*«, und zwar mit seinem Poem über das Erscheinen eines Kometen im Jahre 76 (2,89).

Mit Buch 2 beginnt die Naturkunde, und zwar mit einer Kosmologie, einer Lehre vom Weltall, von den Gestirnen, meteorolo-
gischen Erscheinungen, den Elementen, den Göttern, der Witterung und schließlich der Beschaffenheit der Erde (die im Vergleich
zum Weltall recht klein ist). Daran schließt sich in Buch 3–6 eine
Länderkunde an, samt den Maßen der drei Erdteile. 1195 Städte,
576 Völker, 115 berühmte Flüsse, 38 berühmte Berge, 108 Inseln,
95 verschwundene Städte oder Völker, in summa 2214 Gegenstände, Geschichten und Beobachtungen (*res et historiae et obser-
vationes MMCCXIV*) hat Plinius allein für das 6. Buch geliefert,
wie er selbst gewissenhaft auflistet: ein Zeugnis des Gelehrtenflei-
ßes, dem später die Mönche der großen Klosterbibliotheken nach-
eiferten.

Die Natur in eine Ordnung zu bringen und gleichzeitig ihrer
Vielfalt gerecht zu werden, ist das Bestreben des Plinius. »*Natura,
hoc est vita, narratur* – Von der Natur, die das allumfassende
Leben ist, wird berichtet«. Die Natur ist pantheistisch und teleolo-
gisch gesehen: Sie ist das *numen*, die Gottheit, die als Weltvernunft
das All durchwaltet und alle Dinge nach einem sinnvollen Plan
geschaffen hat: *pronoia*, die Vorsehung, wie sie die Stoiker nennen. Plinius spricht von der *ratio*, der Vernunft- und Geisteskraft,
und betont, ebenfalls nach stoischem Vorbild, die Teilhabe des
Menschen an der göttlichen Weltvernunft. Unter diesem Aspekt
steht das an die Kosmologie anschließende Buch 7, das sich mit
dem Menschen beschäftigt. Um des Menschen willen, so Plinius,
scheint die Natur alles erschaffen zu haben, obwohl sie für ihre
großen Gaben einen so hohen Preis gesetzt hat, daß sich nicht genau entscheiden läßt, ob sie für den Menschen eine gute Mutter
oder eine Stiefmutter ist (7,1). Als hilfloses Wesen kommt er zur
Welt, bleibt im Gegensatz zu den Tieren lange hilfsbedürftig und
ist Krankheiten und so vielen Fährlichkeiten des Lebens ausgesetzt. Freilich hat er deshalb keinen Grund, die Natur als Stief-

mutter anzusehen. Denn zum einen gilt der Satz: »Aber wahrhaftig! Der Mensch verdankt seine meisten Übel dem Menschen selbst.« Und zum andern hat er die *ratio* erhalten, die planende und schaffende Vernunft, mit deren Hilfe er sich von einem Mängelwesen zum Herrn der Natur machen kann. Er sollte die rechte Haltung gegenüber der Natur einnehmen, ordnend, planend, kultivierend, aber sie nicht sinnlos und maßlos ausbeuten und unterjochen. Ackerbau und Gartenanlagen, Weinbau, das Pflanzen von Bäumen und die Bienenzucht behandelt Plinius in seinem Werk mit besonderer Liebe; darin zeigt sich für ihn eine harmonische Verbindung des Menschen mit der Natur. Gegenüber dem Bergbau, dem gierigen Wühlen in den Eingeweiden der Erde, hat er seine Vorbehalte, vor allem bei der rücksichtslosen Gold- und Erzgewinnung, die aus Habgier und Machtstreben erfolgt. Auch die übertriebene Baukunst seiner Zeit geißelt Plinius: Häuser, die weit ins Meer hinausgebaut werden, unsinnige Luxusbauten wie Neros Goldenes Haus: all dies läßt den Respekt vermissen gegenüber der Natur und ihrem göttlichen Wesen. Unnatürliche, durch Luxus und Geltungsstreben hervorgerufene Verhaltensweisen des Menschen, wie die Bauwut, die Gier nach exotischen Delikatessen oder nach kostbarem Schmuck aller Art, tadelt Plinius immer wieder. Er bemüht sich auch, ähnlich wie Lukrez in seinem Gedicht *Von der Natur der Dinge* (*De rerum natura*), die Menschen von falschen Vorstellungen, das heißt gleichzeitig, von ihren Ängsten, zu befreien. So lehnt er den Glauben an eine Vielzahl von Göttern ab. Dieser sei aus der Schwäche und Hinfälligkeit der menschlichen Natur entstanden, die sich ängstlich absichern will gegen alle Übel, so daß es in Rom sogar Tempel für eine Göttin des Fiebers oder einen Altar des Unglücks gäbe. Und die Geschichten über die olympischen Götter, die miteinander zanken und streiten oder Ehebruch begehen ...: nichts als kindische Phantasien. »*Naturae potentia* – Die Macht der Natur, das ist es, was wir Gott nennen müssen« (2,27). Und für den Menschen gilt noch ein Weiteres: »*Deus est mortali iuvare mortalem* – Der Sterbliche soll dem Sterblichen helfen, das ist Gott!« (2,18.) Und dies ist der Weg zu ewigem Ruhm. Diesen Weg haben die großen Männer Roms beschritten, und auf dieser Bahn bewegt sich nun Vespasianus Augu-

stus, der einer erschöpften Welt Hilfe bringt. Solche Wohltäter der
Menschheit hat man schon in der Vorzeit zum Dank für ihre Ver-
dienste Götter genannt. Mit dieser aus dem Griechischen stam-
menden »religiösen Aufklärung« (dem sogenannten Euhemeris-
mus), will Plinius keineswegs den gesamten traditionellen Kult
verwerfen, er möchte nur Vorstellungen korrigieren, die dem
Menschen den Gebrauch der *ratio* erschweren und ihn unfrei machen. Solche Erörterungen haben ihren Platz in einem Lehrwerk
über die Natur, das einen relativierenden Überblick ermöglicht
über die zahlreichen verschiedenen Völker der Welt mit ihren
mannigfaltigen Gottesvorstellungen, wie etwa dem Tierkult der
Ägypter.

Trotz seiner Skepsis und seines aufklärerischen Impulses verschmäht es Plinius nicht, alle möglichen bunten Geschichten über
Mensch und Welt vorzutragen, wenn er auch betont, daß vieles
recht unglaubwürdig sei. Aber er will nichts unterschlagen, was er
vorgefunden hat; der Leser kann sich selbst sein Urteil bilden. So
finden sich Berichte über seltsame Volksstämme, mit winzig kleinen oder gewaltig großen Menschen, solchen, die nur von Blüten-
duft leben oder die Menschenfresser sind. Von der Kugelgestalt
der Erde ausgehend, wird auch die Frage der »Gegenfüßler«, der
Antipoden, behandelt.

Die größte Vielfalt aber findet sich in den Büchern 8–11, die
sich mit der Zoologie, und 12–19, die sich mit der Botanik befas-
sen. Hier trifft man auf eine Fülle von kleinen Geschichten oder
Einzelzügen, die vom Mittelalter bis in unsere Zeit Büchern über
antike Geschichte und Kulturgeschichte Reiz und Anschaulichkeit
verleihen. Es gibt wohl keine Abhandlung über die Spiele der Römer, in der nicht von den Elefanten die Rede wäre, die in der
Arena allerlei Kunststücke machen: Sie gehen auf dem Seil, tanzen
und schreiben mit dem Rüssel ein Grußwort an den Kaiser in den
Sand. Und sie sind trotz ihrer Kolossalgestalt in ihrem Wesen seltsam menschenähnlich. Bei den Löwen darf die Geschichte von
Marcus Antonius nicht fehlen, der mit einem Gespann zahmer
Löwen auf Roms Straßen einherfuhr – mit seiner Mätresse, der
Komödiantin Cytheris, neben sich. (Wobei nicht ganz klar wird,
was Plinius und die Römer daran mehr schockierte: die Löwen

oder die »Dame«.) Daß Kaiserin Poppaea in Eselsmilch badete und zu diesem Zwecke auf Reisen stets eine ganze Herde von Eselinnen im Gefolge hatte, ist nicht nur Antikeliebhabern bekannt. Und Filmfreunde erinnern sich daran, wie Poppaeas Gemahl, Kaiser Nero, in *Quo vadis* einen geschliffenen Smaragd vor seine kurzsichtigen Augen hält, um die Greuel in der Arena besser sehen zu können – auch dies wird von Plinius bezeugt. Mit der Eselsmilch und dem Smaragd befinden wir uns freilich schon außerhalb der Zoologie und Botanik, im Reich der Pharmakologie (Buch 20–32) beziehungsweise der Mineralogie, der Kunde von den Steinen (Buch 33–37).

Der umfangreiche Abschnitt über die Arzneimittel gliedert sich in Heilmittel aus dem Pflanzenreich (Buch 20–27) und solche aus dem Tierreich (Buch 28–32). Im Bereich der Botanik wird man Plinius schon bewundern, wie er als Vorläufer eines Carl von Linné eine lateinische Nomenklatur der zahlreichen, oft nur griechisch benannten Pflanzen schafft. Die Arzneimittelkunde, vor allem die aus der Pflanzenwelt, überwältigt vollends durch ihre Fülle und den stupenden Sammeleifer ihres Autors. Er hält diesen Teil seines Werkes auch für überaus wichtig und meint, man solle sich durch die Geringfügigkeit der Namen nicht verleiten lassen, diese Materie für klein und unscheinbar zu halten. Man müsse dies vielmehr um so mehr bewundern, weil alles ja um der Menschen willen existiert. Wir denken an den Hinweis des Plinius auf die Natur als Mutter und Stiefmutter zugleich. Gegen die zahlreichen Krankheiten, die sie schickt, hat sie jeweils ein Kraut wachsen lassen, das man freilich auch kennen sollte. Plinius selbst hatte in seinen jüngeren Jahren den ersten in Rom angelegten Arzneikräutergarten des Antonius Castor gesehen und sich von diesem belehren lassen. Castor war im übrigen ein lebendiges Beispiel für die Wirksamkeit seiner Kräutermedizin: hochbetagt und bei bester Gesundheit (Buch 25,9). So kann Plinius aus eigener Anschauung die Heilmittel aus den Gartengewächsen beschreiben und empfehlen, die zudem noch jedermann leicht zugänglich sind: Der Knoblauch, der Schnittlauch, die verschiedenen Kohlarten, die schon der alte Cato als heilsam pries, Minze und Mohn, Gurken und Zwiebeln, Liebstöckel, Rosmarin, Fenchel, Sauerampfer und un-

bekanntere Kräuter wie Steckenkraut oder Schilfschaum – alles hat
seine Wirkung, ob innerlich oder äußerlich angewandt, gegen
Magenschmerzen, Blähungen, Gicht und Ausschlag, oder gegen
die so häufigen Augenentzündungen und den quälenden Zahn-
schmerz. Plinius gibt oft auch genau an, wie man die Heilmittel
herstellt, welche Mischungen zu welchen Teilen sich bewährt haben. Eine Arznei, die bis ins 18. Jahrhundert als Allheilmittel galt,
ist der Theriak, den man zu Plinius' Zeiten als Mittel gegen Vergif-
tungen anwendete. Er wurde aus zahlreichen Bestandteilen gemischt, darunter Opium, Angelika- und Baldrianwurzel, Myrrhe
und Honig. Kaiser Marc Aurel suchte damit seine langjährigen
Schmerzen (vielleicht Magenkrebs) zu bekämpfen.

Viele dieser pflanzlichen Heilmittel finden sich wieder in den
Klostergärten des Mittelalters. Dort bediente man sich der *Medi-
cina Plinii*, eines in der Spätantike entstandenen Exzerptes aus den
heilkundlichen Büchern des Plinius, das damals eifrig benutzt und
dann häufig gedruckt wurde. Die gesamte Klostermedizin ist ohne
die von Plinius übernommene Kräuter- und Pflanzenkunde gar
nicht denkbar; sie ist ja eine Medizin ohne Ärzte. Zu Plinius' Zeiten gab es freilich einen hochentwickelten Ärztestand; die Medizi-
ner waren hauptsächlich Griechen, die in irgendeiner Weise der
berühmten Ärzteschule des Hippokrates von Kos verpflichtet
waren. Es handelte sich meist – zumindest in der Hauptstadt –
um theoretisch ausgebildete Spezialisten, die sich mit bestimmten
Verfahren einen Namen machten, wie der berühmte Antonius
Musa, der den todkranken Augustus mit einer riskanten Kaltwasserkur rettete. Es wundert nicht, daß es anschließend zahlreiche
Ärzte gab, die mit einer solchen Methode ihre Patienten behan-
delten, was nicht immer zu deren Heil war. Und es gab auch Patienten, die jeweils so behandelt werden wollten wie der Kaiser, und infolgedessen gab es Modeärzte, die horrende Honorare
verlangten und auch erhielten. Auf diesem Hintergrund muß man
das überraschend harte Urteil des Plinius über die Ärzte sehen
(Buch 29). Er läßt eine Reihe von Koryphäen Revue passieren, die
sich ihm zufolge vor allem durch ein riesiges Vermögen auszeich-
neten. Jeder brachte ein neues Verfahren auf, wie die erwähnte

Kaltwasserkur, als deren Folge man vor Kälte zitternde Greise in froststarrenden Teichen stehen sah.

Unstreitig treiben alle diese Männer, die sich durch irgendeine Neuerung einen Ruf zu erwerben suchen, mit unserem Leben einen Handel. Daher jene erbärmlichen Zänkereien wegen der Kranken und ihrer Behandlung, wobei keiner die Meinung des anderen teilt, damit es ja nicht so aussieht, als pflichte er ihm bei. Daher jene Worte auf dem Grabstein eines Unglücklichen, er sei durch die vielen Ärzte ums Leben gebracht worden. Täglich wird die Kunst verändert und neu zugestutzt, und wir werden von dem Winde des griechischen Erfindungsgeistes umhergetrieben. So viel ist gewiß, daß derjenige unter ihnen, der seine Zunge am besten zu führen weiß, alsbald der Herrscher über unser Leben und unseren Tod wird. Dabei leben Tausende von Völkern ohne Ärzte, jedoch nicht ohne Arzneimittel.

(29,11, Übers. G. C. Wittstein)

Und dann zitiert Plinius einen Brief des alten Cato, der seinen Sohn vor den griechischen Ärzten warnt. Griechenland wolle sich rächen für die Niederlage gegen Rom und schicke deswegen seine Ärzte ... Aber Plinius weiß sehr wohl, daß auch die Patienten Mitschuld tragen an diesen Mißständen in der Heilkunst. Seine Zeitgenossen tadelt er ebenso hart wie die Ärzte: »Wir verdienen es nicht besser, denn wir wollen nun einmal nicht wissen, was wir zu unserer eigenen Wohlfahrt bedürfen. Wir gehen auf fremden Füßen, sehen mit fremden Augen, grüßen nur die, an welche uns ein anderer erinnert hat, leben durch die Bemühung anderer, haben uns um den Wert der Natur gebracht und wissen nicht, warum wir leben. Wir halten weiter nichts mehr für unser Eigentum als Vergnügungen« (Buch 29,5.8).

Stellt Plinius hier die Naturheilkunde und Selbstmedikation bewußt in den Vordergrund, wie man heute vielfach die Homöopathie gegen die Schulmedizin stellt? Wenn wir auf seine Leitbegriffe *natura* und *ratio* blicken, werden wir sagen können, daß es ihm darum geht, selbstherrliches Spezialistentum anzuprangern, aber auch die passive Haltung vieler Patienten zu tadeln. Sie glauben, sich mit Geld die Gesundheit erkaufen zu können, möglichst ohne ihre Lebensweise ändern zu müssen, und schieben anderen die Verantwortung zu, anstatt sich selbst um die Heilkraft der Natur zu bemühen. Und wenn sie zu Heilkräutern greifen, dann verwenden sie nicht die heimischen (die sie gar nicht kennen), sondern bevorzugen exotische, teure Produkte aus fernen Ländern.

Der letzte Teil des Werkes, Buch 33–37, befaßt sich mit der Kunde von den Metallen (Gold, Silber, Erz, Eisen, Blei, dazu die Erden mit Ton und den Farben für die Malerei) sowie den Steinen (Marmor und die Bausteine, dann die Edelsteine). Zu ihrer Beschaffenheit und Gewinnung kommt die verschiedenartige Verarbeitung zu praktischen Zwecken wie auch zu Bau- und Kunstwerken. Die *Naturkunde* des Plinius beschert dem Leser zuletzt noch eine griechisch-römische Kunstgeschichte mit einer Fülle von interessanten Details über berühmte Künstler und ihre Werke. Plinius hat der Kunst gegenüber ein etwas zwiespältiges Verhältnis. Einerseits bewundert er natürlich die großen Kunstwerke, andererseits aber kann er es nicht billigen, daß die Kunst zu einem Luxusobjekt geworden ist. Heute hat jeder, der etwas auf sich hält, eine Gemäldegalerie in seinem Hause – früher gab man sich mit den Wachsmasken der Ahnen zufrieden. Diese dienten gleichzeitig als Vorbild und Ansporn für die Nachfahren: Heute schätzt man statt dessen fremde Bilder, und zwar um so mehr, desto teurer sie sind. Die einzige Freude hat man heutzutage am Besitz, und die wirklichen Werte des Lebens sind verlorengegangen. Trotz solcher resignierenden Äußerungen bewährt sich Plinius als treuer Gewährsmann für die bildenden Künste und ihre bedeutenden Vertreter. Unter den griechischen Malern hebt er Apelles hervor, den Hofmaler Alexanders des Großen, der einen ähnlichen Arbeitseifer wie er selbst hatte. Er ließ keinen Tag ohne einen Pinselstrich vergehen, weshalb man sprichwörtlich sagte: »*Nulla dies sine linea* – Kein Tag ohne einen Strich«, was später abgewandelt wurde zu: »*Nulla dies sine pagina* – Kein Tag, ohne eine Seite zu lesen oder zu schreiben«. Von Apelles stammt auch der Rat: »Schuster, bleib

bei deinem Leisten!«, an einen Schuhmacher gerichtet, der ein Bild
wegen fehlender Ösen in den Sandalen tadelte und sich nach der
Verbesserung dieses Fehlers weiterhin die Rolle des Kritikers an-
maßte (35,85). Auf andere Weise bezeichnend erscheint Plinius die
Geschichte von dem unvergleichlichen Marmorbildhauer Praxite-
les und seiner Venus (36,20). Eigentlich sind es ja zwei: eine Statue
mit der verhüllten Göttin und eine nackte Venus. Die erstere wollten die Bewohner der Insel Kos haben – sie bewiesen damit ihren
Sinn für Sitte und Anstand – die andere aber ging nach Knidos
und wurde tausendmal berühmter. Aus der ganzen Welt reisen die
Leute herbei, um sie zu sehen!

Zu guter Letzt führt Plinius noch in das Reich der Edelsteine. Er
erzählt die Geschichte vom Ring des Polykrates, vom Smaragd des
Kaisers Nero und nennt alle Arten von mehr oder weniger kostbaren Steinen, darunter den legendenumwobenen Bernstein, dessen
wahre Herkunft und Beschaffenheit er kennt. Wie viele andere
Edelsteine dient auch dieser nicht nur zum Schmuck, sondern wird
auch zu Arzneizwecken verwendet: In den Alpengebieten jenseits
des Po tragen ihn die Frauen um den Hals gegen den Kropf, dessen
Entstehung durch das dortige Wasser gefördert werden soll. Dergleichen referiert Plinius mit einiger Zurückhaltung, aber er glaubt
es aus der Sicht des Enzyklopädisten nicht unterschlagen zu dürfen.
Auch in unserer aufgeklärten Zeit gibt es ja reichlich Literatur zum
Thema: Heilende Wirkung der verschiedenen Steine. In diesem Zu-
sammenhang gilt, wie überhaupt bei Plinius, sein Wort: Hierüber
mag jeder selbst entscheiden (14,8). Dieser humane Grundsatz des
Geltenlassens von Verschiedenartigem und scheinbar Unvereinba-
rem führte dazu, daß sein Werk alle Grabenbrüche der Geschichte
überstand und trotz seiner voluminösen Form bis in die Zeit des
Buchdrucks gerettet wurde. So läßt sich anhand von offenen oder
verdeckten Pliniuszitaten geradezu ein Jahrtausend abendländi-
scher Geistesgeschichte beleuchten. Man erlebt Plinius als Geburts-
helfer bei der Entwicklung einer nachantiken Zeitordnung in der
karolingischen Ära wie auch bei der Entstehung der mittelalterli-
chen Enzyklopädien. Plinius gilt als Philosoph und Universalge-
lehrter, sein Werk als »Grundbuch für Weltweisheit« (Arno Borst).

Zehntes Kapitel

Plinius der Jüngere in Como

»Mein wahrer, abgeschiedener Musenort«

An der Fassade des Domes von Como sieht man die Statuen der beiden Plinii, Onkel und Neffe. Wie zwei Heilige thronen sie dort, jeder in einer *aedicula*, einer kleinen Tempelnische. Die Renaissance, in der die Bildwerke entstanden, billigte auch vorchristlichen Geistesgrößen einen Hauch des heiligen Geistes zu, und so konnten Stadtpatrone wie Stadtheilige dargestellt werden. In Como und Umgebung ist der Name Plinius noch des öfteren zu finden, und gemeint ist der jüngere Plinius, der in seinen Briefen vielfach von seiner Heimatstadt erzählt und ihr zeitlebens treu verbunden blieb. So gibt es hier die Via Plinio, und die Villa dell'Olmo, das Haus bei einer großen Ulme, die Plinius gepflanzt haben soll. Die Villa Serbelloni in Bellagio nennt sich »Tragedia« und beansprucht damit, auf den Grundmauern jenes Hauses zu stehen, das Plinius so genannt hat: sein Anwesen am Lariner, d. h. am Comer See, das etwas erhöht, also gleichsam auf einem Kothurn steht wie der Schauspieler in der Tragödie (*Ep*. 9,7).

Gaius Plinius Caecilius Secundus ist 61/62 n. Chr. in Novum Comum als Sohn einer ritterlichen Familie geboren. Er übersiedelte später nach Rom, wo er seine Studien abschloß. Nach dem Tode seines Vaters nahm ihn sein Onkel, der Gelehrte und Naturforscher Plinius der Ältere, zu sich. Mit ihm zusammen erlebte er 79 n. Chr. den Ausbruch des Vesuvs, dem der Onkel zum Opfer fiel. Plinius begann seine Laufbahn als Anwalt auf dem Forum, wo er sich durch sein Rednertalent auszeichnete, und verwaltete dann

Plinius d. J. Skulptur an der Kathedrale von Como

Villa Serbelloni in Bellagio am Comer See

die Staatsämter. Im Jahr 94 war er Prätor, außerdem Leiter der Finanzkasse, Wasserbauinspektor, zuständig für die Aquädukte, die Kanalisation und die Reinhaltung des Tiberbettes, alles nützliche und verantwortungsvolle Tätigkeiten, für die er jedoch einen musischen Ausgleich brauchte. *Studia* zu betreiben, sich lesend, schreibend und hörend mit Wissenschaft, Literatur und Kunst zu beschäftigen, war ihm ebenso wie seinem Onkel von Jugend auf ein Bedürfnis. So beklagt er sich einmal in einem Brief an einen Freund, daß er wegen seiner ausgedehnten »Bürotätigkeit« den Umgang mit einem beliebten Philosophen versäume: »Ich werde aufgezehrt von meiner zwar wichtigen, aber äußerst mühseligen Tätigkeit. Da sitze ich in meiner Amtsstube, unterzeichne Eingaben, stelle Abrechnungen zusammen, verfasse jede Menge Schriftliches, doch nichts Schriftstellerisches« (*plurimas sed inlitteratissimas litteras*; *Ep.* 1,10,9). Doch wenn er dem besagten Philosophen sein Leid klagt, erklärt ihm dieser, frei nach Platon, er betreibe doch praktische, nämlich Staatsphilosophie; er praktiziere das Recht, während die Philosophen nur über die Gerechtigkeit redeten. Aber Plinius läßt sich nur schwer überzeugen, daß es besser sei, staubige Pandekten zu wälzen, als Hörer eines Philosophen zu sein. Er rät jedenfalls dem Freund, falls dieser Zeit habe, unbedingt hinzugehen. »Und ich beneide keineswegs, wie so viele, die anderen um etwas Schönes, auf das ich verzichten muß; im Gegenteil, ich habe richtig Freude daran, wenn ich sehe, daß Freunde das haben können, was mir selbst gerade abgeht« (1,10,12). Dieser Brief bietet ein typisches Bild des Plinius, das zum einen bestimmt ist von seiner umfassenden Tätigkeit im Staatswesen. Er war auch Mitglied eines Richterkollegiums, des Centumviralgerichtshofes, der für privatrechtliche Fragen wie Eigentums- und Erbschaftsfälle zuständig war. Außerdem gehörte er zum *consilium*, zum Beirat des Kaisers Trajan. Zum anderen aber offenbart sich seine besondere Neigung zu den *studia*, der Beschäftigung mit Literatur und Wissenschaft. Dazu kommt seine liebenswürdige, umgängliche Art. Zu dieser paßt seine Sprache, der klare, urbane und anschauliche Stil seiner Briefsammlung, die ihn berühmt gemacht hat.

Sie ist in zehn Bücher eingeteilt, von denen neun Plinius selbst, das zehnte postum wohl seine Gattin und Freunde herausgegeben haben. Während die Bücher 1–9, an Freunde und Verwandte gerichtet, vom politischen, kulturellen und gesellschaftlichen Leben in Rom berichten, bietet Buch 10 den Briefwechsel des Plinius, den er 111/112 n. Chr. als Statthalter in Bithynien (Kleinasien) mit seinem obersten Dienstherrn, Kaiser Trajan, führte. Mit den berühmten Christenbriefen, in denen Plinius anfragt, wie er sich den Christen gegenüber zu verhalten habe, und den besonnenen Antworten des Kaisers, ist dieses Buch ein unschätzbares Dokument römischer Provinzverwaltung und kaiserlicher Rechtsauffassung.

Die Briefe an die Freunde haben neben ihrem literarischen Reiz ebenfalls einen hohen dokumentarischen Wert. Sie beleuchten die Jahre der Unfreiheit unter Domitian, der sich *Dominus et Deus*, Herr und Gott, nennen ließ, und die neue, bessere Zeit unter Trajan. Tacitus, der Freund des Plinius, hatte zwar bestätigt, daß das Kaisertum des Nerva und Trajan die einstmals unvereinbaren Dinge, Prinzipat und Freiheit, verbunden habe und täglich das Glück der Zeiten mehre (*Agr.* 3,1), er sah sich jedoch außer-

stande, diese positiven Züge des kaiserlichen Rom zu beschreiben,
sondern verharrte in Zurückhaltung und Pessimismus, der Reaktion auf das Schreckensregiment Domitians. Auch sah er als Geschichtsschreiber wohl noch kein dauerhaftes Ordnungsgefüge vor
sich, in das er die Zeitgeschichte beschreibend einordnen konnte.
Plinius, der die schlimmen Zeiten keineswegs verleugnet – man
sehe seinen Bericht über einen »Volksgerichtshof« (1,5) oder über
die Grausamkeit des Domitian (4,11) –, erkennt ebenfalls an, daß
sich das Kaisertum gewandelt hat: Mit der Abkehr von der blut-
mäßigen, der dynastischen Abfolge nach Domitians Tod (96
n. Chr.), mit der Wahl des jeweils Besten beginnt eine neue Epoche, ein humanitäres, aufgeklärtes Kaisertum, in dem der Herrscher kein Gott ist, sondern von Gott zur Herrschaft berufen, verantwortlich für die Wohlfahrt der Menschen. Die Bemühungen
der Kaiser Nerva und Trajan bedürfen jedoch, um auf Dauer Erfolg zu haben, der Unterstützung der staatstragenden Schichten
Roms. Plinius bejaht diesen neuen Kurs und zögert nicht, sich in
den Dienst des Kaisers und seiner Ideen zu stellen. Dabei weiß er
sehr wohl, daß es sich nicht um eine Wiederkehr der *res publica*
der Vorfahren handeln kann. Aber das Beispiel seines Onkels hatte
ihm gezeigt, daß auch unter dem Prinzipat eine Mitwirkung im
Staat möglich ist, die den einzelnen befriedigen kann, vorausgesetzt, die Persönlichkeit des Kaisers läßt dies zu. In seinem uns erhaltenen *Panegyricus*, der Rede zum Antritt seines Konsulats im
Jahre 100, lobt er Trajan und spricht ihm seinen Dank aus, wobei
dieser Preis wieder in echt römischer Weise stark appellativ ist:
»Dafür mußt Du vor allem gepriesen werden, daß Du diejenigen,
die Du zu Konsuln machst, auch wirklich Konsuln sein läßt. Sie
haben nichts zu befürchten, sie müssen nichts wider ihren Willen
beschließen. Du willst, daß wir frei sind, Du forderst uns auf, unsere Meinung frei herauszusagen, aber wir zögern. Wir müssen
unsere ans Schweigen gewöhnte Zunge erst lösen und uns daran
gewöhnen, daß es wieder ein Gemeinwesen, eine *res publica* gibt.«
Bei aller Freude über Trajans segensreiches Regiment betont Plinius, wie schwierig es für sie, die Senatoren, sei, nach so langer
Zeit wieder als Bürger zu handeln, ja überhaupt zu reden. Über

der *felicitas temporum*, dem Glück der neuen Zeit, liegt noch der
Schatten der früheren Knechtschaft, und fast scheint es, wie schon
Livius düster bemerkt hatte, »daß wir weder unsere Gebrechen
noch die Heilmittel dagegen ertragen können« (*Praefatio* 9). So
hatte auch Tacitus konstatiert, daß die Gegenmittel langsamer wirken als die Krankheit ihren Verlauf nahm. Plinius berichtet, daß
sich, nachdem die geheime Abstimmung wieder eingeführt worden war, auf manchen Stimmtäfelchen statt des Votums Witze und
dumme Sprüche fanden. Die Mitwirkung an der *res publica*, soweit sie möglich ist, muß erst eingeübt werden. Dies war ein lang-
wieriger Prozeß, den Trajan durch ein recht modern wirkendes
pädagogisches Konzept, durch verpflichtendes Lob und öffentliche Anerkennung, zu befördern suchte. *Nec poenis malorum,
sed bonorum praemiis bonos facias!* »Nicht durch Bestrafung der
Schlechten, sondern durch Belohnung der Guten schaffst du dir
Gute«, erklärt Plinius (*Paneg.* 70.2).

Plinius bemüht sich nach Kräften, den Vorstellungen des Herrschers zu entsprechen, im Gerichtswesen, in der Verwaltung der
Staatsämter und vor allem während seiner Statthalterschaft in Bithynien. Er ist auch im Kulturleben seiner Zeit präsent, bei Lesungen und Vorträgen, bei der Unterstützung jüngerer Autoren, er ist
ein treuer, redlicher Freund, auch in gefahrvollen Zeiten, ein güti-
ger Herr seiner Untergebenen und ein zärtlicher Gatte. So erscheint er »als einer der liebenswürdigsten Repräsentanten römischer humaner Bildung« (Karl Büchner) und bildet ein Gegenge-
wicht zu den wenig erfreulichen Gestalten der Zeit, die Juvenal in
seinen *Satiren* Revue passieren läßt. Juvenal stellt sich dar, wie er
an einer Straßenkreuzung in der Subura sein Notizbuch mit den
Lastern der Vorübergehenden füllt. Er hätte auch Plinius treffen
können, der dort wohnte, aber dieser wäre nicht »ergiebig« gewesen. Auch Juvenals Dichterkollege Martial, der Plinius ein Gedicht
widmet, kann seine satirische Feder nicht eintunken, es sei denn,
man glaubt herauszuhören, daß er Plinius ein wenig Eitelkeit attestiert, dem »hochgelehrten Herrn«, der tagsüber für leichte Vers-
lein nicht zu sprechen ist, weil er Reden fürs Gericht verfaßt, die
von der Nachwelt wohl mit denen Ciceros verglichen werden

(*Epigr.* 10,20). Plinius hat dem Poeten die Reise ins heimatliche Spanien bezahlt, als dieser des Weltstadtgetriebes müde war. Solch mitmenschliches Engagement gehört zu seinem Charakter, und ein besonderer Nutznießer war seine Heimatstadt Como, auch die Geburtsstadt seiner Gattin Calpurnia.

In einem Brief an seinen Freund Tacitus (4,13) erzählt er folgendes: Er hat sich kürzlich bei einem Aufenthalt in Como mit einem jungen Mann unterhalten und erfahren, daß dieser in Mailand (*Mediolanum*) studiert, weil es in Como keine Lehrer für die höheren Studien gibt. Warum eigentlich, meint Plinius. Es wäre doch viel besser und billiger, wenn die Kinder am Heimatort studieren könnten. Man muß die Eltern dafür interessieren, aber so, daß sie auch interessiert bleiben. Also sagt er den Eltern: »Ich stifte für die Anstellung von Lehrern ein Drittel von dem, was ihr aufbringen werdet. Ich würde, obwohl ich kinderlos bin, das Ganze stiften, aber dann kümmert ihr euch nicht genügend darum, daß die Lehrer auch wirklich den höchsten Anforderungen entsprechen. Nicht ich, nicht die Gemeinde, sondern die Elternschaft soll die Lehrer anstellen und besolden. Das ist die beste Gewähr für eine gewissenhafte und dauernde Überwachung der neu zu gründenden Schule in Como. Ihr könnt nichts Ehrenvolleres für eure Kinder und nichts Dankenswerteres für eure Heimatstadt tun. Wer hier geboren wird, soll auch hier erzogen werden und gleich von Kindheit an lernen, die Stätte seiner Geburt zu lieben und gerne hier zu verweilen.« Und im folgenden bittet er Tacitus, unter den vielen Studenten, die sich bei ihm einfinden, solche auszuwählen, die man als Lehrer nach Como empfehlen kann.

Zu diesem Schulmodell, das sich auf das Prinzip der Subsidiarität stützt, kam noch eine Alimentärstiftung des Plinius für Kinder seiner Heimatstadt, ein Erziehungsfonds. Dies war ein von der Sorge um das Gemeinwohl getragenes, höchst nützliches, aber nicht eben populäres Geschenk, wie er selbst sagt (1,8,11 f.). In einer Zeit, in der Kinderlosigkeit so vorteilhaft erscheint, daß man schon ein einziges Kind als Belastung ansieht (4,15,3), muß er um Verständnis für seine Stiftung werben, bei Spielen und Gladiatorenkämpfen wäre das nicht nötig gewesen: »Wenn aber jemand die

Mühe und Plage der Erziehung bereitwillig auf sich nehmen soll, dann ist es nicht mit Geldzuwendungen getan, dann muß man auch noch mit gezielter Aufmunterung nachhelfen.« Auch eine Bibliothek hat er gestiftet, eine kostbare Bronzestatue läßt er aufstellen, und er sorgt dafür, daß Como auch von anderen große Zuwendungen erhält. In seinem Testament hat er seine Heimatstadt reich bedacht. Eine Inschrift aus Como hält fest, daß Plinius testamentarisch den Bau von Thermen verfügt und zur Bausumme auch noch ein Kapital zur Ausschmückung sowie zur Unterhaltung bereitgestellt hat. Auch zur Speisung der ärmeren Bevölkerung wie zum Unterhalt von Waisenkindern hat er beträchtliche Summen gestiftet, ebenso wie für die von ihm bereits früher erbaute Bibliothek. So hat sich Plinius den Ruhm eines Stadtpatrons durchaus verdient.

In der Nähe von Como, bei Torno am Ende des westlichen Ausläufers des Comer Sees, entspringt eine Quelle, die seit der Antike als Naturwunder galt. Plinius der Ältere schreibt in seiner *Naturkunde*: »Im Gebiet von Como, beim Lacus Larius, gibt es eine reich sprudelnde Quelle, die jeweils im Abstand einiger Stunden zu- und abnimmt« (2,232). Plinius der Jüngere hat dieser wundersamen Quelle einen ganzen Brief gewidmet (4,30). Er ist an einen Freund gerichtet, der sich offenbar gern mit schwer erklärbaren Phänomenen beschäftigt, denn Plinius hat ihn auch gefragt, was er von Gespenstererscheinungen hält, und ihm einige mehrfach beglaubigte Geschehnisse mitgeteilt (7,27). Die Quelle erscheint ihm ebenfalls als ein Mirakel:

Im Gebirge entspringt eine Quelle, eilt über Felsen zu Tal, wird in einer künstlichen Grotte aufgefangen; dort ein wenig aufgehalten, ergießt sie sich in den Lariussee. Mit dieser Quelle hat es eine sonderbare Bewandtnis: dreimal am Tage steigt und fällt sie in regelmäßigem An- und Abschwellen. Man sieht das ganz deutlich und beobachtet es mit dem größten Vergnügen. Man setzt sich daneben zu Tisch, ißt und nimmt auch ab und zu einen Schluck aus der Quelle – sie ist nämlich schön kühl – derweilen hebt oder senkt sie

sich in bestimmten regelmäßigen Abständen. Man legt einen Ring oder dergleichen an den trockenen Rand; nach
und nach wird er bespült und zuletzt ganz zugedeckt,
kommt wieder zum Vorschein und wird allmählich freige-
legt. Wenn man lange genug zuschaut, kann man beides
zwei- und dreimal beobachten.   (Übers. H. Kasten)

Plinius machte aber nicht nur Picknick an der Quelle, er überlegte
sich die verschiedensten Erklärungen: Ob es sich verhält wie bei
Flaschen mit engem Hals? Wenn man sie schräg nach unten hält,
dann stockt in ihnen infolge des Gegendrucks der Luft die Flüssig-
keit. Oder gibt es wie beim Ozean eine Art von Ebbe und Flut?
Vielleicht befindet sich auch in der Tiefe verborgen eine besondere
Wasserstandsregulierung, die das Wasser jeweils fließen läßt und
wieder anhält? Mit dieser Annahme eines *libramentum* ist Plinius
gar nicht so weit von der heutigen Erklärung entfernt: »Es geht
um eine intermittierende Quelle, wie sie vor allem in Karstgebie-
ten anzutreffen ist. Hierbei sammelt sich in einer unterirdischen
Höhle so lange Wasser, bis der Wasserspiegel die Höhe des Über-
laufs der gebogenen Austrittsröhre hat: In diesem Moment schüttet die Quelle durch Sogwirkung das in der Höhle befindliche
Wasser bis zur Höhe des Eingangs der Austrittsröhre aus. Sodann
tritt eine Ruhepause ein, bis das nachlaufende Wasser wieder den
ersten Spiegel erreicht« (Eckard Lefèvre). Die Quelle blieb auch in
der Folgezeit ein bekanntes Naturwunder, das von vielen, auch berühmten Personen, aufgesucht und als *fons Pliniana* beschrieben
wurde. Im 16. Jahrhundert wurde eine schloßähnliche Villa dort
erbaut, in deren Hof die Quelle in Marmor gefaßt wurde. Der
Text des Plinius wurde dort eingraviert. Die Villa Pliniana konnte
von Interessenten besichtigt werden, bis sie in allerjüngster Zeit
aus dem Besitz einer adligen Familie ins Eigentum eines Groß-
konzerns überging.

Plinius hatte Haus- und Grundbesitz in und bei Como, den er
gern aufsuchte. An einen Freund schreibt er: »Was macht Comum,
Dein und mein geliebter Aufenthaltsort? Was macht Deine rei-
zende Villa?« Plinius fragt an, ob der Freund überhaupt Zeit hat,

sie zu genießen, oder ob ihn die Gutsherrenpflichten samt den damit verbundenen Inspektionsreisen so sehr beanspruchen, daß er die Annehmlichkeiten des Hauses und der umgebenden Natur gar nicht genießen kann. Womöglich kommt er gar nicht zu seinen Studien, vor lauter Alltags- und Verwaltungskram? Dies war wohl der Grund, warum Plinius selbst, bei aller Liebe zu Como, seinen Lieblingssitz andernorts aufschlug, wo er nicht gar so viel Pflichten hatte wie bei der Verwaltung des Familienbesitzes. Er nennt vor allem zwei Villen (*Ep.* 2,17; 5,6), die ihm als Sommer- und Wintersitz dienten. Letzterer war das *Laurentum*, das südlich von Ostia, am Lido di Castel Fusano lokalisiert wurde. Die dort gefundenen Überreste einer römischen Villa erlauben freilich keine sichere Zuschreibung. Plinius sagt von diesem Besitz, er habe zwar keinen landwirtschaftlich besonders ergiebigen Boden, bringe aber reiche Erträge durch die Studien, die dort gut gediehen. Der andere, nicht zu lokalisierende Landsitz, den er die *Tusci*, den etrus-

Modell des Laurentum von Clifford Pember.
Ashmolean Museum, Oxford

kischen Besitz, nennt, lag in der Toskana und macht Plinius zum
Ahnherrn aller Liebhaber dieser Landschaft. Die Beschreibung,
die Plinius von beiden, zumal von dem toskanischen gibt, ist so
ausführlich und genau, daß wir uns ein gutes Bild davon machen
können.

Lassen wir uns also wie der Freund Apollinaris, der Adressat
des Briefes 5,6, von Plinius in seinem Toskanergut herumführen.
Der Freund hatte Bedenken angemeldet (oder Plinius nimmt solche zum Anlaß seines Schreibens), die Gegend sei im Sommer vielleicht ungesund. Die *Tusci*, die Etrusker, hatten dort zu ihrer Zeit
mit großartigen Entwässerungsmethoden das Sumpfland ausge-
trocknet; inzwischen waren viele solcher Anlagen nicht mehr gewartet und nicht modernisiert worden, und als Folge davon brei-
tete sich im Küstengebiet das Sumpffieber aus. Aber Plinius kann
den Freund beruhigen: Sein Landsitz hat die günstigste Lage, am
Fuß des Apennin, der als das gesündeste Gebirge gilt. Der Tiber
fließt in der Nähe, er ist bereits schiffbar, was für den Transport
der Erzeugnisse wichtig ist. (Es kann sich also um die Gegend
nördlich von Perugia, nahe dem Trasimenischen See, handeln.)
Das Klima ist ebenfalls günstig: kalte, frostreiche Winter und
milde Sommer, in denen immer eine leichte Brise weht. Die Leute
werden dort erstaunlich alt. Die Landschaft ähnelt einem riesigen
Amphitheater, wie es nur die Natur hervorbringen kann. Eine
weite Ebene wird rings von reich bewaldeten Bergen umschlossen.
Unterhalb der Waldungen breiten sich Weingärten aus, dann
fruchtbare Felder und mit Blumen übersäte Wiesen, von nie ver-
siegenden Bächen durchzogen. Das Wasser bildet keine Sümpfe,
sondern fließt zum Tiber ab. »Es wird für Dich ein Genuß sein,
von einem Berg auf diese Landschaft hinunterzublicken. Denn Du
wirst meinen, Du siehst keine Ländereien vor Dir, sondern ein
außerordentlich schön gemaltes Landschaftsbild, an dessen Vielfalt
und Gliederung sich Deine Augen erquicken können, wohin sie
auch blicken.«

Die Natur wird wie ein Bild unter ästhetischem Gesichtspunkt
gesehen, in der Ferne wie auch im Garten vor dem Hause, den
man nun betritt. Man sieht den Portikus, den vorgelagerten Arka-

dengang, und vor diesem wiederum eine Terrasse mit Blumenbee-
ten, von Buchsbaumhecken eingefaßt, die zu verschiedenen Formen zurechtgestutzt sind, als kleine Kegel, als Tierfiguren oder
Buchstaben. Über einen weichen Rasenteppich kommt man zu
einem Promenadenweg, von künstlich kleingehaltenen Bäumchen
– also in Bonsai-Art – gesäumt und so angelegt, daß man immer
wieder einen neuen Blick auf die Wiesen, Felder und Berge hat.
Aus diesem künstlich gehaltenen, gestutzten und frisierten Garten
kommt man dann aber auf eine blühende Wiese im Naturzustand.
Das eine ist, wie Plinius anmerkt, durch *natura* nicht weniger
hübsch anzusehen als das andere durch *ars*: französischer und englischer Garten in einer Anlage. Noch gehen wir nicht ins Haus,
denn Plinius führt uns zunächst zu seinem Lieblingsplätzchen, das
von vier Platanen umgeben ist. Ein Springbrunnen rieselt in ein
Marmorbecken und schafft erquickende Kühle für den dortigen
Gartenpavillon, der einen Schlaf- und einen Speiseraum enthält,
ein Refugium für den Hausherrn, wenn allzu viele Gäste und
durch sie bedingt allzu viel geschäftiges Personal die geistige Kon-
zentration erschweren. Auch in seinem *Laurentum* hat Plinius einen solchen von ihm selbst geplanten Ort, an den er sich zurück-
zieht, wenn im Dezember beim römischen Karneval, den Saturnalien, die Dienerschaft ausgelassen feiert. In einem der Gemächer
des Pavillons erblickt man ein Wandgemälde mit Vögeln, die auf
Zweigen sitzen, und einen kleinen, lieblich plätschernden Quell in
der Mitte.

Nun geht es ins Haus, in den Speisesaal und das geräumige
Schlafzimmer, aus dessen Fenstern man verschiedene Ausblicke
hat. Die Natur erscheint jeweils gerahmt, als ein Bild, und stets
zeigt sich dem Auge ein neuer *locus amoenus*, ein »Lustort«. Die
Wohn- und Schlafräume sind so angelegt, daß sie dem Lauf der
Sonne folgen, also der Morgen- und Abendsonne Zutritt gewähren und die Mittagshitze aussperren. Dann aber gibt es auch
Räume, die speziell für Winter und Sommer geeignet sind: tiefer-
gelegene »Sommerzimmer« und der Sonne zugewandte »Winter-
zimmer«. Und natürlich ein leistungsstarkes *hypokauston*, ein
Heizgewölbe, das die Wohnräume wie auch das Bad versorgt. Zu

Das Haus der Vettier in Pompeji

diesem gehören neben dem üblichen Warm- und Kaltbad und dem
großen Schwimmbecken auch Spielplätze und im Oberstock ein
»Fitneßraum«. Wer es nach dem Bad gemütlicher haben will, kann
Plätze in der Sonne oder im Halbschatten aufsuchen oder sich im
gedeckten Wandelgang ergehen. Auch ein *hippodromus*, eine Reit-
bahn, steht zur Verfügung. Diese ist von Bäumen eingefaßt, von
den bei Griechen und Römern so beliebten, großblättrigen und
reichen Schatten spendenden Platanen. Ihre Stämme sind mit Efeu
umwachsen, der wie ein Vorhang zwischen ihnen bis zum Boden
herniederhängt und zusätzlichen Schatten spendet. Zum Essen
geht es dann ins Speisezimmer, in das die frische Luft aus dem
Apennin einströmt. Bis zum Boden gehende Fenster geben den
Blick auf die Weingärten frei. Auf der fensterlosen Seite befindet
sich eine verdeckte Stiege, über die man die leiblichen Genüsse

herbeischafft. Es kann aber auch im Freien diniert werden. Zwischen vier von Weinlaub umschatteten Säulen steht eine halbkreisförmige Ruhebank, unter der Plinius ein der geheimnisvollen Quelle bei Como nachempfundenes Wasserspiel installiert hat. In kleinen Röhren fließt unter der Bank Wasser hervor, als würde es durch das Gewicht der darauf Lagernden herausgedrückt. Es ergießt sich in eine Marmorschale und wird auf verborgene Weise so reguliert, daß es die Schale füllt, aber nicht überläuft. Die Schüsseln mit den Speisen werden am Rand abgestellt, Leichteres wie die Hors d'œuvres, Früchte und Nachtisch schwimmen auf dem Wasser in Gefäßen, die wie Schiffchen oder Vögel gebildet sind. Ein solch extravaganter Luxus, ein »Gelagebecken«, war vor einem halben Jahrhundert noch den kaiserlichen Villen vorbehalten, wie der Residenz des Claudius und Nero in Baiae. Nach dem Essen kann man in einer kühlen Veranda ruhen, einem kleinen Anbau im Schatten eines Weinstocks, der sich über das ganze Gebäude bis zum Dach ausgebreitet hat. Man liegt dort wie in einem Waldeshain, nur spürt man den Regen nicht wie im Wald. Die Natur wird nur in gleichsam gefilterter Form zugelassen. Und man kann hinausblicken auf die Rasen- und Parkflächen, die mit verstellbaren Rasensprengern stets frisch gehalten werden.

Geradezu paradiesisch will dies alles anmuten, eine perfekte, höchst luxuriöse Freizeitwelt. Doch darf man nicht vergessen, daß die Beschreibung, ebenso wie die des *Laurentums*, als Einladung für einen Gast gedacht ist. Der Hausherr selbst gibt sich keineswegs dem dolce far niente hin. Zwar genießt er es, von den Zwängen des gesellschaftlichen Lebens in der Stadt frei zu sein: Er braucht die Toga nicht anzulegen, muß am Morgen keine Pflichtbesuche über sich ergehen lassen und kann die Ruhe und die gute Luft genießen. Aber sein Tageslauf ist auch auf dem Lande streng geregelt (vgl. *Ep.* 9,36). Zur »ersten Stunde« wird Plinius wach, im Sommer also schon vor 6 Uhr, er läßt die Läden geschlossen und widmet sich seiner Morgenmeditation. Dabei überdenkt er seine schriftlichen Arbeiten, wohl hauptsächlich Reden vor Gericht oder im *consilium*, dem Rat des Kaisers, und überlegt, was daran zu ändern oder zu verbessern ist. Dann ruft er seinen Sekretär, läßt das Tageslicht herein und diktiert, was er gerade entworfen hat. Zwischen 8 und 9 Uhr begibt er sich je nach Wetter auf die Terrasse oder in die Wandelhalle, denkt über das Weitere nach und diktiert. Danach fährt er im Wagen, ebenso beschäftigt wie zuvor. Durch die Abwechslung bleibt die geistige Spannkraft erhalten, ja, sie wird neu belebt. Nach einem kurzen Schlummer wieder ein Spaziergang, anschließend lautes Lesen einer griechischen oder lateinischen Rede, was für die Stimme wie auch für den Magen als heilsam betrachtet wird. Nochmals ein Spaziergang, Massage, Gymnastik und Baden. Bei Tisch wird vorgelesen, wenn die Gattin oder einige Freunde dabei sind, nachher hört man Musik. Vielleicht erklangen hier die Lieder Calpurnias, die mit Vorliebe Gedichte ihres Mannes vertonte. Es folgt eine Spazierrunde in Gesellschaft der Sklaven: »mit den Meinen«, sagt Plinius. Darunter sind gebildete Leute, mit denen er abwechslungsreiche Gespräche führt. Dann naht schon der Abend, denn auch der längste Tag verfliegt auf diese Weise rasch. Zuweilen kommen auch Freunde aus der Umgebung, oder Plinius geht auf die Jagd. Hierzu nimmt er neben Jagdspieß und Netzen auch die Schreibtafel mit. So kommt er, wie er amüsant schildert, zwar oft ohne einen Fang, doch nie ohne Beute nach Hause – wie Goethe, der als Jagdgenosse seines Herzogs zwar kein Wild erlegte, aber dafür ein Gedicht mit heimbrachte. Zu Hause aber warten oft schon die Pächter mit ihren Abrechnungen und mancherlei Wünschen und Ansinnen. Ihre bäuerlichen Klagen lassen Plinius wieder die Tätigkeit in der Stadt als wünschenswert erscheinen. Er ist wie Horaz nur ein Städter auf dem Land, aber wie dieser erhebt er sein ländliches Leben zu einer idealen Lebensform. Seine Villa mit ihrer Umgebung ist ihm sein »wahrer, abgeschiedener Musenort« (1,9,6).

In der Villa des Plinius sind Landschaft und Architektur, Natur und Kunst eine vollkommene Synthese eingegangen, es ist ein neues Kunstwerk entstanden. Wenn wir die Beschreibungen des Plinius lesen, stehen uns die berühmten Renaissance- und Barockvillen Italiens vor Augen, toskanische Häuser, vor allem aber

die von Palladio geprägten Villen des Veneto, die keinen bloßen
Baustil, sondern einen Lebensstil verkörpern. Palladio und vor
ihm schon der Humanist Gianbattista Alberti bezogen sich in
ihren Schriften zum Bauwesen auf die Antike. Im Blick auf seine
Auftraggeber, die vornehmen Venezianer, die aus der Stadt auf die
terraferma am Brenta-Kanal zogen, schrieb Palladio: »Aber nicht
geringeren Nutzen und Erholung [als in den Stadthäusern] wird
er [der Edelmann] vielleicht aus den Villen ziehen. [...] Hier ist
auch der Ort, wo der Körper durch die Ertüchtigung zu Fuß oder
zu Pferde leichter seine Gesundheit und Widerstandsfähigkeit erhält und wo schließlich die von den Geschäften der Stadt ermü-
dete Seele Erfrischung und Trost findet und sich ruhig den Studien der Wissenschaft [*studii delle lettere*] und der Kontemplation
widmen kann. Zu diesem Zwecke begaben sich die antiken Denker sehr häufig an solche Orte, wo sie von tugendhaften Freunden [*vertuosi amici*] oder Verwandten besucht wurden. Sie besaßen Häuser, Gärten, Brunnen und andere ergötzliche Orte.
Und diese Denker besaßen vor allem eine solche Tugend [*vertù*],
daß sie leicht in jener Seligkeit leben konnten, die man hier unten
auf der Erde überhaupt erlangen kann« (*Quattro libri* 2,12; zit.
nach: Gerda Bödefeldt / Berthold Hinz, *Die Villen im Veneto*,
Köln 1987, S. 169). Man glaubt, Plinius, seine Villen und seinen
Tagesablauf vor sich zu haben. Daß man in der Tat so lebte,
beweist der Humanist Alvise Cornaro (1484–1566). Er lud im
hohen Alter Freunde ein, ihn zu besuchen und zu erleben, wie er
rüstig, bei bester Gesundheit, froh und zufrieden sein Leben
führe. Er verkehrt mit weisen, gelehrten und ausgezeichneten
Leuten von Stande, und wenn diese nicht bei ihm sind, liest und
schreibt er und sucht damit wie auf jede andere Weise seinen Mitmenschen nach Kräften nützlich zu sein. So genießt er seine
schöne Villa, die mit allen Mitteln der Baukunst auf Sommer und
Winter eingerichtet ist und auch Gärten am fließenden Wasser besitzt. Bisweilen geht er auch auf die Jagd, oder er besucht eine andere von seinen Villen in der Ebene, um die sich ein kleiner Ort
entwickelt hat, seit er die Sümpfe trockenlegte. Die *villeggiatura*,
das Leben auf dem Lande, ist wie bei Plinius kein endloser Ur-

laub. Der Gutsherr beschäftigt sich mit den Studien, wie einst Plinius, aber er sieht es darüber hinaus auch als eine würdige und geziemende Aufgabe an, sich der Agrikultur zu widmen, der Praxis der Landwirtschaft mit all ihren Techniken der Bodenbewirtschaftung und des Gartenbaus.

Den reichsten Ertrag der *villeggiatura* jener Zeiten brachte wohl eine Villa nordöstlich von Florenz, in Careggi. Cosimo de' Medici machte sie 1462 dem Humanisten Marsilio Ficino zum Geschenk, und dieser übersetzte dort bis 1477 die Werke Platons aus dem Griechischen ins Lateinische: ein Markstein europäischer Geistesgeschichte. Von großer Wirkung war auch der Ertrag, den Niccolò Machiavelli in seinem kleinen Landgut südlich von Florenz, in San Casciano, erwirtschaftete. Dort lebte er zeitweilig zurückgezogen von der Politik. In einem Brief aus dem Jahre 1513 schildert er seinen Tageslauf. Er widmet sich seinen Pflichten als Gutsherr, liest an einer Quelle römische Dichter, besucht seinen Wald und seine Bauern. Abends jedoch zieht er sein Feiertagsgewand an und begibt sich in die Gesellschaft der großen Geister des Altertums. In seinem Studierzimmer, dem *scrittorio*, entstehen die Betrachtungen zur römischen Geschichte und sein Hauptwerk *Il Principe*, *Der Fürst*.

So wie Ficino oder Machiavelli hat Plinius in seinen Villen geschrieben, gefeilt, manches in Angriff genommen oder geplant, wovon er sich die Erfüllung seines heißen Wunsches nach *diurnitas*, nach dauerndem Fortleben, versprach. Nur seine Briefe haben ihn überdauert. Sie sind Zeugnisse des Lebens der römischen Kaiserzeit, in der sich die beiden Schwerpunkte *otium – negotium* zugunsten des *otium* als einer freien, erfüllten Mußezeit des einzelnen zu verschieben beginnen. Freilich stellt Plinius seine Tätigkeit für den Staat nicht ernsthaft in Frage, aber er besteht auf einem Freiraum: »Die erste Zeit unseres Lebens und die Mitte müssen wir dem Vaterland weihen, das Ende aber uns selbst« (4,23,3).

Die Selbstverwirklichung in einem eigens gestalteten privaten Bereich wird gleichberechtigt neben den Dienst an der *res publica* gestellt und als ein wünschenswertes, ja vielleicht sogar als das eigentliche Lebensziel angesehen. Diejenigen Mitglieder der römischen Gesellschaft aber, die weniger fest in der traditionellen Ideenwelt verwurzelt waren als der Neffe eines Plinius des Älteren, wandten sich gänzlich von der Betätigung im Staatswesen ab und widmeten sich nur noch ihrem *otium*, ihren geistigen und sonstigen Liebhabereien. Und sie verschanzten sich hinter jenem saloppen Wort, das Plinius auf griechisch zitiert: »Der Kaiser wird's schon richten!« (4,25,5.)

Elftes Kapitel

Marc Aurel auf dem Kapitol in Rom

»Die Menschen sind füreinander da.
Entweder belehre sie oder ertrage sie«

Das Kapitol in Rom ist von Michelangelo zu einem der schönsten
Plätze der Welt gestaltet worden. Auf einer breiten Treppe steigt
man hinauf zum einstigen Zentrum römischer Weltherrschaft.
Eine Balustrade mit zwei monumentalen antiken Jünglingsfiguren,
den Dioskuren, begrenzt den Platz auf der einen Seite; dahinter
erhebt sich der Senatorenpalast, das heutige Rathaus von Rom, daneben der Konservatorenpalast und das Kapitolinische Museum.
Die Mitte des Platzes war beherrscht von der Reiterstatue des
Marc Aurel – bis sie 1981 aus Restaurierungs- und Konservie-
rungsgründen ihren Sockel verlassen mußte. Sie ist nun, in ihrer
Wirkung stark eingeschränkt, in einem verglasten Raum im Hof
des Kapitolinischen Museums zu besichtigen.

Das Denkmal aus vergoldeter Bronze war als einziges Reiterstandbild aus der Antike erhalten geblieben, da man es für das des
christlichen Kaisers Konstantin hielt. Um das Jahr 790 war es von
Papst Hadrian I. vor dem Lateranspalast, der päpstlichen Residenz, aufgestellt worden. Es verkörperte den auf der sogenannten Konstantinischen Schenkung beruhenden weltlichen Machtanspruch der Päpste. Dort sah Karl der Große das Standbild, als er
in Rom zum Kaiser des neugegründeten Heiligen Römischen Reiches gekrönt wurde. Die Reiterstatuette Karls des Großen aus
dem Dom zu Metz (heute im Louvre) war sinnfälliger Ausdruck
seines Versprechens, als ein zweiter Konstantin ein treuer Bünd-

Reiterstandbild des Kaisers Marc Aurel

nispartner der christlichen Kirche zu sein. Im Hoch- und Spätmit-
telalter trug die Figur des kaiserlichen Reiters verschiedene Namen und war Symbol für eine immer wieder erstrebte *renovatio
imperii*, sei es unter geistlicher oder weltlicher Vormacht. In der
Renaissance ließen sich ehrgeizige Fürsten zu Pferde in der imperialen Pose des Reiterstandbildes darstellen, wie Gattamelata von
Donatello in Padua und Colleoni von Verrocchio in Venedig.
Noch das Reiterdenkmal des Großen Kurfürsten von Schlüter in
Berlin geht auf das römische Standbild zurück: vollendeter Ausdruck vornehmer Herrschergröße. 1475 hatte der Vorsteher der
neugegründeten Vatikanischen Bibliothek aufgrund von Münzver-
gleichen den kaiserlichen Reiter als Marcus Aurelius identifiziert.
1538 wurde das Denkmal unter Paul III., dem Papst aus dem
fürstlichen Hause Farnese, auf dem von Michelangelo gestalteten
Platz, der Piazza del Campidoglio, aufgestellt, in der Mitte eines
großräumigen, sternförmigen Bodenmosaiks. Die Statue sollte die
weltlichen Herrscher – wie Karl IV. – bei ihren Besuchen in Rom
gebührend beeindrucken und demonstrieren, daß die Päpste nun
das Erbe der Caesaren verwalteten.

Seit dem 18. Jahrhundert begann man, die Statue nicht mehr
vorrangig unter imperialem Aspekt zu sehen. Nicht der Kaiser,
sondern der Mensch zog das Interesse auf sich. Inzwischen hatte
das philosophische Tagebuch Marc Aurels, seine *Selbstbetrachtungen*, eine immer größer werdende Leserschaft gefunden. Hier war
ein Kaiser, ein Mensch, der Gedanken und Lebensmaximen nie-
dergeschrieben hatte, von denen sich jeder in seiner persönlichen
Existenz angesprochen fühlen konnte. Bis heute hat Marc Aurel
seine Leser, die ihm dankbar sind, daß man für ihn, im Gegensatz
zu anderen Autoren aus der Antike, nur wenig Vorkenntnisse be-
nötigt. Und keine Sprachkenntnisse: Marc Aurel, der römische
Kaiser, schrieb griechisch, was aber nicht jeder weiß und auch
nicht zu wissen braucht, um sich ihm nahe zu fühlen. Seine Gedanken über das Leben und über den Tod sind in allen Sprachen
verständlich, ein Trost vielleicht auch für diejenigen, die das Ab-
nehmen der griechischen und lateinischen Sprachkenntnisse bedauern. Und selbst unter den Sprachkennern gibt es manche, die

angesichts der spröden Begrifflichkeit des kaiserzeitlichen Griechisch nicht unbedingt für den Urtext votieren, und die bedauern,
daß der Kaiser nicht auf lateinisch geschrieben hat. Die stoische
Terminologie war ja seit Cicero und Seneca im Lateinischen einge-
bürgert.

Aber anders als Cicero und Seneca hat Marc Aurel keine römischen Gesprächspartner im Blick, keinen Freund Lucilius und mit
ihm die Gleichgesinnten der Mit- und Nachwelt. Monolog statt
Dialog: *Tà eis heautón, An sich selbst*, heißen die Aufzeichnungen
Marc Aurels. Sie stehen in der Tradition der philosophischen
»Seelenführung«, der geistigen Exerzitien, wie sie auch von Seneca
geübt wurden. Über die in griechischer Philosophie geschulten
frühen Mönchsväter kam diese Praxis ins Christentum, wo sie
noch heute bei Thomas a Kempis in der *Nachfolge Christi* oder im
Exerzitienbuch des Ignatius von Loyola nachzulesen oder nachzu-
üben ist. »Der innerliche Mensch zieht die Sorge für seine Seele allen anderen Sorgen vor«, schreibt Thomas a Kempis, ganz im Einklang mit den Philosophierenden der Antike, die sich seit Sokrates
um die »Gesundheit der Seele« bemühten. Man nahm sich Lehrsätze der Philosophie oder Aphorismen berühmter Philosophen
vor (Sokrates und Platon erscheinen immer wieder, bei Marc
Aurel ist der stoische Weisheitslehrer Epiktet präsent), oder man
hatte Sätze der eigenen Lehrer zur Hand, die man wie Losungen
memorierte und über die man meditierte, um sich in bestimmten
Lebenslagen, angesichts schwieriger Probleme, zu orientieren.
Marc Aurel verordnet sich selbst möglichst oft einen solchen
Rückzug aufs eigene Ich, eine »geistige Einkehr«, um sich zu erholen. Dabei will er sich kurze und elementare Sätze vor Augen führen, wie sie ihm gerade einfallen, und die ausreichen sollen, um
jegliche Betrübnis aufzuheben und freizumachen vom Ärger über
die Dinge, mit denen man gerade befaßt ist (*Selbstbetrachtungen*
4,3). Daraus ergibt sich auch der kunstlose, ganz aufs Persönliche
abgestimmte Stil von Marc Aurels Schrift, oft nur in Stichworten
und Gedanken:

»Keinen Ekel empfinden, nicht den Mut verlieren, nicht aus
Verdruß aufgeben, wenn es dir nicht vollständig gelingt,
alles nach richtigen Grundsätzen auszuführen. Wenn etwas
mißlungen ist, fang' wieder von neuem an und sei zufrieden, wenn das meiste von dem, was du tust, eines Menschen
würdig ist. Und denke daran, daß die Philosophie nur das
will, was auch deine Natur will. Und was ist denn angeneh-
mer als dieses?«   (5,9)

Von den drei Teilen der Philosophie, der Logik, Physik und Ethik
steht zwar die letztere bei Marc Aurel im Mittelpunkt; doch wählt
er seine Perspektive aus der Physik, aus den Gesetzmäßigkeiten
des Seins. Was man die Götter nennt, sind nur Erscheinungsfor-
men der einen Gottheit, die mit der Allnatur eins ist. Im Blick auf
die Unendlichkeit des Kosmos, seine Größe und die in ständiger
Wandlung begriffene Natur, von der der Mensch ein Teil ist, vermag er die fragile menschliche Existenz auszuhalten. Tapfer und
unverdrossen, in völliger Illusionslosigkeit, ohne die Gewißheit
einer Belohnung im Jenseits, ohne den Glauben an einen person-
haft nahen Gott, nimmt er die Lasten und Bürden seines Herr-
scheramtes auf sich und bestärkt sich selbst in diesen tagebuchar-
tigen Meditationen, die so vielen Menschen nach ihm Trost und
Hilfe boten.

Ein breiteres Publikum fanden die *Selbstbetrachtungen* zuerst
in Frankreich; unsere heutige Namensform Marc Aurel – Marc-
Aurèle – deutet noch darauf hin. Die deutschen Gelehrten dagegen
sprachen lange Zeit von Kaiser Marcus. Einer seiner prominentesten Leser war Friedrich der Große, der Marc Aurel auf französisch las. Er verstand besser als wir Heutigen, daß der Kaiser – »Le
stoicien« nannte er ihn – griechisch schrieb. Es war damals nicht
nur die Sprache der Bildung, besonders der Philosophie, sondern
auch die des persönlichen Umgangs, ganz wie das Französische
zur Zeit des Preußenkönigs, der sein Tagebuch auf französisch ab-
faßte. Dieser fühlte sich dem römischen Herrscher in vielem verwandt, nicht nur in seinem strengen Ethos der Pflichterfüllung,
sondern auch in einer stillen Resignation über das Leben, das

Friedrich ebenso wie Marc Aurel nicht, wie in der Jugend gewünscht, in der friedvollen Welt des Geistes, sondern im Feldlager, in innerer Einsamkeit, zu führen hatte. »Das sind brave Leute, die im Unglück Halt geben«, äußerte Friedrich anläßlich einer
Lektüre Marc Aurels während der Schlesischen Kriege.

Der römische Kaiser, der sein späteres Leben in langen, müh-
samen Kriegen aufzehrte, hatte seine Jugend in der Epoche verbracht, die vielfach als die glücklichste in der Geschichte Roms
bezeichnet wird. Als sich das Leben Kaiser Hadrians dem Ende
zuneigte, »beschloß er, den Dank der Nachwelt zu verdienen,
indem er das ausgezeichnetste Verdienst auf den Thron setzte«
(Edward Gibbon). Er wählte einen Mann zu seinem Nachfolger,
der ebenso integer wie liebenswürdig war: Antoninus Pius, einen
52jährigen Senator, und dieser sollte seinerseits als Nachfolger
einen Jüngling adoptieren, der trotz seiner Jugend zu den schönsten Hoffnungen berechtigte: Annius Verus (nach seiner Adop-
tion Marcus Aurelius), den Hadrian wegen seiner Ernsthaftigkeit
und unbedingten Wahrheitsliebe *Verissimus*, den Allerwahrsten,
nannte. Dieser stammte wie Hadrian aus einer spanischen Familie, war aber in Rom geboren (121 n. Chr.). Er genoß eine sorgfäl-
tige Erziehung und Ausbildung, war Schüler des bedeutenden
Redelehrers Fronto, mit dem er einen freundschaftlichen, uns
noch erhaltenen Briefwechsel führte. Schon früh aber wandte
er sich von der Rhetorik ab und der Philosophie zu. Er wählte
sich keine der mystizistischen Strömungen, wie sie damals im
Schwange waren, sondern die Stoa, die für ihn lebenslang Religion, Lebensform und Zuflucht wurde. Pflichtgefühl, Freisein
von Affekten, Menschenliebe und Dienst an der Gemeinschaft,
das waren die Prinzipien dieser philosophischen Schule, die mit
der traditionellen Selbstauffassung eines Römers in Einklang
waren. Marc Aurel übernahm die Übungen, die zu einer autonomen Lebensform verhelfen sollten, mit Strenge und Konsequenz,
schlief als Zwölfjähriger auf dem Fußboden und benützte nur auf
eindringliche Bitten seiner Mutter eine Decke, er verzichtete auf
Vergnügungen seiner Altersgenossen wie Zirkus und Theater und
pflegte das allabendliche *examen conscientiae*, die Gewissenserfor-

schung, eine philosophische Praxis, die dann zu seinen *Selbstbe-trachtungen* überleitete. Es scheint, als ob er bereits damals als Zögling des Antoninus Pius inmitten der Annehmlichkeiten des kaiserlichen Palastes geahnt hätte, wie sehr er einen solchen inneren Halt benötigen würde.

Zunächst aber hatte er Anteil an den glücklichen Zeiten des Reiches unter seinem Adoptivvater Antoninus Pius. Ihm hat er im ersten Buch seiner *Selbstbetrachtungen* ein Denkmal gesetzt. Wie auch aus seinem Porträt erkennbar, vereinte Antoninus Sanftmut und Freundlichkeit mit Festigkeit. Er verachtete eitlen Ruhm und Schmeichelei, war unermüdlich für das Wohl des Reiches tätig und hatte ein offenes Ohr für die Anliegen der Bürger. Antoninus hielt bei allem die Mitte, bewahrte Besonnenheit und Augenmaß – kurz, er war eine reife und vollkommene Persönlichkeit. »Wie zu einer Festfeier hat der ganze Erdkreis sein altes Gewand, das Eisen, abgelegt und sich zu Schmuck und allem Erfreulichen gewandt«, rühmt der griechische Redner Aelius Aristides anläßlich eines Rombesuches um das Jahr 143. An Kriege vermag man gar nicht mehr zu glauben, es kann höchstens noch Grenzscharmützel mit unverständigen Barbaren geben – weltweit herrscht Friede. Die Götter mögen gewähren, so schließt der Redner, daß dieses Reich und diese Stadt immerdar gedeihen, daß der große Herrscher und seine Söhne wohlbehalten bleiben und das Reich zum Besten aller regieren.

Als Antoninus Pius 161 n. Chr. starb, hinterließ er ein wohlgeordnetes Staatswesen und für dieses einen tüchtigen Nachfolger, den er selbst durch sein eigenes Beispiel und mit Hilfe der besten Lehrer sorgsam herangebildet hatte. Von einem dieser Lehrer, dem Philosophen Severus, sagt Marc Aurel: »Von ihm habe ich die Vorstellung von einem Gemeinwesen, das auf bürgerlicher Gleichheit und Redefreiheit beruht, und von einem Herrschertum, dem die Freiheit der gesamten Bürgerschaft über alles geht« (1,14).

Marcus Aurelius war mit Faustina, der Tochter des Antoninus Pius, verheiratet und hatte zwölf Kinder, von denen ihm freilich die meisten durch den Tod entrissen wurden. Aus dem Briefwechsel mit seinem Freund und Lehrer Fronto ist die zärtliche Liebe des Vaters zu ersehen, besonders zu seinen kleinen Töchtern, die später mit ihm zusammen sogar auf dem Triumphwagen fahren durften. Von den Söhnen hat nur der nachher so unrühmlich bekannte Commodus überlebt, der ein zweiter Nero werden sollte. Die spätantike Kaisergeschichte *Historia Augusta* – eine Quellensammlung, die ebenso unentbehrlich wie im einzelnen zweifelhaft ist – hat uns eine Lebensbeschreibung Marc Aurels überliefert. Darin heißt es, die Kaiserin Faustina sei recht lebenslustig gewesen, ja mehr als das: Sie habe allerlei Liebschaften gehabt, auch mit Gladiatoren. Und es wurde sogar behauptet, ihr Sohn Commodus sei der Sproß eines Gladiators. Möglicherweise kamen diese Gerüchte aber erst auf, nachdem sich der Sohn als höchst unwürdiger Nachfolger seines Vaters entpuppt hatte: Er liebte die Arena mehr als die Philosophie. Der Kaiser selbst hat nie Kritik an seiner Gattin geübt; in seinen *Selbstbetrachtungen* nennt er sie unter den Personen auf seinem Lebensweg, für die er den Göttern Dank weiß: hingebungsvoll, zärtlich und unkompliziert heißt sie da. War sie extrovertiert und von leichterem Naturell, eine willkommene Ergänzung zu ihrem schwerblütigen, vergeistigten Gatten? Und gab es gerade wegen dieser Verschiedenheit auch Klatsch und böswillige Nachrede? Faustina begleitete ihren Gatten getreulich auf mehreren Feldzügen, wofür sie den Ehrentitel »Lagermutter« (*mater castrorum*) erhielt, und starb auf einer dieser Reisen in Kleinasien.

Der allseits gepriesene und gefeierte Friede im gesamten römischen Reich schien durch die Persönlichkeit des Kaisers auch für die Zukunft verbürgt zu sein. Schon die Mitwelt erkannte, daß auf ihn Platons Wort paßte, die Staaten würden erst dann glücklich, wenn die Philosophen Herrscher und die Herrscher Philosophen wären. Marc Aurel hatte sich gleich bei seinem Regierungsantritt vorgenommen:

Sieh zu, daß du nicht ›verkaiserst‹. Das kann nämlich so kommen. Bewahre dich also als ein Mensch, der einfach ist, gut, ehrlich, ernsthaft, schlicht, ein Freund der Gerechtig-

Triumphzug des Marc Aurel. Relief von einem 176 errichteten Triumphbogen. Konservatorenpalast, Rom

keit, ein Verehrer der Götter, wohlmeinend, liebevoll und
standhaft in der Erfüllung deiner Pflichten. Ringe darum,
daß du so bleibst, wie die Philosophie dich haben wollte.
Ehre die Götter, rette die Menschen! Kurz ist das Leben.
Die einzige Frucht des Erdendaseins ist eine fromme Gesinnung und Taten für die Gemeinschaft. Erweise dich in allem
als Schüler des Antoninus.   (6,30)

Dieser hatte mit ihm zusammen auf Geheiß Hadrians noch Lucius
Verus adoptieren müssen, den Sohn eines verstorbenen Adoptiv-
sohnes. Dieser Lucius Verus, liebenswürdig, aber leichtlebig, teilte
nun als sein Adoptivbruder mit Marc Aurel die Herrschaft, aber
keineswegs die volle Verantwortung für das Reich. Er war offenbar, ebenso wie die lebenslustige Faustina, ein »Probierstein« für
Marc Aurel, an dem er die von der Philosophie geforderten
Tugenden der Selbstbeherrschung und des Gleichmuts wie der
Freundlichkeit übte. Später sollte sein Sohn dazukommen, dessen
bedenkliche Charakterzüge ihm auf die Dauer wohl nicht verborgen blieben und den er doch nicht von der Thronfolge ausschließen konnte, ohne die Gefahr eines Bürgerkriegs heraufzube-
schwören. Bezüglich des Lucius Verus schreibt er: »Ich bin den
Göttern dankbar, daß ich einen solchen Bruder bekommen habe,
der mich durch sein Betragen dazu aufweckte, an mir selbst zu
arbeiten, und der mich durch seine Achtung und Liebe erfreute«
(1,17).
   Schon bald nach Marc Aurels Regierungsübernahme begann
das Wetterleuchten an den Grenzen, zunächst im Osten. Die
»Erbfeinde« Roms, die Parther, beanspruchten Armenien, den
ewigen Zankapfel der beiden Reiche, für sich, sie bedrohten sogar
Syrien. Marc Aurel sandte seinen Adoptivbruder Lucius Verus mit
einem Heer aus, um in Armenien Stärke zu demonstrieren. Er gab
Lucius erfahrene Generäle mit, die erwartungsgemäß Roms Waffen zum Siege führten. Lucius Verus entsprach den Erwartungen
nicht in vollem Umfang; anstatt sich sogleich in Krieg und Feldlager
zu stählen, schlug er seine Zelte zunächst einmal im mondänen
syrischen Antiochia auf. Schließlich kam er dann doch achtbar sei-

ner Feldherrnpflicht nach (wie auf dem Partherdenkmal von
Ephesus abgebildet; jetzt in Wien zu sehen). Als Sieger kehrte er
nach Rom zurück, wo er, zusammen mit Marc Aurel, einen Triumph feierte. Dieser hatte Lucius Verus mit seiner Tochter vermählt und mußte es erleben, daß er ihr eine weltbekannte Kurti-
sane, Pantheia, vorzog. Er übte Gleichmut im philosophischen
Selbstgespräch:

> Alle Menschen sind für einander geboren. Entweder be-
> lehre sie oder ertrage sie. Bedenke doch nur, mit welch gro-
> ßer Nachsicht die Götter die Menschen ertragen. Und wie
> lange sie es tun, denn sie sind ja unsterblich. Und sie ertra-
> gen sie nicht nur, sondern sie sind auch noch um sie besorgt.
> Und du willst die Menschen in ihrer Unvollkommenheit
> nicht ertragen, obwohl du einer von diesen Minderwertigen
> bist? (8,59; 7,70)

Die Siegesstimmung nahm ein jähes Ende, als in Rom die Pest
ausbrach. Die Truppen hatten sie aus dem Osten eingeschleppt
und verbreiteten sie nun bei der Entlassung in ihre Heimatstand-
orte im ganzen Reich. Marc Aurel mußte seine Abreise in den
Norden verschieben, wo sich zahlreiche wehrhafte Kelten- und
Germanenstämme erhoben hatten. Italien war entvölkert und lag
brach; Hungersnot war die Folge, dazu kamen Naturkatastro-
phen.

Wo war das Glück der Untertanen, das der Philosophenherr-
scher gewährleisten sollte? Es wundert nicht, daß Marc Aurel, der
in dieser Zeit auch sein geliebtes Zwillingssöhnchen begraben
muß, in seinen *Selbstbetrachtungen* oft so düster und resignierend
klingt. Er übt sich darin, im Blick auf die gottbeseelte Natur in ihrer dauernden Wandlung, auch den Verlust von Kindern zu ertragen. Er zitiert das bekannte Wort Homers, die Menschen seien nur
wie Blätter, die im Frühling hervorsprießen, aber bald wieder vom
Wind verweht werden (*Ilias* 6,146 ff) Es gilt, sich mit dem abzu-
finden, was nicht in unserer Macht steht. »Der Unverständige
fragt: Was ist zu tun, daß ich mein Söhnchen nicht verliere? Du

mußt fragen: Was ist zu tun, daß ich seinen Verlust ertrage?« Für
Marc Aurel ergibt sich: »Bitte die Götter nicht, daß sie dir dieses
oder jenes geben, sondern daß du erträgst, was sie dir geben!«
(9,40.)

Immer wieder kreisen die Gedanken des Kaisers um die Vergänglichkeit, und er sucht, wenn nicht Trost, so doch Ruhe und
Gelassenheit zu gewinnen, indem er auf das Weltganze blickt.

> Die ganze Erde ist nur ein Punkt im All, das Leben des
> Menschen ein Augenblick, sein Wesen in beständigem Fluß,
> die Empfindungskraft schwach, der Körper zur Fäulnis be-
> stimmt, die Seele ein Irrlicht, das Schicksal unberechenbar,
> alles Reden verworren. Kurz, alles Körperliche geht dahin
> wie ein Fluß, das Seelische aber ist Schall und Rauch. Das
> Leben ist Kampf, die Welt ein Durchgangsquartier für
> Fremde, der Nachruhm Vergessenheit. Was kann uns da
> Halt bieten? Einzig und allein die Philosophie. Sie lehrt
> uns, den göttlichen Geist in uns unverletzt zu bewahren
> und darauf zu vertrauen, daß alles, was ihm widerfährt,
> nichts Böses, sondern vom Schicksal so gewollt ist. Schließ-
> lich müssen wir auch den Tod mit heiterer Gelassenheit er-
> warten, so, als ob er nichts anderes sei als eine Auflösung in
> die Urstoffe, aus denen sich alles zusammensetzt. Diese
> stete Trennung und Wandlung vollzieht sich im Einklang
> mit der Natur, und was der Natur gemäß geschieht, kann
> nicht schlimm sein.   (2,17)

Doch der Blick auf die Allnatur wirkt nicht nur relativierend, er
zeigt auch, daß der Mensch, trotz all seiner Hinfälligkeit und Ver-
gänglichkeit, einen Funken des Göttlichen in sich trägt, der alle
Menschen zu Verwandten und zu Gemeinschaftswesen macht. Das
Wirken für die Menschen bleibt das oberste Ziel, und das Wort des
Sokrates behält seine Gültigkeit: »Wo sich jemand hingestellt hat
in der Überzeugung, hier sei sein Platz, oder wohin er von einem
Vorgesetzten gestellt wurde, dort muß er ausharren, ohne an den
Tod oder etwas anderes zu denken außer der Schande« (7,45 nach

Platon, *Apol.* 28d). Die Pflichterfüllung trägt ihren Lohn in sich
selbst, unabhängig von äußerem Erfolg oder Anerkennung und
Ruhm. Wer dem göttlichen Gesetz folgt, findet Glück und Zufrie-
denheit in sich selbst, weil er dann im Einklang mit der Allnatur
lebt. »Mit ganzer Seele das Rechte tun und das Wahre reden, eine
gute Tat an die andere zu reihen, worin sonst besteht der Lebensgenuß?« (12,29.)

Die Ausrichtung all seiner Taten auf das Allgemeinwohl fiel
Marc Aurel als Schüler und Sohn des Antoninus Pius nicht schwer,
aber die damit verbundenen Reibungen mit seinen Mitmenschen
verursachten Spannungen, die in den Meditationen abgebaut werden sollten. »Am Morgen sollte man sich sagen: Ich werde mit
einem dreisten, undankbaren, unverschämten, falschen, verleum-
derischen und unverträglichen Menschen zusammenkommen. Alle
diese Fehler haben die Leute aber doch nur an sich, weil sie nicht
wissen, was Gut und Böse ist« (2,1). Folglich kann ich, sagt Marc
Aurel, ihnen nicht zürnen, außerdem sind sie meine Verwandten,
nicht dem Blute nach, sondern weil wir alle teilhaben an dem gleichen göttlichen Geist. Wir sind ja geboren, um zusammenzuarbei-
ten, wie die Füße, die Hände oder die oberen und die unteren
Zähne. Gegeneinander statt miteinander zu arbeiten wäre gegen
die Natur. In diesem Vertrauen auf einen sinnvollen Plan des
göttlichen Weltgeistes erträgt der Kaiser die Menschen, die sich
nicht zu seiner Höhe aufzuschwingen vermochten, also wohl die
meisten aus seiner Umgebung. »Diejenigen, mit denen dich das
Schicksal zusammengeführt hat, die habe lieb, aber von Herzen«,
lautet eine seiner Losungen (6,39).

Im Jahre 168 rückt Marc Aurel zusammen mit Lucius Verus
aus, um die Nordgrenze des Reiches zu verteidigen. Germanische
Völker wie die Markomannen und Quaden, dazu die Sarmaten
und andere Stämme in ihrem Gefolge waren in die Donaupro-
vinzen eingefallen, sie hatten die Alpen überwunden, römische
Heere vernichtet und standen vor Aquileia. Zum ersten Mal seit
Hannibal hatte ein Feind römischen Boden betreten. Vor den römischen Heeren und den beiden Imperatoren ziehen sich die Barbaren zurück, und Marc Aurel sichert die Grenzen Italiens und

Illyriens, an der östlichen Adriaküste. Auf dem Weg ins Winter-
quartier in Aquileia stirbt Lucius plötzlich an einem Schlaganfall.
Marc Aurel kehrt nach Rom zurück und hält das Leichenbegäng-
nis ab.

Da die Markomannen und Quaden abermals im Balkanraum
und dazu noch an der Donau ins Reichsgebiet eingefallen sind,
muß der Kaiser neue Legionen ausheben; die vorhandenen Truppen sind durch die Pest stark dezimiert. Doch die ebenso stark in
Mitleidenschaft gezogene Zivilbevölkerung kann nicht mit den
Kosten einer Rekrutierung belastet werden. Auf dem Trajansforum findet 169 ein aufsehenerregendes Schauspiel statt: eine
kaiserliche Versteigerung. Marc Aurel bietet Wertgegenstände aus
dem Palast zum Kauf an: all die Kostbarkeiten, die ausländische
Fürsten bei einem Besuch den Kaisern zum Geschenk gemacht
hatten, wie Pokale aus Gold und Kristall, aber auch kaiserliches
Tafelgeschirr, kostbare Gewänder der Kaiserin und Juwelen aus
dem Erbe Hadrians. Der Erlös der zwei Monate dauernden Aktion sei beträchtlich gewesen, wie die Quellen vermelden. Noch
mehr wirkte wohl das Beispiel, daß auch der Souverän zu Opfern
in der Not bereit war und daß er den Titel »Vater des Vaterlandes«
zu Recht trug.

Im Herbst des Jahres 169 zieht Marc Aurel ins Feld; vorher hat
er noch seinen siebenjährigen Sohn begraben. Er macht sich daran,
die Markomannen und Quaden und ihre Verbündeten aus Nord-
italien und den Alpenprovinzen zu vertreiben und sie dann über
die Donau zurückzudrängen. 171 schlägt er sein Hauptquartier in
Carnuntum auf, in der Nähe von Wien (Vindobona), beim heutigen Petronell und Deutsch-Altenburg. »Dieses in Carnuntum«
steht unter den Aufzeichnungen des zweiten Buches der *Selbstbetrachtungen*, während es am Schluß des ersten heißt: »Dieses bei
den Quaden am Gran«, einem Zufluß zur Donau, der durch die
Slowakei fließt. Kann man philosophieren in der Enge und im
Lärm eines Heerlagers? Man muß es, und man kann es auch. »Wo
man leben kann, dort kann man auch der Philosophie gemäß leben. Du brauchst keine ländliche Stille, keinen Strand und keine
Berge. Lerne, dich in dein Inneres zurückzuziehen. – Grabe in dei-

nem Innern. Denn da ist die Quelle des Guten, die stets wieder aufsprudeln kann, wenn du stets wieder nachgräbst« (4,3; 7,59). Was für Seneca eine selbstgewählte Übung war, der Aufenthalt im lärmerfüllten Baiae, wird für den kriegführenden Kaiser zum Exerzitium seines Lebens.

Noch steht in Rom auf der Piazza Colonna die Marc-Aurel-Säule an ihrem Platz, die mit ihrem Reliefschmuck von den Markomannenkriegen kündet, die den Kaiser von 169 bis 176 und dann wieder von 178 bis zu seinem Tod 180 n. Chr. beschäftigten. Nach dem Vorbild der Trajanssäule errichtete der römische Senat dem siegreichen Kaiser, der 176 n. Chr. seinen Triumph gefeiert hatte – zusammen mit seinem Sohn Commodus –, diese Säule, die von einer Bronzefigur gekrönt wurde (als 1589, unter Papst Sixtus V., der Apostel Paulus dort aufgestellt wurde, war die Kaiserstatue bereits nicht mehr vorhanden). Die Säule ist wie die Trajanssäule 100 Fuß hoch, das sind fast 30 m. Die Reliefs ziehen sich wie ein überdimensionales Bilderbuch um den Säulenschaft. In der Mitte sind sie unterteilt durch die Figur einer Victoria, die auf einen Schild die Siegesbotschaft schreibt: Die untere Hälfte schildert den ersten, die obere den zweiten Markomannenkrieg. In realistischer Weise werden hier Szenen aus dem Krieg gegen Quaden, Markomannen und Sarmaten geschildert, Tötung von Feinden, verbrannte Hütten, in Gefangenschaft geratene Frauen und Kinder, aber auch Audienzen des Kaisers, der Gesandte der kriegführenden Stämme empfing und ihnen auf ihren Wunsch hin Land auf römischem Boden zuwies.

Marc Aurel muß bald gemerkt haben, daß es sich hier nicht um einen der üblichen Grenzkriege handelte. Er wurde belehrt, daß manche der in Bewegung geratenen Stämme wiederum von anderen aus ihren Wohnsitzen verdrängt und bis über die Reichsgrenze geschoben worden waren. Keltische und germanische Völker zogen bis nach Kleinasien und Griechenland, die Kostoboken verwüsteten das altehrwürdige Mysterienheiligtum von Eleusis. Wir Späteren wissen, daß es sich hier um das Vorspiel der Völkerwanderung handelte, und müssen dem Weitblick des Kaisers Anerkennung zollen. Er war bestrebt, soweit vertretbar, viele Stämme in das Reichsgebiet aufzunehmen, nicht nur, um ihre kämpferische Stoßkraft den Römern nutzbar zu machen oder den durch die Pest entvölkerten Landstrichen neue Siedler zu geben. Nach dem bewährten römischen Grundsatz: *Divide et impera*, Teile und herrsche!, trennte er sie auch von ihren Kampfgenossen, wie im Falle einiger vandalischer Völkerschaften. Unter den gegebenen Umständen schien es ihm am günstigsten, die Romanisierung möglichst weit voranzutreiben. So ging er daran, das Gebiet von Böhmen und Mähren einzubeziehen. Da traf ihn wie ein Blitz aus heiterem Himmel die Nachricht, daß sein Oberbefehlshaber im Osten, Avidius Cassius, in Syrien einen Aufstand erregt, ja sich zum Kaiser ausgerufen hatte (175 n. Chr.).

Marc Aurel schließt einen Waffenstillstand mit den Markomannen und Sarmaten und läßt den vierzehnjährigen Commodus aus Rom kommen, seinen nunmehr einzigen Sohn, den er zum Caesar, zum Kronprinzen, ernannt hatte. Dann bricht er in den Osten auf. Avidius Cassius hatte sich im Partherkrieg bewährt, er war loyal geblieben, obwohl der militärisch unerfahrene Lucius seine Lorbeeren geerntet hatte. Marc Aurel hatte ihm dafür den hohen Vertrauensposten eines Gouverneurs von Ägypten verliehen und ihm dann bei seiner Abreise an die Nordgrenze den gesamten Osten unterstellt. Die *Historia Augusta* erwähnt Behauptungen, wonach Faustina, in Sorge um den schlechten Gesundheitszustand ihres Gatten und sein baldiges Ableben befürchtend, Avidius Cassius zur Rebellion ermuntert haben soll. Dies mag eines jener böswilligen Gerüchte sein, wie sie sich um die Kaiserin rankten. Den Ausgangspunkt können besorgte Äußerungen Faustinas gebildet haben, die sich um das Schicksal ihrer unmündigen Kinder sorgte und diese im Fall von Marc Aurels Tod dem Schutze des Avidius Cassius unterstellen wollte. Der Kaiser war in der Tat nicht gesund, auch der berühmteste Arzt seiner Zeit, Galen aus Pergamon, vermochte ihm nicht zu helfen. Marc Aurel konnte nur wenig Nahrung zu sich nehmen, er lebte nach einer strengen Diät und gebrauchte regelmäßig Theriak, jenes aus der *Naturkunde* des älteren Plinius bekannte opiumhaltige schmerzdämpfende Mittel. Die Vermutung liegt nahe, daß er an einem Magenleiden, vielleicht

sogar Magenkrebs, litt. Ob sein Leiden eine Folge der Unterdrük-
kung seiner allzumenschlichen Regungen war, der Preis für den
gerühmten Gleichmut in allen Lebenslagen?

Der Verrat des Avidius Cassius traf den Kaiser hart; nannte er
ihn doch *amicissimus*, da er sich ihm politisch wie persönlich eng
verbunden fühlte. Es blieb ihm erspart, an dem Hochverräter ein
Exempel zu statuieren. Noch bevor der Imperator in Syrien ein-
traf, war der selbsternannte Kaiser von einem seiner Soldaten getötet worden. Marc Aurel verbot ein strenges Einschreiten gegen
Mitwisser und Sympathisanten, er verzieh auch den Städten, die
sich auf die Seite des Cassius geschlagen hatten. Darunter war Antiochia, die lebenslustige syrische Metropole, deren Bewohner es
Marc Aurel übelgenommen hatten, daß er ihre Vergnügungen eingeschränkt wissen wollte. Gegen sie richtete er ein *edictum gravis-
simum*, einen geharnischten Erlaß, und wollte ihre Stadt nicht besuchen. Fast zwei Jahrhunderte später wiederholte sich die Geschichte: Kaiser Julian – *Apostata*, der Abtrünnige, genannt – hatte
in Antiochia sein Standquartier auf dem Weg in den Perserkrieg
(363 n. Chr.). Auch er war ein Philosophenkaiser, der Marc Aurel
als sein Vorbild ansah. Und Julian zog sich ebenfalls den Unmut
der Antiochener zu, da er ihre allzu große Vergnügungssucht miß-
billigte. Sein tadelndes Edikt ist noch erhalten: die am Palast ange-
schlagene satirische Rede *Misopogon*, *Der Barthasser*. Erhalten ist
auch Julians *Caesarengastmahl* (*Caesares*), in dem er alle Kaiser
Roms Revue passieren läßt und Marc Aurel den Ehrenplatz zu-
weist.

Marc Aurel kehrte nach Rom zurück und feierte dort im Dezember 178 seinen Triumph. Vor dem Auszug hatte er eines seiner
Kinder begraben, nun beklagte er den Tod seiner Gattin, die auf
der Rückreise gestorben war. Er trug Sorge, daß Commodus, obwohl er noch in jugendlichem Alter stand, alle nötigen Vollmachten erhielt, um als Mitkaiser zu regieren. So war die Nachfolge gesichert, als Marc Aurel im August 178 wieder in den Donauraum
aufbrach. Der Markomannenkrieg war erneut ausgebrochen, und
der Kaiser war gewillt, ihn mit aller Härte bis zur Kapitulation
seiner Gegner zu führen. Die Marc-Aurel-Säule zeigt ihn, wie er

die abgeschlagenen Köpfe seiner Feinde als Trophäen entgegen-
nimmt. Man hat mehrfach den Unterschied in der Darstellung bei
der Trajans- und der Marc-Aurel-Säule konstatiert. Der Daker-
krieg Trajans ist eine kriegerische Unternehmung, die planmäßig
durchgeführt wird; Tod und Zerstörung werden dabei als un-
umgängliche Folgen in Kauf genommen. In den Markomannenkriegen aber sind alle Teilnehmer gezeichnet von Strapazen, Leid
und Erschöpfung. Wunder müssen helfen: Das Blitz- und das Regenwunder sind dargestellt. Auf das Gebet des Kaisers hin, so
heißt es, schlug der Blitz in einen Belagerungsturm der Feinde,
und ein großer Flügeldämon schickt den verdurstenden Römern
und ihren Verbündeten einen Regenguß, der sie erquickt, die
Feinde aber hinwegschwemmt. Auffallend ist das Gesicht des Kaisers, das im Gegensatz zu bisheriger Bildtradition nicht in typi-
scher, altersloser Herrschermiene verharrt, sondern Marc Aurel er-
schreckend gealtert und müde zeigt. Es paßt zu den Aufzeichnungen im Tagebuch, in denen der Kaiser illusionslos sein Handwerk
betrachtet:

> Eine Spinne ist stolz, wenn sie eine Fliege gefangen hat, ein
> Mensch, wenn er ein Häschen, ein anderer, wenn er einen
> Fisch im Netz, wenn er Wildschweine, Bären – oder Sar-
> maten gefangen hat. Aber sind sie, wenn man ihre Beweg-
> gründe untersucht, nicht alle Räuber?   (10,10)

Doch hier war der Platz, auf den ihn das Schicksal gestellt hatte,
und hier gedachte er auszuharren. Er errang ermutigende Erfolge,
sowohl im Feld wie in den Verhandlungen mit einzelnen Stämmen
wie etwa den Jazygen, mit denen er einen Vertrag schloß. Er
glaubte sich seinem Ziel, der Errichtung einer neuen Provinz Mar-
comannia, schon nahe, da erkrankte er in Vindobona (Wien). Als
sich sein Zustand verschlechterte, ließ er Commodus rufen und er-
mahnte ihn, den Krieg in seinem Sinne zu Ende zu bringen. Dann
schickte er ihn weg, um ihn vor Ansteckung zu bewahren. Es war
also nicht sein langjähriges Leiden, das ihm den Tod brachte –
worauf auch der Biograph in der *Historia Augusta* hinweist –,

Regenwunder. Marc-Aurel-Säule, Rom

sondern wohl die Pest, die seit dem Partherkrieg immer wieder in vielen Teilen des Reiches aufflackerte. »Was beweint ihr mich, statt an die Pest und das Massensterben zu denken?« soll er zu seinen Freunden gesagt haben.

In seinen *Selbstbetrachtungen* hatte er, wohl verstärkt durch seinen jahrelangen schlechten Gesundheitszustand, immer wieder die *praemeditatio mortis* geübt, in Gedanken das Sterben und den Tod vor Augen gehabt, getreu dem Worte des Sokrates, daß das Leben des Philosophen eine stete Vorbereitung auf den Tod sei und daß dieser daher auch den Tod nicht fürchte (*Phaidon* 67a–e). Ich will so leben, sagt er sich, daß ich wie Antoninus Pius guten und ruhigen Gewissens sterben kann. Und der auch von Seneca betonte Gedanke, daß es nicht auf die Länge des Lebens ankomme, daß die Qualität vor der Quantität stehe, ist einer seiner Kernsätze, der auch die *Selbstbetrachtungen* beschließt: »O Mensch, du bist in dieser großen Stadt [der Welt] Bürger gewesen.

Was macht es für dich aus, ob fünf Jahre, oder drei. Was nach den
Gesetzen der Natur geschieht, ist für niemanden hart. Was ist
schlimm daran, wenn dich kein Tyrann oder ungerechter Richter
aus der Stadt weist, sondern die Natur, die dich auch hineingeführt
hat?« Marc Aurel vergleicht das Leben mit einem Theaterstück, zu
dem man von dem Beamten, der das Spiel veranstaltet, eingestellt
wird. Wenn man sagt: Aber ich habe die fünf Akte des Stückes
noch nicht zu Ende gespielt, sondern erst drei!, wird man die Antwort erhalten: Ja, aber in deinem Leben waren die drei Akte eben
das ganze Stück. Beginn und Ende hängen nicht von dir ab: So
scheide denn freundlich von hier, denn auch der dich entläßt, ist
freundlich. So schließen die *Selbstbetrachtungen*, so wollte sich
Marc Aurel von der Welt verabschieden. Doch diese bewundernswerte Serenität des Philosophenkaisers ist schwer errungen, und
es vervollständigt das Bild des historischen Marc Aurel, wenn man
sich als Abschluß eine andere seiner Sterbemeditationen vergegen-
wärtigt:

Niemand ist so glücklich, daß unter denen, die sein Sterbe-
lager umstehen, nicht einige sind, die das herannahende
Ende begrüßen. Und war er auch ein noch so tüchtiger und
weiser Mann, da wird schließlich doch einer zu sich selbst
sagen: »Werden wir endlich, von diesem Schulmeister er-
löst, wieder aufatmen können? Er war zwar für keinen von
uns unerträglich, aber ich habe doch gespürt, daß er uns im
stillen verachtete.« Das kann vorkommen, wenn ein durchaus rechtschaffener Mann stirbt. Und was kann es bei uns
noch alles für Gründe geben, weshalb so mancher uns los-
werden will. Daran wirst du beim Sterben denken, und du
wirst leichter von hier fortgehen, wenn du dir sagst: »Ich
scheide aus einem Leben, in dem gerade die Mitmenschen,
für die ich so viel gekämpft, gebetet und gesorgt habe, mich
forthaben wollen, weil sie nämlich hoffen, sich das Leben
zu erleichtern.« Wie könnte man unter solchen Umständen
noch länger hier verweilen wollen? Und doch sei deshalb
beim Scheiden nicht weniger freundlich gegen sie, sondern

bewahre deiner gewohnten Art nach einen freundschaftlichen, wohlwollenden und heiteren Sinn und nimm keinen
gewaltsamen, sondern einen sanften Abschied von den Deinen. Mit ihnen hatte die Natur dich verknüpft, nun trennt
sie dich wieder. Denn auch dieses Geschehen vollzieht sich
gemäß der Natur.   (10,36)

Zwölftes Kapitel

Minucius Felix und Augustinus
mit Monica in Ostia

»Nichts ist ferne von Gott«

Die Hafenstadt Ostia an der Tibermündung erlebte in der Kaiserzeit ihre höchste Blüte. Handelsflotten aus sämtlichen Gegenden des römischen Reiches kamen hier an, Waren aus aller Herren Länder wurden umgeschlagen, und Reisende schifften sich nach vielen Orten des Imperiums ein. Mit dem regen Verkehr kamen auch religiöse Ideen und fremde Kulte, die hier bei der buntgemischten Bevölkerung – man schätzt sie auf achtzig- bis hunderttausend Menschen – bereitwillige Aufnahme fanden. Die Große Mutter Kybele aus Phrygien in Kleinasien landete schon im Jahr 204 v. Chr. in Gestalt ihres Kultsteins in Ostia, der ursprünglich persische Lichtgott Mithras besaß in der Kaiserzeit fast zwanzig Heiligtümer (einige davon sind noch zu besichtigen), und auch das Christentum faßte schon früh hier Fuß.

In der ersten Hälfte des 3. Jahrhunderts schrieb der zum Christentum übergetretene, aus Afrika stammende Minucius Felix seinen Dialog *Octavius*, der Ostia zum Schauplatz hat. Das kleine Werk gehört zur apologetischen Literatur, die die neue Religion gegen die Vorwürfe ihrer Gegner verteidigen und zugleich für sie werben will. Der *Octavius*, der die Frische eines ciceronianischen Dialogs hat, beleuchtet die Phase des jungen Christentums zwischen Assimilation und Selbstbehauptung. Minucius Felix erzählt, wie ihn sein inzwischen verstorbener Freund und Glaubensgenosse Octavius, aus Afrika kommend, in Rom besucht hat und wie beide, begleitet von einem anderen Freund, Caecilius, für einige freie Tage nach Ostia gehen. Es sind gerade Weinleseferien, und Minucius Felix hat als Anwalt etwas Zeit zum Ausspannen, die er nutzen will, um in Ostia Bäder zu nehmen.

Ladenzeile in Ostia

In der Frühe gehen die Freunde durch die Stadt ans Meer und spazieren in der Morgenkühle am Strand entlang, lassen sich vom leichten Wind erfrischen und spüren wohlig den weichen Sand unter den Füßen. Da kommen sie an einer Statue des Serapis vorbei, des ägyptischen Heil- und Segensgottes, und Caecilius wirft dem Götterbild eine Kußhand zu, wie es Sitte ist. Der Christ Octavius nimmt Anstoß daran, wendet sich aber nicht an den heidnischen Gefährten Caecilius, sondern an dessen christlichen Freund Minucius Felix. Das gehöre sich doch nicht für ihn, daß er seinen Kameraden in heidnischer Blindheit stecken lasse! Die drei Freunde gehen weiter am Strand entlang, freuen sich am Anblick der leicht

gekräuselten Meeresfläche, schauen den Kindern zu, die Steine
übers Wasser tanzen lassen. Caecilius aber ist in sich gekehrt; ihn
beschäftigen die Tadelworte des Octavius. Er meint, es sei eine
Klärung darüber nötig: Die Sache muß diskutiert werden. Wie
Angehörige der verschiedenen Philosophenschulen ihre Streitge-
spräche führen, so sollen auch sie beide versuchen, in Rede und
Gegenrede den althergebrachten Götterglauben und die neue
Lehre darzustellen. Caecilius schlägt vor, man solle sich auf einer
Steinmole, die zum Schutz der Badenden ins Meer hinausgebaut
ist, niederlassen. Dort könne man vom Wege ausruhen und unge-
stört diskutieren. So geschieht es auch, und die Kontrahenten nehmen Minucius Felix als Schiedsrichter in die Mitte. Er kennt ja
beide *genera vivendi*, beide Lebensformen, da er die eine aufgegeben und die andere angenommen hat. Caecilius beginnt nun, und
sein erster Vorwurf gilt der Anmaßung der Christen:

Ungebildete Tröpfe sind doch die meisten, aber sie glauben
sich im Besitz des wahren Wissens über die erhabensten und
schwierigsten Dinge der Welt, über die sich die Philosophen aller
Schulen bis heute noch nicht einig geworden sind. Ist es nicht eher
angebracht, sich im Bewußtsein der Unerforschlichkeit der Natur-
gesetze zu bescheiden und die Gottheit in den Gestalten und in
den Formen zu verehren, wie sie uns seit Vorväterzeiten überliefert sind? Rom hat aus dieser frommen Grundhaltung heraus stets
mit den neuen Völkern auch deren Götter in sein Reich aufgenommen, und dies war zum Besten aller. Es ist nicht zu billigen,
daß nun Leute in gottloser, frecher Scheinklugheit auftreten und
unsere althergebrachte, Nutzen und Heil bringende Religion entkräften oder gar abschaffen wollen. Und was sind das überhaupt
für Leute – aus der untersten Hefe des Volkes, Ungebildete und
leichtgläubige Weiber; sie schließen sich zu Verschwörerbanden
zusammen, treffen sich nachts zu obskuren Versammlungen, bei
denen sie die schlimmsten Ausschweifungen begehen, ja sogar
Verbrechen verüben. Vor Inzest und Kindermord schrecken sie
nicht zurück, die Mitglieder dieser gottlosen, verbrecherischen
Sekte! Und ihre Lehre steckt voller Ungereimtheiten: Was ist das
für ein Gott, dieser einzige, einsame und vereinsamte, den man

Bodenmosaik vom Platz der Korporationen in Ostia
(»Die Seeleute und Händler von Karala«)

nirgendwo erblicken kann, der aber seinerseits die Menschen sieht
mit all ihrem Tun und Treiben, ja mit ihren geheimen Gedanken,
ein ruheloser, ja neugieriger Gott, der überall und nirgends ist.
Und einen künftigen Weltuntergang stellen sie uns drohend vor
Augen; sie selbst aber werden nach dem Tode aus Staub und Asche
wieder auferstehen, und ihnen, den Guten, wird ein glückliches,
ewiges Leben zuteil, während den übrigen, den Ungerechten, eine
immerwährende Strafe und Pein bevorsteht. Dabei solltet ihr euch
nur selber sehen, wie unglücklich und elend ihr seid: Ihr haltet
euch von allen Vergnügungen fern, auch von den harmlosen und

durchaus anständigen, verabscheut alles, woran eure Mitbürger
Anteil nehmen, ihr leidet Not und Mühsal, ja Folter und Tod dro-
hen euch, und euer Gott hilft euch nicht. Was seid ihr doch für
armselige, ängstlich schwankende Gestalten, ihr verdient wahrhaftig Mitleid, aber das Mitleid unserer Götter! (Vgl. Kap. 5,4–12,6.)

In dieser schwungvoll vorgetragenen und triumphierend abgeschlossenen Rede sind alle gängigen Vorurteile und Verleum-
dungen gegen die Christen vereint, die ihre Keimzelle in dem
Befremden über die Andersartigkeit und Fremdheit dieser Religion haben. Sie ist ja nicht nur ein neuer Kult, sondern eine völlig neuartige Lebensform, die sich vom allgemeinen Leben ab-
sondert.

Der Gegenanwalt Octavius aber ist gerüstet, diese Kloake
übler Verdächtigungen im Strom der Wahrheit wegzuspülen.
Zunächst jedoch betont er, daß es keinen Tadel verdiene, wenn
sich einfache Leute Gedanken über Gott und die Welt machen.
Schließlich seien alle Menschen, unabhängig von Alter, Geschlecht
und Rang, mit der Gabe der Vernunft ausgestattet. Jeder Mensch
kann also nach Erkenntnis streben und damit die Wahrheit, das
heißt aber, den christlichen Glauben, erkennen. Er wird sich in seinen Worten, mit denen er sich den anderen mitteilt, nicht auf sein
Ansehen stützen, sondern einzig auf diese Wahrheit. Daher darf
seine Rede auch ungeschminkt, ohne rednerischen Aufputz daher-
kommen, desto klarer wird ihr Sinn hervortreten. Diese kühne
Absage an das antike System der rhetorischen Bildung wird mit
gefälliger und gewinnender Redekunst vorgetragen: Schließlich ist
Octavius wie seine Freunde selbst Anwalt und will seinen Hörer
gewinnen und nicht abschrecken. So konfrontiert er diesen im
weitern Verlauf der Rede mit Argumenten, die ihm aus der Philosophie geläufig sind. Er bringt zum Beispiel den in der Stoa ge-
bräuchlichen teleologischen Gottesbeweis: Aus der sinnvollen Gestalt der Schöpfung und der Vorsorge (*providentia*) für alle Ge-
schöpfe ist auf einen göttlichen Schöpfer zu schließen. Außerdem
zitiert er bekannte Dichter und Denker – aber all diese Argumente
und Aussprüche sind nun auf den Christengott bezogen. Ja, man
kann geradezu meinen, die Philosophen von damals seien schon

Christen gewesen, wenn sie auch ihr oberstes göttliches Prinzip Natur, Geist, Vorsehung oder Allseele genannt haben. Mit den philosophisch Gebildeten gibt es in Wahrheit also gar keinen Dissens. Das gleiche setzt Octavius auch bei seiner Kritik an den Göttern voraus: Diese teils törichten, teils degoutanten Geschichten über die einzelnen Götter, das sind doch Fabeleien von Ungebildeten. Da waren unsere Vorfahren allzu leichtgläubig und haben sich in ihrer Einfalt allerlei Ammenmärchen aufschwatzen lassen. Schon die Griechen wußten ja, daß es sich bei den meisten Göttern in Wahrheit um verdiente Menschen handelt, um gute Herrscher oder Gesetzgeber, die man nach ihrem Tode besonderer Ehren würdigte, woraus sich dann die Ansicht von ihrer Göttlichkeit entwickelte.

Im letzten Teil seiner Verteidigungsrede geht es Octavius nicht mehr um die Harmonisierung des heidnischen und christlichen Denkens; er will nicht nur verteidigen, sondern werben, indem er das Glück und die freudige Zuversicht aufzeigt, worin er und seine Glaubensgenossen leben. Er weist die Vorwürfe gegen die Christen zurück und betont ihr sittenreines Leben:

Wir bilden keinen gefährlichen Geheimbund, sondern versammeln uns in aller Friedfertigkeit; wir lieben einander und nennen uns Brüder, denn wir sind Kinder des einen Vatergottes, Geschwister im Glauben, Miterben in der Hoffnung. Wir leben ruhig und bescheiden, sorglos in der Güte unseres Gottes, und genießen schon jetzt die künftige Glückseligkeit. Und wir werden auch nicht an Gott irre, wenn er uns im Leiden prüft, so wie Gold im Feuer seine Echtheit erweist. Im Martyrium bewährt sich der Christ als Sieger und Triumphator, denn er hat das Ziel erreicht, nach dem er strebte (vgl. Kap. 31,6–38,4).

Die Zuhörer schweigen ergriffen; Minucius Felix bewundert, wie sein Freund die Gegner mit ihren eigenen Waffen aus dem Arsenal der Philosophie geschlagen und wie er dies auch rednerisch anziehend und eingängig dargestellt habe. Caecilius aber ist überwunden, jedoch so, daß auch er sich als Sieger und Triumphator fühlen kann: Er besiegt seinen Irrtum und triumphiert über ihn. Heiter und frohen Herzens begeben sich alle drei Freunde auf den

Heimweg: Caecilius ist froh, weil er zum Glauben gelangt ist, Octavius, weil er gesiegt hat, und Minucius freut sich über beide.

Das junge Christentum behauptet sich gegenüber der antiken Bildung, gegenüber dem Machtanspruch des römischen Staates, und es beginnt mit seiner Apologie des christlichen Glaubens selbst ein neues Kapitel der antiken Geistes- und Literaturgeschichte. Es waren vor allem Afrikaner, wie Minucius Felix, die als Meister der römischen Redekunst, als Anwälte und Redner in der lebendigen afrikanischen Latinität verwurzelt waren und den juristischen Scharfsinn des römischen Denkens und die Brillanz des Ausdrucks in den Dienst der Glaubensverteidigung stellten: Tertullian und Cyprian, Arnobius und Laktanz und der größte von ihnen, Augustinus. Durch sie begann die bisher vom griechischen Osten des Reiches geprägte Kirche nun lateinisch zu reden.

Der Weg der großen Afrikaner nach Rom führte über Ostia. Mit Bedacht hat Minucius Felix als Schauplatz seines Dialogs die Hafenstadt an der Tibermündung gewählt. Noch heute kündet das weiträumige Forum der Korporationen in Ostia von den zahlreichen großen Reedereien der nordafrikanischen Hafenstädte. Ihre Wappen in Mosaikform auf dem Boden ihrer Gilderäume sind noch zu sehen.

Anderthalb Jahrhunderte nach Minucius Felix kommt sein bedeutender Landsmann Augustinus hierher nach Ostia (387). Er ist von Mailand her auf der Rückreise nach Afrika, und seine verwitwete Mutter Monica ist bei ihm. Aus einem christlichen Hause stammend und ihrem Glauben mit glühender Liebe zugetan, hatte Monica schwer daran getragen, daß ihr Sohn den rechten Weg zum Glauben nicht finden konnte. Ihr Mann Patricius war Heide, aber tolerant; er hatte nichts gegen eine christliche Erziehung seiner Kinder einzuwenden und ließ sich selbst am Ende seines Lebens taufen. Augustinus (354–430), in Thagaste in Numidien (heute Souk Ahras in Algerien) geboren, studierte in Madaura und Karthago, ging 383 als Rhetor, also Professor für Redekunst und Literatur, nach Rom. Von dort aus empfahl ihn Symmachus, der heidnische Stadtpräfekt von Rom, ein Jahr später nach Mailand, der damaligen Hauptstadt des weströmischen Reiches. Dort fand er in der Begegnung mit Bischof Ambrosius den endgültigen Weg zum Christentum.

Der Taufe des Augustinus im Jahre 387 war eine lange Zeit des Irrens und Suchens vorausgegangen. Zur Wahrheitssuche angestoßen durch die Lektüre von Ciceros philosophischer Schrift *Hortensius*, hatte er bei der strengen, leibfeindlichen Sekte der Manichäer, dann beim antiken Skeptizismus die geistige Erfüllung gesucht, aber nicht beim Glauben seiner Mutter, der ihm, dem bildungsstolzen Gelehrten, allzu simpel und anspruchslos erschien. Die beeindruckende Persönlichkeit des Ambrosius, eines hochgebildeten Mannes und glanzvollen Predigers, eröffnete ihm nun

Augustin und seine Mutter Monica landen in Ostia.
Fresko von Benozzo Gozzoli in S. Agostino, S. Gimignano

einen neuen Zugang und stellte ihm, dem freien Geist, eine Autorität vor Augen, die er akzeptieren konnte: Ambrosius war ein Lehrer der Suchenden und Zweifelnden und ein aufrechter Hirt seiner Herde, der auch im politischen Leben mutig seine Überzeugung vertrat. In unvergleichlicher Weise hat Augustinus selbst im achten Buch seiner *Confessiones*, der *Bekenntnisse*, von dem Erlebnis seiner endgültigen Bekehrung und völligen Hingabe an den christlichen Glauben berichtet. Es war im Garten seiner Wohnung in Mailand, wo er mit Freunden und mit seiner Mutter lebte. Er hörte, wie eine Kinderstimme rief: »*Tolle, lege* – Nimm und lies!« Daraufhin schlug Augustinus die auf dem Tisch liegenden Paulusbriefe auf und fühlte sich im Innersten getroffen: »Die Nacht ist fortgeschritten, der Tag hat sich genaht. Lasset uns also ablegen die Werke der Finsternis und anziehen die Waffen des Lichtes. Laßt uns wie am lichten Tage ehrbar wandeln, nicht in Gelagen und Rausch, nicht in Unzucht und Schamlosigkeit, nicht in Streit und Eifersucht! Zieht vielmehr den Herrn Jesus Christus an und sorgt nicht für das Fleisch zur Befriedigung seiner Lüste!« (*Röm.* 13,12 ff.) Sein Freund Alypius, der bei ihm ist, liest den nächsten Vers: »Nehmt die Schwachen im Glauben auf!« Er bezieht dieses Wort auf sich und schließt sich dem großen geistigen Aufbruch an. Augustinus geht hinein zu seiner Mutter, die voll höchster Freude ihre Gebete endlich erhört sieht. Augustinus will sich nicht nur taufen lassen, sondern legt auch sein Amt als Rhetorikprofessor nieder. Er will kein Wortverkäufer mehr sein auf dem Markt der Eitelkeiten, und er entsagt damit einer möglichen großen Karriere als höherer Verwaltungsbeamter, die ihn vielleicht bis zum Amt eines Provinzgouverneurs geführt hätte.

Aber Augustinus fühlt sich krank; Brustschmerzen und Atembeschwerden (vielleicht Bronchialasthma) plagen ihn so sehr, daß ihm der Entschluß nicht schwerfällt. Er spürt selbst, daß es sich um eine Lebenskrise handelt: Sein Inneres fordert von ihm, dem radikalen Wahrheitssucher, nun die radikale Abkehr von seinem bisherigen Leben und die völlige Hinwendung zu dem neugefundenen Gott. Mit Staunen haben er und seine Freunde vom abge-

schiedenen Leben der Wüstenväter gehört, von Männern wie Antonius, die sich in die Einsamkeit begeben, um dort in Gemeinschaft Gleichgesinnter nur der Betrachtung Gottes zu leben. Der
Freund Verecundus stellt sein Landgut Cassiciacum (nach anderer
Lesart auch Cassiacum) zur Verfügung, wo man vor der Taufe der
nötigen Klärung und inneren Sammlung leben will. Man vermutet
es bei Cassago, etwa 30 km nördlich von Mailand, in den Hügeln
der Brianza, des »Gartens der Lombardei« (zwischen Como,
Lecco und Monza). Augustinus und seine Freunde, zusammen
mit Monica, vertreten eine neue pfingstliche Gemeinschaft, wie
einst die Apostel mit Maria.

In dem ansprechenden kleinen Dialog *De beata vita, Vom
glücklichen Leben* (ein Konkurrenztitel zur gleichnamigen Schrift
Senecas und anderer Philosophen), hat Augustinus ein Bild jener
glücklichen Tage gezeichnet, in denen man in Gemeinschaft lebt
und diskutiert. Antiker Geist verbindet sich mit christlichem
Glauben. Am 13. November 386, an seinem Geburtstag, hat sich
Augustinus, wie er erzählt, mit den Freunden versammelt, erst im
Badehaus, dann, als das Wetter schön wird, im Freien auf einer
Wiese. Damit alles ganz authentisch festgehalten wird, ist auch
ein Stenograph mit von der Partie. Man will über das Kernthema
aller philosophischen Bemühungen diskutieren, über das Glück
als das letzte und eigentliche Ziel des Menschen. Die Dialoge sind
Teile des Gastmahls: Der Gastgeber wie die Gäste tragen zur Tafel bei, so daß wie der Körper auch der Geist gesättigt wird. Zu
den Gesprächsteilnehmern gehört auch Monica, die für die Gemeinschaft sorgt, als wäre sie, wie es heißt, die Mutter aller, aber
auch gleichzeitig so, als wäre sie aller Kind: mütterlich, aber nicht
dominant. Sie äußert sich im Verlauf des Gesprächs so treffsicher,
daß Augustinus ihr zugesteht, sie habe »die Zitadelle der Philosophie erobert«, denn das gleiche wie sie sage auch Cicero im *Hortensius*, nämlich: Wer sich das Rechte wünscht und es erhält, ist
glücklich; wenn er aber etwas Unrechtes wünscht und es erhält,
ist er unglücklich, obwohl er es hat. Das Rechte aber ist Gott.
»Wir vergaßen beinahe ihr Geschlecht und glaubten, irgendein
berühmter Mann sitze unter uns. Ich aber ahnte, aus welch gött-

licher Quelle ihr diese Einsichten kamen.« Auch auf dem Weg des Glaubens gelangt man zur Erkenntnis; der Glaube steht nicht im Widerspruch zur Vernunft: Er ist eine christliche Philosophie.

Nach der Taufe wollen die Freunde ihr gemeinsames Leben fortführen. Sie suchen einen Ort, wo sie ihre geistliche Wohnstatt aufschlagen können, und beschließen, nach Afrika zurückzukehren. »Wir kamen nach Ostia an den Tiber, da starb meine Mutter.« Aus Mailand kommend, haben Augustinus und die Seinen in Ostia Quartier genommen, um sich, dem Trubel entrückt, von den Anstrengungen der Reise zu erholen: Der Professor der Redekunst, der seinen Lehrstuhl aufgegeben hat, durfte nicht mehr die bequemere Staatspost benutzen. Und gleichzeitig wartet man auf ein Schiff nach Afrika. Hier kommt es zu jenem letzten, der Welt entrückten Gespräch zwischen Monica und Augustinus, das dieser im neunten Buch seiner *Bekenntnisse* zwar nicht im genauen Wortlaut, aber doch dem Sinne nach wiedergegeben hat (9,10 f). »Wir standen beide allein an ein Fenster gelehnt, das in den Garten innerhalb des Hauses ging, das uns beherbergte.«

Wer heute durch das antike Ostia wandert, kann noch manche solcher Häuser finden, auf die diese Beschreibung paßt, ein- oder mehrstöckige Häuser mit einzelnen Wohnungen und einem Innenhof mit Garten, wo man abgeschirmt war vom regen Treiben der geschäftigen Hafenstadt. Man denke nur an das »Haus von Amor und Psyche«. »Wir ließen das Vergangene hinter uns und streckten uns aus nach dem, was vor uns liegt.« Mit dem Apostelwort (*Phil.* 3,13) beginnen Mutter und Sohn ihr Gespräch. Innig einander zugewandt fragen sich beide, welcher Art jenes ewige Leben sei, das kein Auge je gesehen und kein Ohr je gehört hat und das noch in keines Menschen Herz gedrungen sei (1. *Kor.* 2,9). Auch die höchste Wonne dieses Lebens, die durch die Sinne vermittelt wird, muß doch irdisch und vergänglich bleiben. Also richten sich beide auf das unvergängliche Sein hin aus und durchwandern im Geiste stufenweise die körperliche Welt und den Himmel, von dem Sonne, Mond und Sterne auf die Erde herableuchten. Dann kommen sie in ihren Geist, in ihre Seele selbst (*in mentes nostras*), und sie schreiten noch über ihr Denken hinaus, »um das Gebiet unerschöpflicher Fülle zu erreichen, wo du Israel weidest mit der Speise der Wahrheit«. Dort ist Weisheit und Leben eins, unvergänglich, ohne Vergangenheit und Zukunft. Und während sie so reden und sich nach dieser Weisheit sehnen, »da berührten wir sie leise und wie mit einem vollen Schlag des Herzens, dann kehrten wir mit einem Seufzen wieder zurück, zum tönenden Laut unseres Mundes, zu Worten mit Anfang und Ende«. Und daraufhin sagen sie sich: Stellen wir uns vor, daß alles einmal zum Schweigen gekommen ist, die Unrast des Körpers, die Bilder von Himmel und Erde, ja, daß das Himmelsgewölbe und sogar die Seele mit all ihren Regungen schweigt und sich über sich selbst hinaus erhebt – und wenn dann Gott spräche, nicht durch seine Schöpfung, nicht durch Bild und Gleichnis, sondern so, wie wir

Ostia, Haus von Amor und Psyche, Blick auf den Gartenraum

nun für einen Augenblick die ewige Weisheit berührt haben –, wenn dieser Augenblick für immer währte, erfüllte sich dann nicht das Wort: »Gehe ein zur Freude deines Herrn?« (*Matth.* 25,21.)

Für einen kostbaren »höchsten Augenblick« war Augustins unruhiges Herz zur Ruhe gekommen, in einer mystischen, visionären Schau. Diese ist nicht in einem Ritual der Ekstase, durch Außersichsein, erfolgt, sondern durch die Erhebung des Geistes, in einem Akt der schauenden Vernunft (*momentum intelligentiae*). Für Augustinus war sie gleichsam die Initiation in sein neues Leben, das in Afrika auf ihn wartete, für Monica aber war es Übergang, Erfüllung und Heimkehr der Seele. »Was tue ich noch hier? Gott hat mir meinen größten Wunsch gewährt, daß ich dich als Christen sehe. Mein Leben hat sein Ziel erreicht.« Einige Tage später erkrankt Monica an einem Fieber und kommt rasch ihrem Ende nahe. Zu Augustinus und ihrem anderen Sohn Navigius, die weinend an ihrem Bett stehen, sagt sie: »Ihr werdet hier eure Mutter bestatten!« Die Brüder sind erstaunt: Hat sie sich nicht immer gewünscht, in der Heimat neben ihrem Gatten ihr Grab zu finden? Als man sie fragt, ob es ihr nicht doch schrecklich sei, so fern der Heimat zu sterben und begraben zu werden, sagt sie: »Nichts ist ferne von Gott, und ich brauche nicht zu fürchten, daß er am Ende der Zeiten nicht weiß, wo er mich auferwecken soll.« Augustinus zeigt sich erfreut, daß seine Mutter diesen früheren, nichtigen Wunsch aufgegeben hat. Sie ist nun ganz vom Irdischen gelöst und bereit, hinüberzugehen.

Man hat aus der Sicht der Psychoanalyse gemeint, in Augustins Reaktion den Triumph einer überstarken Mutterbindung zu sehen, die endgültige Verdrängung des Vaters, des Rivalen. Doch vereint Augustinus gerade die Gatten für alle Zeit, indem er Monicas letzten Wunsch, die Ihren möchten jeweils beim Gottesdienst an sie denken, noch auf den Vater ausdehnt und zu diesem Gedenken auch die Leser seiner *Bekenntnisse* auffordert: »Möge sie also in Frieden mit ihrem Manne ruhen ... und gib, o Herr, es all deinen Kindern, die diese Schrift gelesen haben, ins Herz, daß sie dei-

ner Magd Monica und des Patricius, ihres Gatten, meines Vaters,
am Altare gedenken« (9,13). Augustinus zeigt auch – unter irdi-
schem Aspekt – durchaus Verständnis für Monicas Wunsch, neben
ihrem Gatten ihr Grab zu finden, »da sie in großer Eintracht miteinander gelebt hatten« (9,11). Aus dem, was er über seine Eltern
erzählt, ergibt sich im übrigen keineswegs der zwingende Schluß,
Monica sei in ihrer Ehe nicht glücklich gewesen und habe deshalb
ihre Erfüllung im Glauben und in einer allzu starken Bindung an
den Sohn gesucht. Wir hören, daß Patricius oft aufbrausend war
und zuweilen außereheliche Abenteuer hatte und daß die Schwiegermutter Monica zuerst unfreundlich behandelte – was für eine
damalige Ehe keine untragbaren Verhältnisse schuf. Monica aber
habe sowohl den Gatten wie die Schwiegermutter mit Klugheit
und Sanftmut zu behandeln und zu gewinnen verstanden. Patricius überließ ihr die Erziehung der Kinder, was für sie sehr wichtig
war, und sie plante mit ihm zusammen die – durchaus weltliche –
Karriere ihres hochbegabten Sohnes. Sie war sich im klaren, daß
dieser, mit seinem scharfen Intellekt auf der Suche nach dem
Höchsten, nur im christlichen Glauben schließlich Genüge finden
würde. Diese ihre feste Überzeugung hat sicher auf Augustinus
zuweilen irritierend gewirkt, und er wollte sich ihr – und der Mutter – entziehen, um seinen Weg selbst zu finden. Aber er war sich
wohl schon immer bewußt, daß es, wie er sagt, Gottes eigene
Worte waren, die er durch die Mutter, seine treue Dienerin, ihm
ins Ohr flüstern ließ (2,3). So kann man nicht ohne weiteres behaupten, daß Monica den Sohn zu sehr an sich gefesselt oder daß
sie gar auf Kosten des Sohnes gelebt habe. Die Anwendung psy-
chologischer und psychoanalytischer Kategorien auf Monica führt
dazu, eine bedeutende weibliche Persönlichkeit des frühen Christentums ins Abseits privater Konfliktbewältigung zu stellen. Augustinus hat im neunten Buch seiner *Bekenntnisse* der Mutter ein
Denkmal gesetzt, indem er ihr Leben würdigte. Mit Monicas Tod
schließt der biographische Teil der *Bekenntnisse*. Er hat Monica
durch das Zitat eines Schriftwortes einen bedeutsamen Platz, ihren
Platz, zugewiesen: *fide non ficta*, einen echten, unverfälschten
Glauben habe sie gehabt (9,12). »Mit Freuden habe ich deinen

Glauben vor Augen, einen echten, unverfälschten Glauben, wie er schon in deiner Großmutter Lois und in deiner Mutter Eunike lebte und der nun in dir lebendig ist.« So schreibt der Apostel Paulus an seinen Mitstreiter Timotheus (2. *Tim.* 1,5). Auch diese Frauen haben, wie die zahlreichen anderen bei Paulus genannten Frauen und wie Monica in ihrem gemeinsamen Leben auf ihre Männer und Kinder eingewirkt, um sie zum Glauben zu bekehren.

Frauen spielten in den ersten Jahrhunderten eine wichtige, eigenständige Rolle im Christentum, und dieses war zwar ein Hafen für die Mühseligen und Beladenen, aber keineswegs eine Ersatzbefriedigung für die Zukurzgekommenen, eine Nische für frustrierte, lebensfremde Frömmler. Es war ein kämpferischer, den einzelnen auf Leben und Tod fordernder Glaube, eine aufregend neue Lebensform, und dies auch noch, als zu Augustins Zeiten das Christentum zur Staatsreligion geworden war. An die Stelle des Widerstandes gegen den Staat war der Kampf gegen die Irrlehren getreten, der ebenso standhaft ausgetragen werden mußte. Monica warf ihren heißgeliebten Sohn aus dem Hause, als dieser in Thagaste mit seiner brillanten Redekunst die Hausgenossen zur Sekte der Manichäer bekehren wollte. In Mailand versammelte sie sich mit den Gemeindemitgliedern in der Kirche zu nächtlichen Demonstrationen gegen die arianische Kaiserin Justina.

Als sie nun starb, hatte sie ihren letzten Kampf gewonnen und sah nach ihrem Gatten nun auch ihren Sohn durch ihr Gebet und Beispiel im Glauben geborgen. Wäre ihr ein längeres Leben beschieden gewesen, so hätte sie sicher an der neuen autonomen Lebensform für Frauen teilgenommen, wie sie sich bald in den klösterlichen Gemeinschaften in Afrika entwickelte. So taten es ihre Tochter und ihre Enkelinnen, die Töchter des in Ostia anwesenden Navigius.

Monica beschloß ihr Leben im Herbst 387 im sechsundfünfzigsten Lebensjahr und wurde in Ostia begraben, bei der frühchristlichen Basilika, die dem Andenken der heiligen Aurea geweiht war. Diese hatte im Jahr 269 zusammen mit Bischof Cyriacus in Ostia das Martyrium erlitten. Im 5. Jahrhundert wurde am Grabe Monicas, das von Pilgern oft besucht wurde, eine Marmortafel mit einer Inschrift angebracht, von der 1945 ein Fragment wiedergefunden wurde. Es ist in einer Seitenkapelle der in der Renaissance erbauten Kirche S. Aurea aufgestellt. Die Reliquien der inzwischen heiliggesprochenen Monica wurden unter Papst Martin V. 1430 aus Ostia nach Rom in die Kirche S. Agostino (in der Nähe der Piazza Navona) gebracht. In den Ruinen der antiken Hafenstadt aber bleibt die Erinnerung lebendig an das »Gespräch von Ostia« und an den regen Austausch der römisch-afrikanischen Güter des Geistes.

Während das römische Reich in seine letzte, unheilbare Krise versank, nahm Augustinus alle brauchbaren Schätze des Heidentums mit sich und bewahrte sie, indem er sie mit christlichem Geiste verschmolz. Er vergleicht diesen bereits von seinen christlichen Vorgängern geübten Assimilierungsprozeß in einprägsamer Weise mit dem Vorgehen der Kinder Israels beim Auszug aus Ägypten. Diese nahmen Gefäße und Schmuck aus Gold und Silber sowie kostbare Gewänder, die sie sich von den Ägyptern geliehen hatten, insgeheim mit sich, um sie einem besseren Gebrauch zuzuführen (*Conf.* 7,9; *doctr. christ.* 2, 40,60). So will auch Augustinus alles wertvolle Bildungs- und Gedankengut nicht zurückweisen, sondern es in den Dienst der Verkündigung stellen.

Seine zukunftweisenden Schriften, wie die *Bekenntnisse* oder der *Gottesstaat*, nahmen, aus seiner afrikanischen Bischofsstadt Hippo Regius kommend, den Weg über Ostia. Und beim Landen eines Getreideschiffes aus Afrika ließen die römischen Buchhändler anfragen, ob auch *panis Afer*, afrikanisches Brot, dabei sei: Bücher von Augustinus. Als Bischof von Hippo Regius starb der Kirchenvater 430 während der Belagerung seiner Stadt durch die Vandalen. Seine sterblichen Überreste aber, samt seinen Büchern, wurden 496 von Flüchtlingen nach Cagliari auf Sardinien in Sicherheit gebracht. Drei Jahrhunderte später ließ sie der Langobardenkönig Liutprand in seine Hauptstadt Pavia bringen. Dort, in der Kirche S. Pietro in Ciel d'oro (Vom goldenen Himmel), fand Augustinus 725 seine letzte Ruhestätte, nicht

gar so weit entfernt von Mailand und Cassiciacum, wo er gelebt
und gewirkt hatte. In der gleichen Kirche liegt Boethius begraben
(gest. 524), den man den letzten Römer genannt hat. Mit seiner
Consolatio philosophiae, dem *Trost der Philosophie*, setzte er dem
antik geprägten philosophischen Denkgebäude des Augustinus
den Schlußstein ein und leitete über zur Scholastik des Mittelalters.

Dreizehntes Kapitel

Symmachus und der Victoria-Altar in der römischen Kurie

»Auf einem Wege vermag man nicht zu einem
so großen Geheimnis zu gelangen«

Wer auf dem Forum in Rom nach Zeugen des glanzvollen Imperiums Ausschau hält, wird zunächst Tempelreste, Säulen und Ehrenbogen betrachten und dann erst ein schlichtes, schmuckloses Gebäude ins Auge fassen, auf dessen Bedeutung mancher nur durch die Namenstafel aufmerksam wird: *curia*. Hier in der Kurie, im Sitzungsgebäude des Senats, wurden jahrhundertelang die Geschicke der antiken Welt bestimmt, hier hielt Cicero viele seiner flammenden Reden.

Das jetzige Gebäude wurde 303 unter Diokletian an der Stelle der früheren, durch Brand zerstörten Kurie errichtet. Seine Erhaltung verdankt es der Umwandlung in die Kirche S. Adriano unter Papst Honorius I. (625 – 638). In den Jahren 1931 – 38 wurde der antike Bau weitgehend wiederhergestellt. Die Ziegelmauern waren in der Antike mit Marmor verkleidet; der Innenraum mit den Maßen 27 x 18m hatte einen bunten Marmorfußboden, von dem noch Reste vorhanden sind. An den Längsseiten befanden sich Estraden für die Sitze der 300 Senatoren. Ein Podium an der Schmalseite war für die amtierenden Magistrate reserviert. Hier standen ein Altar und auf einem Sockel die Statue einer geflügelten Victoria, der römischen Siegesgöttin. Augustus hatte die Kurie nach den Plänen seines Adoptivvaters Julius Caesar als *curia Julia* neu gestaltet. Dabei hatte er den Altar sowie das Bildnis aufstellen lassen

Rom, die Kurie (Backsteinbau)

und dem Ort damit eine religiöse Weihe gegeben. Es war im Jahr
29 v. Chr., als nach der Schlacht von Actium der endgültige Sieg errungen und dem Frieden die Bahn geebnet war. Die Statue, heute
nur noch von Münzbildern bekannt, trug einen Siegeskranz und
einen Palmzweig und schwebte über dem Globus: Sie war die
Victoria Romana, wie sie noch im 3. Jahrhundert genannt wurde,
Garantin von Roms Glück und Wohlfahrt. Am Victoria-Altar
wurde vor jeder Senatssitzung ein Weihrauchopfer dargebracht;
hohe Beamte, wie die Konsuln und der Stadtpräfekt, begannen
ihre Amtsperiode hier mit Gebet und Opfer. Symmachus, der tra-
ditionsbewußte Stadtpräfekt des Jahres 384, betonte:

> Dieser Altar erhält die allgemeine Eintracht, dieser Altar
> verbürgt die Treue jedes einzelnen, und nichts verleiht un-
> seren abgegebenen Stimmen ein größeres Gewicht, als daß
> sämtliche Beschlüsse gleichsam durch eine vereidigte Kör-
> perschaft zustande kommen.   (3. Relatio 5, Übers. R. Klein)

Auch die christlichen Kaiser waren sich der Symbolkraft dieses Al-
tares bewußt und reagierten ihrer Überzeugung gemäß: Konstantin, der die längste Zeit seines Lebens Heide gewesen war, ließ den
Altar unangetastet, so wie er selbst auch noch den Titel eines Pontifex Maximus beibehielt. Sein Sohn Constantius II. aber ließ den
Altar entfernen. Nach seinem Tode kam sein Vetter Julian auf den
Thron, dem man den Beinamen Apostata, der Abtrünnige, gab. In
den drei Jahren seiner Regierung (361 – 363) drehte er das Rad der
Zeit noch einmal zurück und erneuerte das Heidentum. Die Tempel wurden wieder geöffnet, und auch der Victoria-Altar kehrte an
seinen Platz zurück. In der Folgezeit festigte das Christentum
seine Position; die christlichen Kaiser wollten sich, von ihren religiösen Verpflichtungen abgesehen, angesichts der bedrohlichen
Zustände im Reich auf eine loyale Mehrheit ihrer Untertanen und
vor allem der staatstragenden Schicht stützen. Es bestand die Gefahr, daß eine nichtkonforme Gruppe mit Landesfeinden konspi-
rierte oder, ob mit oder ohne Absicht, Usurpatoren ermunterte. So
wurde der Victoria-Altar von Kaiser Gratian 382 wieder aus der

Kurie entfernt. Er handelte damit im Sinne seines Mitkaisers
Theodosius, der von Konstantinopel aus den Osten des Reiches
regierte und die heidnischen Kulte wie auch häretische Strömungen des Christentums, vor allem die Arianer, scharf bekämpfte.
Wie Theodosius legte auch Gratian den Titel eines Pontifex Maximus ab, den seit Caesar jeder Herrscher Roms getragen hatte.
Gratian residierte in Mailand; diese Maßnahme war gleichzeitig
eine Brüskierung der altehrwürdigen Kapitale der Welt und ihrer
ruhmreichen Körperschaft, des Senats. Seit Konstantin seinen
Thron in der neuerbauten christlichen Hauptstadt Konstantinopel
errichtet hatte, war die politische Bedeutung Roms geschwunden,
gleichzeitig aber wuchs sein ideelles Prestige. Die Romidee, seit
Cicero und Vergil wie eine Münze geprägt, erhielt jetzt in der
Spätantike, trotz des Verlustes der imperialen Macht, eine neue
Prägekraft, zunächst durch die Heiden, dann aber auch durch die
Christen.

Wie Rom damals wirkte, zeigt die Schilderung eines Kaiser-
besuchs aus dem Jahr 357. Der Kaiser war Constantius II., der in
Konstantinopel residierte, aber in Rom einen Triumph abhalten
wollte. Dafür war die alte Hauptstadt noch immer die legitime
Stätte. In Konstantinopel aber besaß der Herrscher inzwischen
den Nimbus eines den Menschen entrückten Stellvertreters Gottes. Diesem »Byzantinismus« entsprechend hielt Constantius seinen Einzug in Rom: auf hohem Wagen über den Köpfen der
Menschen, unbeweglich wie ein glänzendes Standbild, von seinen
Panzerreitern abgeschirmt und von den östlich-fremdartigen Dra-
chenbannern umweht. Das Forum Romanum mit all seinen berühmten Bauten und Kunstwerken weckte seine Anteilnahme und
sein Erstaunen, noch mehr aber das Trajansforum, das großartigste
und prächtigste der Kaiserforen, dessen mehrstöckige Bauten damals noch in ihrem Marmorglanz erhalten waren. Wie vom Don-
ner gerührt blieb der Kaiser stehen und betrachtete alles. Über
menschliches Maß schienen ihm diese gewaltigen Konstruktionen
zu gehen, und er gestand sich ein, daß er nichts dergleichen nach-
bilden könne. Höchstens das Pferd Trajans von dessen Reiterstatue, meinte er schließlich tief beeindruckt, und ein neben ihm ste-

Trajansforum

hender persischer Prinz bemerkte vielsagend, da müsse er dem
Pferd aber auch einen entsprechenden Stall bauen – wenn er
könne. Constantius überlegte lange, was er der Pracht Roms noch
hinzufügen könne, und ließ schließlich im Circus Maximus einen
Obelisken aufstellen. In der Kurie hielt er eine Ansprache an die
Senatoren und verfügte später die Entfernung des Victoria-Altars.

Rom wird von einem Kaiser besichtigt, zunächst wie eine
fremde Sehenswürdigkeit, dann aber mit echter Anteilnahme. Er
erblickt hier das Abbild des Imperium Romanum, die Verkörperung von dessen geschichtlichem und geistigem Erbe. Der Bericht-
erstatter dieses Besuchs war ebenso beeindruckt, und er ist
schließlich in Rom geblieben und hat, obwohl aus dem griechischen Kulturraum stammend, sein Geschichtswerk auf lateinisch
geschrieben. Es ist Ammianus Marcellinus, ein Grieche aus dem

syrischen Antiochia, der als hoher Offizier am Perserfeldzug Kaiser Julians teilgenommen hat. Nach seinem Abschied vom Militär begann er seine umfangreiche *Römische Geschichte*, in der er viele selbsterlebte Ereignisse schildert und Personen porträtiert, die er gut kannte, wie die Kaiser Constantius und Julian. Die altehrwürdige Stadt hatte ihn in ihren Bann geschlagen, obwohl sie nicht mehr das einstige Machtzentrum war. Als Geschichtsschreiber bedient er sich des Lebensaltervergleichs: Völker und Staaten lassen sich in ihrer Geschichte mit den einzelnen Abschnitten des Menschenlebens vergleichen. Nachdem das Volk der ehrwürdigen Roma in seiner Kindheit bis zum Ende der Knabenzeit Kriege im Umkreis seiner Mauern bestanden hatte, griff es im Erwachsenenalter weit aus in alle Gegenden des Erdkreises und hat dort Lorbeeren und Triumphe geerntet. Dann, schon ins Greisenalter übergehend und durch seinen bloßen Namen siegreich, hat es sich einem ruhigeren Leben zugewandt. Die verehrungswürdige Stadt hat den Nacken übermütiger Völker gebeugt und weithin Gesetze gegeben als dauerhafte Fundamente und Stützen der Freiheit – Ammian erinnert an Vergils berühmte Verse über Roms Macht und Auftrag (*Aen.* 6,851 ff.) – dann aber hat sie wie eine Mutter voller Weisheit und Wohlstand den Kaisern als ihren Söhnen die Verwaltung ihres Erbteils anvertraut. Nun erkennt man sie überall als Herrin und Königin an, das graue Haar der Senatoren wird respektiert, der Name des römischen Volkes genießt Ansehen und Verehrung (14,6).

Ammianus Marcellinus erlebte aber in Rom nicht nur den Abendglanz eines Weltzentrums, er fühlte sich hier auch wohler als den damaligen Kaiserresidenzen Konstantinopel oder Mailand, denn er war Heide. Und in Rom, das bald zum Haupt der Christenheit werden sollte, besaß das Heidentum damals, in der zweiten Hälfte des 4. Jahrhunderts, noch großen Einfluß. Jene Metapher vom Übergang Roms ins ehrwürdige, ruhige Greisenalter umschloß eine Rückbesinnung auf alles, was wertvoll – und bedroht – war: die Bräuche der Väterreligion und die Schriften der Dichter und Denker. In den Traditionen der alten Familien wurde dieses geistige Erbe lebendig gehalten. Drei Männer mit ihren

Angehörigen waren es, die in Rom das Bild der heidnischen
Geisteskultur prägten: Vettius Agorius Praetextatus, Nicomachus
Flavianus und Aurelius Symmachus. Da nur der letztere in seinen
Schriften überlebt hat, gilt er als der Wortführer, als Haupt eines
Symmachuskreises. Ein einzigartiges Zeugnis für das geistige Pro-
gramm dieses Kreises ist uns erhalten in der sogenannten Symmachertafel: ein Diptychon aus Elfenbein, dessen Seiten mit SYMMA-
CHORUM und NICOMACHORUM überschrieben sind. Auf den
30 cm hohen Tafeln sind in edlem klassizistischen Stil Opferszenen
dargestellt: Auf der Tafel der Nicomachi sieht man eine Priesterin
der Demeter mit den zum Kult gehörenden gesenkten Fackeln.
Auf der Symmachertafel steht eine Priesterin vor einem Altar und
spendet ein Weihrauchopfer. Auf dem Altar sind Schlangen abgebildet. Die Schlange, die sich häutet und sich dabei, wie man
meinte, stets verjüngt, ist das Zeichen vieler Mysterienkulte, die
dem Eingeweihten eine Verwandlung, das Erlebnis eines »neuen
Menschen« verheißen. Da die Priesterin und ihre Opferdienerin
mit Efeu bekränzt sind, kann man an ein Opfer zu Ehren des Bacchus denken. Beide Darstellungen lassen sich auf die zu den Gott-
heiten gehörenden Mysterienkulte deuten, auf die eleusinischen
und die bacchisch-dionysischen Mysterien. Wenn die Tafeln, wie
man vermutet hat, anläßlich einer Hochzeit entstanden sind, bei
der sich beide Familien auch blutmäßig verbanden, liegt diese
Bildwahl nahe, denn die Mysterien versprachen Glück und Heil
für das Diesseits und Jenseits.

Die religiösen Erneuerungsbestrebungen der adligen Familien
galten vorrangig dem Staatskult, also den Zeremonien, die seit
alters mit der *res publica Romana* verbunden waren, mit Jupiter
Optimus Maximus, mit Vesta oder Victoria. Aber es ließ sich nicht
leugnen, daß diese Göttergestalten inzwischen verblaßt waren.
Nur in symbolischem oder allegorischem Sinn konnte man sie
noch erhalten, das hatte auch Kaiser Julian Apostata einsehen müssen, als er den alten Götterglauben wieder einführte. Er hatte die
verschiedenen Götter aus philosophischer Sicht als Erscheinungs-
formen der alles durchwaltenden, einen und geistigen Gottheit erklärt und versucht, die Sonne als oberstes und sichtbares Prinzip

Elfenbeindiptychon der Nikomacher und Symmacher.
Musée Cluny, Paris, und Victoria and Albert Museum, London

für alle Schichten der Altgläubigen annehmbar zu machen. Allzu
große Strahlkraft konnte er diesem Sonnenkult freilich nicht verleihen; lebendige Religiosität gab es zu dieser Zeit nur noch bei
den Mysterienkulten, gleichsam Sekten, die neben dem Staatskult
bestanden und in die man sich einweihen ließ. Es waren die Mysterien der Demeter von Eleusis, des Bacchus, der Isis, des Mithras
oder der Großen Mutter Kybele. Hier fand man, was die Staats-

religion vermissen ließ: die Nähe eines personal empfundenen
Gottes, der seinen Anhängern ein besonderes Heilsversprechen
für dieses wie für jenes Leben machte. In der Einweihungszeremo-
nie konnte man einen geistigen Aufschwung, eine Erneuerung, erleben, und die überschaubare und exklusive »Mysteriengemeinde«
bot Geborgenheit und Wärme.

Während dem Isis- und Mithraskult das Odium des Fremdlän-
dischen anhaftete, konnte die *Mater Magna Cybele* als nationalrö-
mische Göttin gelten, denn ihr Kult war 204 v. Chr. auf Beschluß
des römischen Staates eingeführt worden. Die Große Mutter hatte
einen Kultgefährten, den Jüngling Attis, der in der Spätantike als
Typus eines sterbenden und wiederauferstehenden Gottes besonders hervortrat. Wer sich in diesen Kult einweihen ließ, konnte wie
Attis auf eine Art von Wiedergeburt hoffen. Ein neues Heiligtum
war auf dem Vaticanhügel für Kybele und Attis errichtet worden,
und hier unterzogen sich viele Kultanhänger einer Zeremonie, die
bei den Christen Befremden, ja Abscheu erregte. Es war das *tauro-
bolium*, ein Stieropfer, bei dem der Gläubige in eine mit Brettern
abgedeckte Grube hinabstieg, wo das Blut des geopferten Stieres
auf ihn herabrann. Das Blut des Tieres, das seit Urzeiten als Träger
der Lebenskraft galt, sollte den Gläubigen neu beleben. In der
Grube entspricht der Mensch dem Toten, als ein Neugeborener
steigt er wieder empor. Zahlreiche Inschriften solcher Taurobo-
lienweihen im Kult der Großen Mutter sind uns aus dem späten
4. Jahrhundert erhalten, mit den Namen der vornehmen Familien
Roms. Vettius Agorius Praetextatus aus dem Symmachuskreis findet sich hier; er hatte schon bei Kaiser Julians Bestrebungen zur
Erneuerung der alten Kulte eine aktive Rolle gespielt und war später als Statthalter von Achaia (Griechenland) erfolgreich gegen das
Verbot der Mysterienfeiern von Eleusis aufgetreten. Er hatte den
christlichen Kaiser Valentinian I. zwar nicht von seinem Glauben
überzeugt, aber ihn doch so beeindruckt, daß er das Amt des
Stadtpräfekten von Rom erhielt. In dieser Eigenschaft ließ Praetextatus im Jahr 367 auf dem Forum Romanum den Tempel der
Dei consentes, der zwölf olympischen Götter, wiederherstellen,
dessen Säulenhalle unterhalb des Tabulariums, in der Nähe des Sa-

Der Tempel der Dei Consentes

turntempels, noch gut erhalten ist. Vettius Praetextatus war Eingeweihter mehrerer Kulte und Inhaber einiger Priesterämter. Seine
Grabinschrift bezeichnet ihn als: Augur, Pontifex der Vesta und
des Sol, Aufseher über den Kult der Mater Magna (*quindecimvir*),
Priester des Hercules, Eingeweihter in die Mysterien des Bacchus
und der Demeter von Eleusis, Oberpriester der Hecate, Tempel-
aufseher des Serapis (des Göttergemahls der Isis), *tauroboliatus*
und oberster Mithraspriester. Diese Kumulierung religiöser Funk-
tionen finden wir bei vielen Mitgliedern der altrömischen Adelsfamilien. Sie ist Ausdruck der philosophisch durchdrungenen Religiosität der Gebildeten, die wie Kaiser Julian in den verschiedenen
religiösen Formen das *divum multiplex numen*, die eine Gottheit
in ihren verschiedenen verehrungswürdigen Aspekten, sahen.

Gleichzeitig manifestiert sich hierin auch das Festhalten an der überkommenen Religion, die um so mehr Standhaftigkeit und auch Opfer verlangte, je mehr die christlichen Kaiser sie einengten. Auf kaiserlichen Erlaß war nicht nur der Victoria-Altar aus der Kurie entfernt worden, der Götterkult war auch finanzieller Mittel und Einkünfte beraubt worden. So war es nötig, daß die vornehmen Geschlechter möglichst viele Priesterämter übernahmen und mit ihrem Vermögen für die Fortführung der einzelnen Kulte, für Gottesdienst und Priesterschaft, sorgten. Aus der Sicht der Nachwelt wird man freilich, wenn man Grabinschriften mit einer Fülle von Weihegraden der verschiedensten Kulte liest, auch ein Suchen nach religiöser Erfüllung konstatieren, das in jener Zeit besonders stark war und den schließlichen Sieg des Christentums erklärlich macht.

Kaiser Gratian, der 382 den Victoria-Altar hatte entfernen lassen und dem Götterkult die staatlichen Mittel entzogen hatte, war ein Jahr später ermordet worden. Von heidnischer Seite aus lag der Gedanke an eine Strafe der alten Götter nahe. Unter seinem Nachfolger, dem jungen Valentinian II., schien sich eine tolerantere Politik abzuzeichnen. Daher ergriffen die Wortführer der Altgläubigen die Initiative und wandten sich an den jungen Kaiser in Mailand. Der Stadtpräfekt Symmachus, ein erfolgreicher Redner und gewandter Schriftsteller, verfaßte in ihrem Namen eine Bittschrift (die sogenannte 3. Relatio) und reiste 384 in die kaiserliche Residenz. Es war bereits sein zweiter Besuch; bei Gratian war er gar nicht vorgelassen worden. Nun appellierte er an den jugendlichen Kaiser: »Wir bitten darum, daß die Form der Religion wiederhergestellt wird, die dem Staat so lange von Nutzen war.« Sie ist mit den Bräuchen der Vorfahren, mit Roms Weltmacht unlöslich verbunden und garantiert auch eine glückliche Zukunft. Deshalb soll man sie nicht aufgeben, oder man soll sie wenigstens respektieren, wie dies ja einige Herrscher taten. Der Victoria-Altar aber ist für Roms Geschick in besonderer Weise bedeutsam, da sich mit ihm die Eidesleistung der führenden Männer und damit zugleich Treu und Glauben verbinden. Und braucht man nicht die Göttin und ihre Kraft gegen die feindlichen Barbaren? Symmachus verläßt sich nicht auf die Kraft seiner Argumente, er appelliert an das Gefühl, indem er, wie einst Cicero im Kampf gegen Catilina, Roma selbst auftreten läßt, als Stadtgöttin und Mutter aller Römer:

> Ihr auserwählten Kaiser, Väter des Vaterlandes, habt Scheu vor meinen Jahren, in die ich durch Ausübung solch frommer Bräuche gekommen bin. Ich will die heiligen Zeremonien der Vorfahren beibehalten; ich brauche sie nicht zu bereuen. Leben will ich nach meiner eigenen Weise, denn frei bin ich! Dieser Kult der Götter hat den Erdkreis meinen Gesetzen unterworfen, diese Opfer haben Hannibal von den Mauern, die Kelten vom Kapitol zurückgeschlagen. Bin ich dazu errettet worden, um nun in meinem hohen Alter dem Tadel ausgesetzt zu sein?
> Ich werde sehen, welchen Wert das hat, was man nun einführen zu müssen glaubt, aber verspätet und schmählich ist es, wenn man sich im Alter noch bessern soll. Deshalb bitten wir um Frieden für die Götter unserer Väter, für die Götter unseres Landes. Es ist recht und billig, dasjenige, was alle verehren, als ein Einziges anzusehen. Die gleichen Sterne sehen wir, gemeinsam ist uns der Himmel, die gleiche Welt umgibt uns. Welchen Unterschied macht es, nach welcher Lehre jeder die Wahrheit sucht? Auf einem einzigen Wege kann man nicht zu einem so großen Geheimnis gelangen.   (3. Relatio 9 f. Übers. R. Klein)

Auf dieses Manifest der religiösen Toleranz läßt Symmachus noch besondere Bitten folgen, die die Aufhebung der finanziellen Repressionen betreffen, zum Beispiel das Verbot testamentarischer Zuwendungen an die alten Kulte. Zum Schluß beschwört Symmachus das Beispiel von Gratians Vater, des verstorbenen Valentinian I., der, obwohl Christ, die Altgläubigen in ihrer Kultausübung nicht behindert habe. »Mögen die geheimnisvoll verborgenen Mächte sämtlicher Glaubensrichtungen Euch in Eurer Milde Glück und Segen verleihen, und besonders diejenigen, die Euren Vorfahren einst zur Seite standen!« (3,19) Diese »Rhetorik des

Herzens« (Eduard Norden) verfehlte ihren Eindruck auf den jugendlichen Kaiser nicht. Selbst seine christlichen Berater stimmten für einen positiven Bescheid. Da trat ein Gegner auf den Plan, der es an Rede- und Überzeugungskraft mit Symmachus aufnehmen konnte: Bischof Ambrosius. Er hatte bereits einen Sieg über Symmachus errungen: Der von diesem empfohlene heidnische Rhetorikprofessor Augustinus hatte in Mailand nicht, wie gewünscht, die Sache der Altgläubigen gestützt, sondern war unter dem Einfluß des Ambrosius zum eifrigen Christen geworden. Ambrosius hatte den hochgelehrten, scharfsinnigen Denker bekehrt, wieviel leichter mußte ihm das bei dem dreizehnjährigen kaiserlichen Knaben gelingen. Er wies ihn mit Nachdruck auf die Konsequenzen seines christlichen Kaisertums hin:

Wer dem wahren Gott dient, muß dies mit Eifer und Ausschließlichkeit tun. Er allein ist Gott, die Götter der Heiden sind Dämonen. Wie soll ein christlicher Herrscher die Altäre für die heidnischen Götterbilder wieder errichten und dafür Gelder aufwenden? Ihr könnt nicht zwei Herren dienen, hat Christus, unser Herr, selbst gesagt. Und was von den Heiden an Toleranz in Glaubensfragen zu erwarten ist, haben wir ja erst vor kurzem erlebt: Unter der Herrschaft des Julian Apostata sind unsere Kirchen abgerissen worden, Blutzeugen haben ihr Leben geopfert, und es ist den Christen sogar untersagt worden, zu reden und zu lehren, so daß sie ihre Kinder zu heidnischen Lehrern in die Schule schicken mußten. Sollen diese Zeiten wiederkehren? Und was den Victoria-Altar angeht, so wird der christliche Teil der Senatoren damit zu einem heidnischen Opfer gezwungen – wie einst in den Zeiten der Christenverfolgungen! (Vgl. Brief 17,1–9)

Die christlichen Senatoren haben sich durch Damasus, den Bischof von Rom, an ihn, Ambrosius, gewandt, um ihre Mißbilligung jenes Antrags des Symmachus kundzutun. Dieser spreche durchaus nicht im Namen der Mehrheit.

Auch Ambrosius läßt die greise Roma auftreten. Sie widerlegt die Argumente des Symmachus, daß die alten Götter Rom stets geschützt hätten. Rom hat Niederlagen und Katastrophen hinnehmen müssen, trotz seines Götterdienstes. Durch die eigene Tüch-

tigkeit und die Tapferkeit ihrer Feldherrn hat Rom den Erdkreis
unterworfen, nicht durch das sinn- und nutzlose Blut geopferter
Tiere. In genauer Gegenrede läßt Ambrosius seine Roma erklären:

> Mich reut mein Irrtum, und mein altersgraues Haupt wird
> rot vor Scham angesichts des vergossenen Blutes. Ich
> schäme mich aber trotz meines Alters nicht, mich mit dem
> ganzen Erdkreis zu bekehren. Wahr ist es in der Tat, daß es
> in keinem Alter zu spät ist, um zu lernen. Schämen soll sich
> das Alter, das sich nicht mehr bessern kann. Nicht das Le-
> bensalter verdient Preis, sondern Sitten und Charakter. Es
> ist keine Schande, sich dem Besseren zuzuwenden. Man
> kann nicht nur auf einem einzigen Weg zu einem so großen
> Geheimnis gelangen, sagt Symmachus. Wir Christen aber
> brauchen keine verschiedenen Wege zu gehen, wir haben
> die Wahrheit als zuverlässigen Besitz aus dem Munde Got-
> tes erfahren. (Brief 18,7 f.)

Aus dieser Überzeugung heraus weist Ambrosius im folgenden
auch die Forderungen nach staatlichen Mitteln für die Götterkulte
zurück. Nicht ohne einigen Sarkasmus erinnert er an die ersten
Christen, die unter schweren Repressalien, völlig mittellos, an ihrem Glauben festhielten und gerade in dieser scheinbar aussichts-
losen Lage immer zahlreicher wurden. Was brauchen die vestali-
schen Jungfrauen Geld? Es sind, wie man hört, ohnehin nur noch
sehr wenige, die sich zu diesem Dienst bereitfinden. Bei den Christen aber ist kein Mangel an Jungfrauen, die sich dem Herrn weihen, und zwar unentgeltlich! Wenn Symmachus aber das Heil des
römischen Reiches ausschließlich mit dem alten Götterglauben
verknüpft sieht, so irrt er. »Ein sicheres Heil gibt es nur, wenn ein
jeder den wahren Gott, das heißt, den Gott der Christen, von dem
alles regiert wird, aufrichtig verehrt.« Symmachus hatte am Schluß
seiner Bittschrift den verstorbenen Vater Valentinians, den »ver-
göttlichten Greis«, auftreten und ihn in seinem Sinne sprechen lassen, um mit diesem effektvollen rhetorischen Mittel der Personifi-
kation den jugendlichen Kaiser zu beeindrucken. Ambrosius tut

nun das gleiche in seinem Sinne. »Du hast ein völlig falsches Urteil
über mich, wenn Du meinst, ein fremder Götzendienst und nicht
mein Glaube hätte mir meine Herrschaft erhalten.« So läßt er den
Vater des Kaisers sprechen, und er selbst fügt abschließend hinzu:
»Wenn Du erkennst, Kaiser, daß Du zuerst Gott, dann Deinem
Vater und Bruder ein Unrecht tust, wenn Du einen derartigen Be-
schluß faßt, dann bitte ich Dich, so zu handeln, wie es Deinem
Heil bei Gott von Nutzen sein wird« (Brief 17,17).

Für den Fall, daß der Herrscher andere Vorstellungen über sein
Heil haben sollte, hat Ambrosius noch gewichtigere Argumente
zur Hand. Er verweist Valentinian auf den »väterlichen Beschützer
seines frommen Wandels«, den Kaiser des Ostens. Theodosius, der
ältere und ranghöhere der beiden Herrscher, war ja als strenger
Verfechter des Christentums bekannt. Und falls dies noch nicht
genügt: Ambrosius ist nicht nur der Bischof von Mailand, er ist
der erste Kirchenpolitiker. So erklärt er dem jungen Kaiser nach-
drücklich: »Wenn aber etwas anderes beschlossen wird, werden
wir Bischöfe dies nicht ruhig hinnehmen. Du kannst zwar weiterhin in die Kirche kommen, aber du wirst dort keinen Priester vor-
finden, oder aber einen, der sich dir entgegenstellt.«

Der junge Kaiser gibt nach. Wenige Jahre später wird sich
selbst der große Herrscher Theodosius unter das Geheiß des Ambrosius beugen. Nach einem Massaker an der Zivilbevölkerung
von Thessalonike im Jahr 390 zwingt Ambrosius den Kaiser zur
Kirchenbuße. Weder für Valentinian noch für Theodosius boten
sich Zeit und Gelegenheit, das Verhältnis von »Thron und Altar«
zu klären und einer zu engen Bindung beider für die Zukunft vor-
zubeugen. Was die Person des Ambrosius anging, ließen sich seine
Kompetenzen auch nur schwer trennen, denn er war ebenso loyal
wie unentbehrlich, ob als Ratgeber, als Vermittler zwischen den
jeweiligen Ost- und Westherrschern oder zwischen einem Kaiser
und einem Usurpator. Und ungeachtet seines scharfen Auftretens
zugunsten seines Glaubens verhielt er sich auch loyal gegenüber
seinen nichtchristlichen Mitbürgern. Seinem Kontrahenten Symmachus gegenüber nahm er persönlich eine durchaus freundschaft-
liche Haltung ein.

Valentinian, der junge Kaiser des Westens, fand 392 den Tod –
eine Gelegenheit zum Handeln für einen Mann, der schon lange
auf seine Stunde wartete. Es war der Franke Arbogast. Die römischen Kaiser hatten die ehrgeizigen, militärisch tüchtigen Männer
aus den jungen Völkern lange Zeit erfolgreich in den Heeresver-
band eingliedern können. Auch in jüngster Zeit gelang dies noch,
wie das Beispiel des vandalischen Reichsfeldherrn Stilicho zeigt.
Die schlagkräftige Mannschaft der Randvölker bildete die Kern-
truppe des römischen Heeres, das in der Spätantike zum größten
Teil aus Angehörigen der Provinzen sowie reichsfremder Stämme
bestand. Schwache, rasch wechselnde Kaiser oder solche, die sich
gegen Usurpatoren zu Wehr setzen mußten, hatten die Position
der fremdstämmigen Heerführer gestärkt. Diese entschieden mit
ihrer Truppenmacht bisweilen über Sein und Nichtsein der römischen Kaiser, bis sie diese schließlich ablösten. Arbogast führte
zwar nur den Titel *comes*, wie er einem verdienten Truppenführer
verliehen wurde, er war aber de facto Heermeister und gewann die
Oberhand über den jungen Valentinian II., den er schließlich in
seinem Palast wie einen Gefangenen hielt. Als es diesem nicht gelang, zu Theodosius zu fliehen, beging er Selbstmord. Man beschuldigte auch Arbogast des Mordes an seinem Gefangenen. Ambrosius, der vermitteln wollte, kam zu spät.

Nach dem Tode des jungen Valentinian ergriff Arbogast seine
Chance. Er selbst konnte sich als »Barbar« keine Hoffnung auf
den Thron machen, so wurde er zum »Königsmacher«. Symmachus hatte Arbogast, dessen Einfluß er kannte, einen Freund empfohlen, den Rhetorikprofessor Flavius Eugenius aus Rom. Durch
Arbogasts Vermittlung war Eugenius *magister scrinii*, Kanzleichef,
Valentinians in Mailand geworden. Eugenius war offiziell Christ,
dem Herzen nach aber Heide und stand den Bestrebungen des
Symmachuskreises nahe. Arbogast hielt ihn für einen allen Par-
teien genehmen Mann. Zudem konnte er als Zivilbeamter ihm seinen Einfluß auf die Heere nicht streitig machen. So ließ Arbogast
nach dem Tode Valentinians kurzerhand und unter entsprechendem Nachdruck Eugenius zum Kaiser des Westens ausrufen (392).
Nicomachus Flavianus, mit Symmachus befreundet und verschwä-

gert, war derzeit *praefectus praetorio*, höchster Beamter für Italien. Als Symmachus erfolglos aus Mailand zurückkehrte, fühlte sich Flavianus in seiner Überzeugung bestärkt, daß man den alten Götterkult nur zusammen mit einem heidnischen Staat wiederherstellen könne. Er rief nun alle Altgläubigen zum bewaffneten Widerstand auf und stellte sich Arbogast zur Verfügung. Als sichtbares Zeichen eines künftigen Sieges ließ er den Victoria-Altar in die Kurie zurückbringen. Theodosius erklärte Eugenius zum Usurpator und zog mit Heeresmacht heran. Orakelsprüche verkündeten, daß Eugenius siegreich sein, das Christentum aber sein Ende finden werde. Unter dem Schutze des Jupiter und des Hercules zogen die einen ins Feld, während die anderen das Kreuzesbanner hochhielten, das schon Konstantin zum Sieg geführt hatte. Die Entscheidungsschlacht an der Milvischen Brücke zwischen Konstantin und Maxentius vom Jahre 312 schien sich zu wiederholen. Sie fand am 5. und 6. September 394 am Fluß Frigidus (an der Wippach, einem linken Nebenfluß des Isonzo) statt, dort, wo sich der Paß der Julischen Alpen in die Ebene öffnet. Das Schlachtenglück war zuerst der heidnischen Seite günstig. Doch am zweiten Tag – die Soldaten des Eugenius waren sich ihres Sieges schon sicher – kam urplötzlich ein Sturm mit einer unglaublichen Wucht und Geschwindigkeit durch die Schlucht gebraust, gerade auf das heidnische Heer zu. Es war eine Bora, wie sie in diesen Gegenden vorkommt, die den Gegnern des Theodosius den Staub ins Gesicht blies, ihnen die Sicht nahm und ihre Wurfgeschosse wirkungslos machte. Das Ereignis wirkte demoralisierend auf der einen und ermutigend auf der anderen Seite: Hatten nicht alle den Kaiser Theodosius betend auf einer Anhöhe knien sehen, bevor der Sturm losbrach? Theodosius errang den Sieg. Eugenius und Arbogast wurden gefangengenommen, den Schattenkaiser töteten die Soldaten, der Heermeister beging Selbstmord. Flavianus folgte Arbogasts Beispiel, als er seine Sache endgültig verloren sah.

Der Ausgang der Schlacht am Frigidus wurde allgemein als ein Gottesurteil hingenommen. Theodosius, später der Große genannt, wurde Alleinherrscher. Er machte das Christentum zur Staatsreligion und verbot alle heidnischen Kulte. Mit seinem Tode

(395) endete die Reichseinheit. Unter seinen Söhnen Arcadius und Honorius wurde das Imperium endgültig in ein Ostreich und ein Westreich geteilt. Honorius, der in Ravenna residierte, ließ die Statue der Victoria – nicht aber den Altar – in die römische Kurie zurückbringen. Sie sollte als ein Kunstwerk an ihrem angestammten Platz bleiben dürfen, so wie auch die noch vorhandenen Tempel mit ihren Götterstatuen zum Schmuck der Stadt Rom erhalten bleiben sollten. Die Bronzetüren der Kurie aber wurden entfernt. Sie sind noch heute am Mittelportal der Lateransbasilika zu sehen, der Bischofskirche des Papstes, des ranghöchsten Gotteshauses der katholischen Welt.

Vierzehntes Kapitel

Römische Saturnalien – Roma aeterna

Das Reich ohne Ende und Grenzen

Auf dem Forum Romanum erheben sich an der Nordwestseite die Säulen des Saturntempels. Er ist das älteste Heiligtum des Forums und geht noch auf die Königszeit Roms zurück. Saturn war wohl ursprünglich ein etruskischer Gott, *Satres*, er wurde aber in römischer Interpretation mit dem griechischen Kronos gleichgesetzt. Es hieß, der Gott habe sich auf der Flucht vor seinem gewalttätigen Sohn Zeus nach Italien, nach Latium, zurückgezogen. Latium leitete man ab von *latere*, verborgen sein. Hier habe der Gott friedvoll über sein neues Land, die *Saturnia tellus*, geherrscht. Sein Name ließ sich auch mit *satus*, die Saat, verbinden, und so wurde Saturn zum Gott der Aussaat. Man beging ihm zu Ehren ein mehrtägiges Fest, und zwar nach Beendigung der Winteraussaat. Es begann am Gedenktag der Weihung des Saturntempels am 17. Dezember und dauerte in der Kaiserzeit bis zum 23. Dezember. Der Tempel war 497 erbaut und 42 v. Chr. prächtig erneuert worden; die erhaltene Ruine mit den acht Säulen der Vorhalle stammt aus dem 4. nachchristlichen Jahrhundert und trägt die Aufschrift: »*Senatus populusque Romanus incendio consumptum resti-tuit* – Senat und Volk von Rom haben den durch Brand zerstörten Tempel wiedererrichtet.« Daß zu dieser Zeit noch ein so prächtiger heidnischer Tempelneubau möglich war, ist bemerkenswert. Sicher war die Senatsaristokratie, der Kreis um Symmachus, für den Neubau verantwortlich, denn die christlichen Kaiser finanzierten um diese Zeit keine heidnischen Bauten mehr. Das Fest der Satur-

Der Saturntempel auf dem Forum Romanum

nalien begann in Rom mit einem öffentlichen Gastmahl vor dem
Tempel, bei dem man *pilei*, Filzkappen, aufsetzte, ausgelassen feierte und sich Geschenke machte, vor allem Kerzen und kleine
Tonfigürchen. Für diese gab es einen eigenen Markt, *Sigillaria*, den
Tonpuppenmarkt. Man konnte aber auch erlesenere Geschenke
kaufen wie Schmuck oder wertvolle Gefäße, wovon Juvenal in
seiner 6. Satire erzählt. Die Mitglieder des Symmachuskreises
machten sich ihre speziellen Geschenke erst zu Neujahr: Gedenk-
münzen mit den Köpfen berühmter Dichter und Denker oder
Herrscher aus der »guten alten Zeit«. Es waren die sogenannten
Kontorniaten, mit denen einem Zusammengehörigkeitsgefühl der
traditionsbewußten heidnischen Kreise Ausdruck gegeben wurde.

Die Saturnalien waren nicht auf die freie Bevölkerung beschränkt; sie waren Festtage für alle, eine Art Karneval. In den
Häusern herrschte »verkehrte Welt«: Zu Saturns Zeiten hatte es
keine Trennung zwischen Freien und Unfreien gegeben, und so
bedienten nun einmal die Herren die Sklaven. Diese hatten frei
und durften ebenfalls feiern. Plinius der Jüngere berichtet, daß er
sich, um die Stimmung nicht zu stören und selbst vom Trubel un-
behelligt zu sein, in ein abgelegenes Studierstübchen zurückzog.
Für ihn, den vielbeschäftigten Anwalt, galt es ja, die freien Tage für
seine schöngeistigen Interessen zu nutzen. Ebenso taten es die
Mitglieder der spätantiken Senatsaristokratie, die sich in geselliger
Runde versammelten, um über das zu diskutieren, was ihnen am
Herzen lag, über religiöse und religionsphilosophische Fragen
und über ihre geliebten Dichter und Schriftsteller.

In den *Saturnalien* des Macrobius, die um 400 entstanden,
wird der kultur- und traditionsbewußten Gesellschaft um Symmachus ein Denkmal gesetzt. Ambrosius Theodosius Macrobius war
nicht nur Gelehrter, sondern auch ein hoher römischer Beamter,
wohl der *praefectus praetorio Italiae* des Jahres 430. Er hat neben
grammatischen Schriften – eine davon widmete er dem Sohn des
Symmachus – einen bedeutenden Kommentar zum *Somnium Sci-
pionis* aus Ciceros Staatsschrift *De re publica* verfaßt, die ihm noch
vollständig vorlag. Die *Saturnalien* sind ein literarisches Sympo-
sion, in dem Macrobius mehrere Gesprächsteilnehmer auftreten

läßt. Diese Form lebendigen Diskutierens ging bis auf das legendäre »Gastmahl der Sieben Weisen« zurück; Platons und Xenophons *Gastmahl* sind die Glanzstücke der Gattung, der später im Griechischen Athenaios mit seinen *Deipnosophistai*, dem *Gelehrtengastmahl* (um 200 n. Chr.), und im Lateinischen Aulus Gellius mit seinen *Noctes Atticae*, den *Attischen Nächten* (um 170 n. Chr.), gefolgt waren. Bei Athenaios wie bei Gellius stand das antiquarisch-literarische Interesse im Vordergrund, das mit dem Bewußtsein einer Spätzeit verbunden war. Es galt, wertvolles Kulturgut zu sammeln und zu bewahren. Bei Gellius erscheint zum ersten Mal das Wort »klassisch« für die großen, vorbildlichen Autoren, übertragen von der ersten Steuerklasse der Römer: *classicus* – erstrangig. Auch bei Macrobius ist man sich einig über die vorbildliche Bedeutung der früheren Jahrhunderte, man hat an allem Überkommenen aus dieser Zeit ein Schatzhaus des Wissens. Und Symmachus betont, daß es sich um kein trockenes Bücherwissen handelt. Durch die Lektüre der Alten (*veterum lectione*) kann man sich gegen alle Geschosse der Fortuna wappnen.

In den *Saturnalien* des Macrobius trifft man sich an drei Tagen des Saturnalienfestes reihum in den Häusern der traditionsbewußten römischen Adligen, bei Vettius Agorius Praetextatus, bei Nicomachus Flavianus und bei Symmachus. Macrobius stellt sich Festtage etwa im Jahr 383 vor, als Praetextatus und Flavianus noch am Leben waren, vor der Auseinandersetzung um den Victoria-Altar und der Erhebung des Eugenius. Die Mitglieder des Symmachuskreises galten zur Zeit, als Macrobius sein Werk verfaßte, also um 400, immer noch als geistige Autoritäten, obwohl sie im politischen Kampf unterlegen waren. Kaiser Theodosius selbst hatte dies bezeugt, indem er das Vermögen des Flavianus Nicomachus, der gegen ihn gekämpft hatte, der Familie des Toten beließ, und Symmachus behielt lebenslang seine führende Position im Senat. So kann Macrobius auch in einer inzwischen offiziell christlichen Umwelt die drei Männer als anerkannte Repräsentanten der altrömisch Gesinnten auftreten lassen. Er vergleicht sie an Würde, Tüchtigkeit und Gelehrsamkeit mit Männern wie Cotta, Laelius und Scipio, die bei Cicero als Gesprächspartner

auftreten. Und er stellt damit gleichzeitig sein eigenes Werk in
eine Reihe mit Ciceros Dialogen wie *De natura deorum*, *De ami-
citia* oder *De re publica*. Noch einmal erleben wir bei Macrobius
die Situation des römischen *otium*, mit Feiertagsstimmung und
Freude an Geselligkeit und Gelehrsamkeit. Aber ein neuer Ton
wird hörbar:

> *Cur non religionis honor putetur dicare sacris diebus sacrum
> studium litterarum?*

> Warum soll man es nicht als eine religiöse Ehrenpflicht an-
> sehen, die heiligen Festtage dem geheiligten – oder heilig-
> mäßigen – Studium der Wissenschaften zu widmen?

(Sat. 1,7,8)

Zum Gastmahl kommen noch Gelehrte, Redner, Philosophen und
Dichter, von denen uns der Grammatiker Servius als Verfasser einer Vita und eines Kommentars zu Vergil besonders bekannt ist.
Mit Vergil befaßt man sich in dieser Runde sehr ausführlich und
mit besonderer Liebe. In seiner *Aeneis* haben die Götter selbst
Roms Herrschaft ohne Grenzen und ohne Ende sanktioniert. Er
ist der Verkünder der *Roma aeterna*. So erscheint sein Werk geradezu als »heilige Schrift der Gebildeten« (Karl Büchner). Vergil
war ein göttlich inspirierter großer Dichter, und daher findet man
bei ihm auch ein umfassendes Wissen auf allen Gebieten, wie Philosophie, Astronomie, Kenntnis des Kultwesens, des göttlichen
und menschlichen Rechts, was ausführlich dargelegt wird. Hier
wird Vergil mit dem Nimbus des *poeta doctus et divinus* umklei-
det, den er noch das gesamte Mittelalter über als höchste literarische und geistige Autorität besaß. Die Gesprächsteilnehmer breiten eine Fülle von Gelehrsamkeit aus; sie erwähnen oder zitieren
vieles, das uns sonst nicht mehr erhalten wäre. Die großen Sam-
melwerke eines Polyhistors wie Varro scheinen freilich auch damals nicht mehr allgemein bekannt gewesen zu sein. So wird über
die Bräuche beim Saturnalienfest diskutiert und dabei Varros Meinung referiert, die offenbar nicht jedem sofort in Erinnerung war.
Man schenkt sich Kerzen und Tonpuppen, und das ist ein »Ersatz-

Jüngling und Hetäre beim Gelage.
Pompeianische Wandmalerei

opfer«. In grauer Vorzeit seien nämlich die Pelasger nach Latium gekommen und hätten einem Orakelspruch gemäß »Häupter und einen Mann« dem Vater Saturn geopfert. Als Hercules mit den Herden des Geryon durch Italien kam, bekehrte er die Nachkommen der Pelasger aber von ihren Menschenopfern, indem er ihnen riet, dem Gott kleine Tonmasken als Häupter sowie Kerzen zu opfern. Denn »einen Mann« zu opfern, das könne ja auch bedeuten: »ein Licht« – beides hieße *phota* (*Sat.* 1,7,28–34). Es wird auch noch erklärt, warum der Staatsschatz gerade im Saturntempel aufbewahrt wurde. Vergil, der Pontifex allen religiösen Wissens, sagt, es habe vor Jupiter, also im Goldenen Zeitalter Saturns, noch kein Privateigentum gegeben. Ja es habe als Verbrechen gegolten, Grenzen zu ziehen, denn allen war alles gemeinsam (*Georg.* 1,125 ff.). Daher ist es durchaus angemessen, wenn später das Eigentum des Volkes bei Saturn deponiert wurde (*Sat.* 1,8). Und wenn es heißt, Saturn würde seine Kinder verschlingen, so ist dies in Anlehnung an den Mythos von Kronos gesagt, gleichzeitig aber wird Kronos mit *chronos*, die Zeit, in eins gesetzt, und die Zeit verschlingt in der Tat alles.

So manches, was hier an gelehrten Einzelheiten angeführt und erörtert wird, scheint uns heute nicht mehr so wichtig, zum Beispiel die Bedeutung von *bidentes hostiae* zu klären: zweizahnige – oder zweijährige – Opfertiere? (*Sat.* 6,9,1–7) Doch hatte dieses philologisch-antiquarische Interesse höchst schätzenswerte Folgen für die Nachwelt. Viele Schriften aus der Antike sind uns verloren, und die Verluste wären sicher noch größer, wenn sich nicht die Mitglieder des Symmachuskreises und die Gleichgesinnten der nächsten Generation mit solchem Eifer auch im kleinen und einzelnen der Erhaltung der antiken Literatur gewidmet hätten. Horaz sowie das Geschichtswerk des Livius wurden neu herausgegeben, man bemühte sich auch um Persius, Martial und Juvenal. Tacitus wurde ins Bewußtsein gerufen, indem Ammianus Marcellinus sein Geschichtswerk an die *Historien* anschloß (dieser Teil ist uns leider verloren). Nicomachus Flavianus schrieb selbst (nicht erhaltene) Annalen, Macrobius widmete sich Cicero, Servius dem Vergil. In seinen *Saturnalien* wollte Macrobius, jenseits aller christlich-heidnischen Streitpunkte, die humane Atmosphäre des ciceronianischen Dialogs wiederbeleben. So wie die Tage dieses Festes seit jeher eine Zeit außerhalb der Normen sind, eine Insel inmitten der gesellschaftlichen Zwänge, so finden sich auch seine Gesprächsteilnehmer in einer freien geistigen Welt zusammen. Diese deutet voraus auf die spätere »Gelehrtenrepublik«, in der Menschen unterschiedlicher geistiger, religiöser und politischer Couleur miteinander disputieren.

Zum Kreis, der sich um Symmachus und seine Gesinnungs-
freunde sammelte, gehörte auch der Dichter Claudius Claudianus.
Wie Ammianus Marcellinus stammte er aus dem griechischen
Osten, schrieb aber statt seiner Muttersprache Latein. Zu seinen
Werken gehören Preisgedichte auf die Herrscher und die führenden Persönlichkeiten des Reiches, wie auf Kaiser Honorius und
den vandalischen Reichsfeldherrn Stilicho. Ein unvollendetes Epos
behandelt den Raub der Proserpina. Das gesamte Werk lebt von
antiker Mythologie und Formensprache. Nur das Gedicht *De Sal-
vatore, Der Erlöser*, beweist, daß Claudian Christ war. Die Zeiten
harter Konfrontation waren offenbar vorüber, denn wie wäre es
sonst vorstellbar, daß Claudian »Hofdichter« war und zur Ver-
mählung des Kaisers Honorius mit Maria, der Tochter Stilichos,
ein Hochzeitsgedicht schreiben konnte, in dem sich die heidnischen Liebesgötter samt der Göttin Venus zur Festfeier einfanden.
Man glaubt sich in die Renaissance versetzt, in der Kaiser und
selbst Päpste in klassisch-mythologischer Form gepriesen wurden.
Claudian, der Grieche aus Alexandria, hat mit besonderer Em-
phase der Romidee gehuldigt. Er, dessen Dichtung man als Spätblüte, als klassizistisch, bezeichnet, bietet überraschende Ausblicke in die Zukunft, so wenn er das Konsulat des Vandalen Stilicho im Jahr 400 und zugleich die erhabene Roma preist:

Proxime dis consul, tantae qui prospicis urbi,
Qua nihil in terris complectitur altius aether,
Cuius nec spatium visus nec corda decorem
Nec laudem vox ulla capit; quae luce metalli
Aemula vicinis fastigia conserit astris;
Quae septem scopulis zonas imitatur Olympi;
Armorum legumque parens quae fundit in omnes
Imperium primique dedit cunabula iuris.
Haec est exiguis quae finibus orta tetendit
In geminos axes parvaque a sede profectas
Dispersit cum sole manus. [. . .]
Haec est in gremium victos quae sola recepit
Humanumque genus communi nomine fovit

Matris, non dominae ritu civesque vocavit
Quos domuit nexuque pio longinqua revinxit.
Huius pacificis debemus moribus omnes
Quod veluti patriis regionibus utitur hospes;
Quod sedem mutare licet; quod cernere Thylen
Lusus et horrendos quondam penetrare recessus;
Quod bibimus passim Rhodanum, potamus Orontem;
Quod cuncti gens una sumus. Nec terminus umquam
Romanae dicionis erit.

Ganz nahe du den Göttern, Konsul, du sorgst für diese große Stadt,
das Höchste, was auf Erden der Äther umfängt!
Ihren Raum faßt der Blick nicht, noch das Herz die Schönheit,
noch irgendeine Stimme ihr Lob. Von goldenem Licht
gleichermaßen funkelnd streckt sie ihre Firste nahe zu den Sternen.
Mit sieben Hügeln tut sie es den sieben Zonen des Himmels
                                        gleich,
sie, Mutter der Waffen und Gesetze, die über alle
ihre Befehlsgewalt ausbreitet und die Wiege des jungen Rechts
                                        geschenkt hat.
Sie ist es, die, in engen Grenzen entsprungen, sich geweitet hat
zu beiden Polen und, von kleinem Wohnsitz ausgegangen,
mit ihren Armen weit wie die Sonne um sich gegriffen hat [. . .]
Sie ist es, die allein die Besiegten in ihrem Schoße aufgenommen
und das Menschengeschlecht mit gemeinsamem Namen gehegt,
nach Mutterart, nicht Herrinnenart, und Mitbürger genannt,
die sie bezähmt, und mit dem Band der Liebe das weit
                        Auseinanderliegende verknüpft hat.
Ihrem friedebringenden Brauch verdanken wir es alle,
daß der Fremde wie in der Heimat ist,
daß einer seinen Wohnsitz wechseln kann, daß Thule zu sehen
ein Spiel ist und einzudringen in einst grausige Entlegenheit,
daß wir ohne Unterschied aus Rhône und Orontes trinken,
daß wir alle ein einziges Volk sind. Und es wird nie Grenze
                                                            und Ende
der römischen Macht sein.

                    (Auf Stilichos Konsulat 3,130 ff., Übers. F. Klingner)

Für die Erfüllung der Vergilischen Prophezeiungen von Roms ewiger Macht und Größe ist nun der Vandale Stilicho verantwortlich. Er soll kommen und als strahlender Sieger, als Triumphator, in die erhabene Stadt einziehen, die ihn mit Freude und Festesjubel erwartet. Der Glanz und die Unvergänglichkeit der *aurea Roma*, des goldenen Rom, wird von Claudian auf einem düsteren Hintergrund beschworen. Seit der Schlacht von Adrianopel im Jahr 378, in der die Westgoten über die Römer gesiegt und Kaiser Valens gefallen war, schwebte ein Damoklesschwert über dem Reich. Die Auseinandersetzungen zwischen Christen und Heiden, so einschneidend sie waren, spielten sich doch gleichermaßen nur auf der Vorderbühne ab, während einer vom Schicksal gewährten Kampfpause zwischen den Hauptgegnern, den Herrschern des West- und Ostteils des römischen Reiches und den immer stärker werdenden Führern der jungen Völker. Seit dem Jahr 400 war im Westreich ein allgemeiner Auflösungsprozeß im Gange. Der Druck auf die Grenzen durch Germanen, Goten, Vandalen, Sueben und Alanen, hinter denen die Hunnen standen, konnte kaum noch aufgefangen werden. 395 hatte der Reichsfeldherr Stilicho die eindringenden Stämme noch einmal über die Donau zurückgeworfen, ohne freilich die Grenzgebiete dauerhaft sichern zu können. Der Westgotenkönig Alarich hatte die Balkanländer und Griechenland verwüstet. Als er in Italien eindrang, gelang es Stilicho, ihn bei Pollentia zum Stehen zu bringen und bei Verona zurückzuwerfen, beides im Jahr 402. Im Reich atmete man auf und schöpfte neue Hoffnung.

Claudian ruft seiner Roma zu:

Ipsa quoque internis Furiis exercita plebis
Securas iam Roma leva tranquillior arces;
Surge, precor, veneranda parens, et certa secundis
Fide deis humilemque metum depone senectae.

Du auch, so lange versehrt von innerer Zwietracht des Volkes, sorglos nun, Roma, hebe empor und ruhiger jetzt deine Hügel. Erhebe dich doch, so bitte ich, ehrwürdige Mutter, und in
Gewißheit auf die günstig gesinnten
Götter vertraue; lege nun ab die niedrige Furcht deines Alters.

(*Der Gotenkrieg* 50 ff., Übers. B. Kytzler)

Rom ist so alt wie die Pole der Erde, sagt Claudian, und es wird erst untergehen, wenn sich die Weltordnung gewandelt hat, wenn der Don in Ägypten fließt, heißer Südwind auf dem Kaukasus weht und frostiger Nordwind über Afrikas Wüsten. Claudian bietet alle dichterischen Kunstmittel auf, um seinem Glauben an die ewige Roma Nachdruck zu verleihen, und man hört gerne auf ihn. Eine Ehrenstatue wird ihm im Jahre 402 auf dem Trajansforum errichtet, und man rühmt den Dichter, daß er die Gaben Homers und Vergils auf sich vereine.

In diesen Jahren kommt ein Spanier nach Rom, um die Gräber der Märtyrer zu besuchen, Prudentius, der 348 in Caesaraugusta (Saragossa) geboren wurde und zum bedeutendsten christlichen Dichter seiner Zeit werden sollte. Er hat hohe Ämter bekleidet, sogar den Posten eines Statthalters. Rom ist für ihn zunächst die Stadt der Apostelfürsten, der *apostolorum principes*, die nun hier herrschen und die heidnischen Götter endgültig bannen. In seinen Gedichten auf die Heiligen und die Märtyrer erzählt Prudentius, wie nun in Rom neue Feste gefeiert werden, zu denen das Volk strömt. Am 29. Juni, am doppelten Festtag der beiden Heiligen, versammelt man sich in ihren Kirchen, in der Peterskirche und in Sankt Paul vor den Mauern, die der Überlieferung zufolge an den Orten des Martyriums erbaut wurden. Die Christen sind nicht länger ausgeschlossen vom Leben und Treiben in der Öffentlichkeit; sie feiern ihre Feste im Jahreskreis und erfreuen sich am Glanz der heiligen Stätten.

Prudentius fühlt sich um 402/403 veranlaßt, noch einmal die Fehde gegen Symmachus aufzunehmen, die schon zwei Jahrzehnte zurücklag. Es ist ungewiß, ob Symmachus, der wohl 402 starb, das Gedicht des Prudentius mit dem Titel *Contra Symmachum* noch zu Gesicht bekam. Warum rollt dieser den Streitfall noch einmal auf und mahnt, man solle sich nicht von der Stimme des großen Redners bewegen lassen, der als Gesandter kam und *sacra mortua*, tote Götterfeiern, beklagte? Vielleicht zeigten ihm die *Saturnalien* des Macrobius, wie lebendig der Geist des Symmachus noch war, und er hielt es für nötig, alle diejenigen anzusprechen, die auf das Edikt des Theodosius hin zwar die Taufe empfangen hatten, aber

nur Namenschristen waren. Angesichts der gefährdeten Lage im
Reich, in einem Augenblick, da man wieder hoffen konnte, hält es
Prudentius für notwendig, alle unter einem Banner zu sammeln.
Deshalb will er noch einmal von Rom sprechen, will Argumente
bringen, die für Ambrosius in seiner Entgegnung keine Rolle
spielten, die aber nun von Bedeutung sind. So geht es Prudentius
darum, zu zeigen, daß die Christen ein ebenso enges Verhältnis
zur altehrwürdigen Roma haben wie die traditionsbewußten
Altgläubigen. Der ewigen Stadt ist nämlich von Gott eine heils-
geschichtliche Rolle zugewiesen worden, der sie auch gerecht
wurde.

Discordes linguis populos et dissona cultu
regna volens sociare deus subiungier uni
imperio, quidquid tractabile moribus esset,
concordique iugo retinacula mollia ferre
constituit, quo corda hominum coniuncta teneret
religionis amor; nec enim fit copula Christo
digna, nisi inplicitas societ mens unica gentes.

Sprachlich geschiedene Völker und kulturell voneinander
                                    getrennte
Reiche wollte vereinigen Gott: Zu unterwerfen einer, der einzigen,
Herrschaft, was immer sich fügen mochte edler Gesittung,
unter einträchtigem Joch leichte Zügel nur tragen zu lassen,
hat er beschlossen, auf daß die Herzen der Menschen halte
                                    verbunden
Liebe zur Religion; kann sonst doch nicht werden der Bund jemals
                                    Christi
würdig, wenn nicht verbindet ein einziger Geist die
                        zusammengeschlossenen Stämme.
                    (*Gegen Symmachus* 2,586 ff., Übers. B. Kytzler)

Rom hat große Erfolge und Triumphe gefeiert und damit für
Christus den Weg bereitet. So hat es erst jetzt, dank Kaiser Theodosius, den Gipfel seiner Größe erreicht, hat sein Greisentum abgelegt und sich wieder verjüngt.

Denique nec metas statuit nec tempora ponit,
imperium sine fine docet, ne Romula virtus
iam sit anus, norit ne gloria parta senectam.

Endlich setzt er keine Grenzen und gibt keine zeitlichen
Schranken,
Herrschaft ohne Ende lehrt er, daß nimmer die römische Tugend
werde zur Greisin, daß nimmer kenne ihr neu erworbener
Ruhm je ein Alter.

(Gegen Symmachus 1,541 ff., Übers. B. Kytzler)

In Vergils *Aeneis* hatte Jupiters Verheißung an die künftigen
Römer gelautet:

> *His ego nec metas rerum nec tempora pono,*
> *imperium sine fine dedi.*

> Ihnen setze ich weder Grenzen im Raum noch in der Zeit,
> ein Reich ohne Ende habe ich ihnen bestimmt.

(Aen. 1,277 f.)

Diese Prophezeiung, die bei Heiden wie bei Christen immer wieder anklingt, ist nun, zu günstiger Stunde, auf das christliche Rom
übertragen.

Prudentius erklärt, er werde Roma selbst in seinem Gedicht
auftreten lassen, ihr aber eine passendere Rede als einst Symmachus in den Mund legen. Seine Roma trauert nicht über tote Opfer, sie schaut hoffnungsvoll in die Zukunft und preist die jungen
Herrscher, Theodosius' Söhne. Sie haben »den gotischen Tyrannen« Alarich aus Italien vertrieben, mit Christi Beistand und alt-
bewährter römischer Tapferkeit. Höchster Preis gebührt dem
Feldherrn Stilicho: Unter Christi Leitung wird er das Reich zum
Himmel emporführen. Rom ist keineswegs, wie so oft behauptet,
auf Gedeih und Verderb mit den alten Göttern verbunden; auch
der Christengott verhilft Roms Waffen zum Sieg, kann Prudentius
nach den Schlachten gegen Alarich verkünden. Und in seiner Sprache und Dichtkunst führt er den Beweis, daß die geistigen Besitz-

tümer bei ihm, dem Christen, ebenfalls in guten Händen sind.
Können ihm nicht alle zustimmen, wenn er seine christliche Roma
sagen läßt:

Nunc, nunc iusta meis reverentia conpetit annis,
nunc merito dicor venerabilis et caput orbis.

Jetzt, ja jetzt wird zuteil meinen Jahren die rechte Verehrung,
jetzt erst heiß ich zu Recht ehrwürdig und Haupt auf dem
Erdkreis.

(*Gegen Symmachus* 2,661 f.,Übers. B. Kytzler)

»Es ist wahrhaftig nichts Geringes, seine Gegenwart so zu erleben,
eine irdische Macht und ein Ereignis so in göttliches Licht zu stellen, wie es Prudentius getan hat« (Friedrich Klingner).

Die Sieges- und Hochstimmung nach den Schlachten von Pollentia und Verona im Jahre 402 sollte jedoch nicht andauern. 410
geschah das Unfaßbare, das alle Bewohner des Reiches, ob in
Afrika, Syrien oder Gallien, in tiefste Verzweiflung stürzte: Der
Westgotenkönig Alarich eroberte Rom und plünderte und brand-
schatzte es drei Tage lang. Seit den Tagen des Galliersturms, fast
vier Jahrhunderte vor Christi Geburt, hatte kein Feind mehr Rom
betreten, selbst Hannibal nicht. Und gerade hatte man noch die
Roma aeterna gepriesen, die sich sieghaft zu gottgewollter neuer
Größe erhob. Christen wie Heiden waren verstört. Die einen sag-
ten: »Ist dies nicht doch die Rache der alten Götter?« Und die
Christen konnten den bangen Fragen nicht ausweichen: »Erleiden
wir nun die Strafe dafür, daß wir den Glauben der Väter verlassen
haben? Wo ist unser Gott, warum hilft er uns nicht?« Was sollte
aus der altehrwürdigen Roma werden, ging mit ihr nicht auch alles
zugrunde, an das man geglaubt hatte, die neuerworbene Synthese
einer heidnisch-christlichen Romidee?

Die Antwort kam aus Afrika, von Augustinus. Flüchtlinge, die
aus Spanien vor den Vandalen und aus Gallien und Italien vor den
Westgoten geflohen waren, hatten schon vor Roms Katastrophe
die Küsten Afrikas erreicht. Augustinus war nun Bischof von
Hippo Regius (bei Annaba im heutigen Algerien). Es war der

zweitgrößte Seehafen Afrikas, der, weit westlicher als Karthago gelegen, zur Auffangstelle aller aus Italien, Spanien und Gallien Geflüchteten wurde. Ihnen ließ Augustinus nach Kräften Hilfe zuteil werden; er spürte aber, daß mehr von ihm gefordert wurde als Nahrung und Obdach. So versuchte er, Antworten zu finden auf die Fragen, mit denen man ihn bedrängte und die auch ihn selbst als Hirten seiner Gläubigen nicht zur Ruhe kommen ließen. Er bemühte sich, gültige Auskunft zu geben, als ob er schon geahnt hätte, daß eine vergleichbare Katastrophe wie Rom auch Hippo Regius treffen würde, daß er während einer jahrelangen Belagerung seiner Bischofsstadt durch die Vandalen sterben sollte.

Augustinus zieht eine deutliche Grenze zwischen Weltgeschichte und Heilsgeschehen. Wer sich an die schöne Vorstellung von einer »ewigen Roma« hienieden klammert, ist im Irrtum befangen. Ewigkeit gibt es nur bei Gott; es ist Hochmut, auf Erden etwas Unwandelbares zu erwarten und sich im Vertrauen darauf einzurichten. »Die irdischen Reiche wandeln sich«, sagt Augustinus, »sie gehen sogar zugrunde.« Auch ist dem Christen kein sorglos-glückliches Leben im weltlichen Sinne verheißen worden, sondern »es sind Bitterkeiten unter das zeitliche Leben gemischt, damit das Ewige begehrt werde« und der Mensch sich läutere. Dies betont Augustinus nicht nur in seinem großen Werk *Vom Gottesstaat, De civitate Dei*, sondern auch in seinen Briefen und Predigten sowie in den Erklärungen zu den Psalmen, die er den Gläubigen immer wieder zur inneren Stärkung empfiehlt. Der Christ hat zwar teil an der irdischen Welt und ihren Geschehnissen, aber er durchwandert sie als ein Pilger, dessen Ziel die ewige Stadt, das himmlische Jerusalem, ist. Augustinus wendet sich an all jene, die sich als Nachfahren der Römer verstehen und immer noch meinen, daß der Götterkult das Heil garantiere: »Wenn dir, du preiswürdige römische Nachkommenschaft eines Regulus und Scipio, noch etwas von deiner lobenswerten Veranlagung geblieben ist, dann wird es allein durch wahre Frömmigkeit geläutert und vollendet werden. Entscheide dich also für den rechten Weg, damit du nicht in dir, sondern im wahren Gott, ohne zu irren, deinen Ruhm findest. Er war ja einst deinem Volk zu eigen, nur fehlte dir noch die wahre Religion. Nun aber laden wir dich in das wahre Vaterland ein und ermahnen dich, daß du dich seinen Bürgern anschließt. Jetzt greife nach dem himmlischen Vaterland, für das du nur ein weniges leiden mußt, in dem du aber in Wahrheit und auf immer herrschen wirst. Denn dort wird dir der eine und wahre Gott das Reich ohne Ende und ohne Grenzen verleihen:

> *nec metas rerum nec tempora ponit,*
> *imperium sine fine dabit.*
>
> (*Civ. Dei* 2,29)

Vergils Prophezeiung (*Aen.* 1,277 f.) hat nun ihre endgültige Deutung gefunden: in einem Bereich, wo sie nicht mehr durch den Schrecken der Geschichte widerlegt werden kann.

Dies war eine Botschaft für die Zeiten der Drangsal, die nun angebrochen waren und zum Untergang des weströmischen Reiches führen sollten. Rom ging jedoch nicht unter. Trotz aller Wunden und Zerstörungen überlebte es die Katastrophe des weströmischen Reiches und die folgenden »dunklen Jahrhunderte«. Die Kirche wahrte – trotz Augustinus' Verdikt – die Idee der *Roma aeterna*, und sie hütete, seinem Wort getreu, die goldenen und silbernen Gefäße, mit denen er die geistigen und kulturellen Schätze des Heidentums gemeint hatte. Päpste sorgten für Glanz und Ansehen der heiligen Stadt, auch die Reichsidee erstand von neuem, als Karl der Große im Jahr 800 in Rom das Zepter eines wiedererstehenden *Imperium Romanum* und dazu den Titel eines Augustus erhielt. In der Folgezeit wechselten Kaiserkrönungen und Katastrophen; es gab die Krönung Karls IV. und den fürchterlichen *Sacco di Roma*, die Plünderung und Verwüstung durch die Landsknechte Karls V.

Petrarca, der leidenschaftliche Liebhaber Roms, wurde 1341 auf dem Kapitol zum Dichter gekrönt. In bewegenden Versen beklagte er den Verfall der antiken Monumente. Wie so viele Dichter vor ihm ließ er die Gestalt der Roma auftreten. Seine Roma ruft ihren Gatten, den Papst, aus dem Exil von Avignon zur Hilfe herbei. Er soll heimkommen und sie, die in den Staub gesunkene edle

Gemahlin, retten und wieder aufrichten (»An Papst Clemens VI.«, *Epistulae metricae* 2,3). Petrarca verbindet heidnisches und christliches, kaiserliches und päpstliches Rom, indem er an die Geschichte erinnert, die zum Bau der Kirche S. Maria in Aracoeli führte, die auf den Grundmauern des Tempels der Juno Moneta errichtet wurde. Eine der Sibyllen, der gotterfüllten wahrsagenden Frauen, kam, wie es heißt, einst zu Augustus und verkündete ihm die Geburt des göttlichen Kindes. Sie zeigte zum Himmel hinauf, und der Kaiser erblickte dort das Christuskind. Darauf nannte er die Stätte, an der er sich befand, *ara coeli*, Altar des Himmels, und ließ einen Altar aufstellen mit der Inschrift: »*Ecce Ara Primogeniti Dei* – Hier steht der Altar des Erstgeborenen Gottes.« Diese Inschrift ist heute noch in der Kirche Aracoeli zu lesen, in der Santo Bambino, eine wundertätige Statue des Jesuskindes, verehrt wird. Neben der großen Freitreppe, der »Himmelsleiter«, führt eine weitere Treppe zum Seitenportal. Sie stammt aus der Zeit, als die Kirche auch weltlicher Versammlungsort war, eine Art Kurie, und verband die Kirche mit dem Kapitolsplatz, der auch im Mittelalter und in der frühen Neuzeit seine Bedeutung als geschichtliche Stätte behielt.

Das Kapitol, das Herz von Rom, zieht auch die heutigen Besucher an, die auf den Spuren der antiken Dichter und Denker die Stadt durchwandern. Nur in Gedanken finden sie Catull noch auf dem Palatin, zu Besuch bei seiner geliebten Lesbia, oder Vergil und Horaz bei Maecenas in dessen Gärten auf dem Esquilin, oder Juvenal in der Subura, Cicero in der Kurie, Petron und Seneca bei Nero in seinem Goldenen Haus, Ovid am Circus Maximus zum Rendezvous mit einer Schönen, oder den jüngeren Plinius bei einem glänzenden Plädoyer in der Basilica Julia, den älteren Plinius im Auftrag Vespasians die Bauarbeiten am Kolosseum überwachend. Marc Aurel aber konnte man auf dem Kapitol Auge in Auge gegenübertreten und hatte in seiner herrscherlichen Segensgeste das imperiale Rom und in seinem verinnerlichten Antlitz das geistige Rom vor sich. Der leere Kapitolsplatz und die Verbannung des Kaisers hinter Glas schienen seinen Worten von der Vergänglichkeit alles Irdischen recht zu geben. Aber der Nachruhm ist doch nicht Lethe, Vergessen, wie Marc Aurel gesagt hatte. Am 21. April, dem Geburtstag Roms, ziert ein bunter Blumenteppich das Kapitol, mit dem Bild des Kaisers zu Pferde. Nun kehrt die Statue zurück – als Kopie: ein Sinnbild für unser Zeitalter, das zerstörend und bewahrend zugleich das Seine beiträgt zur Geschichte der einstmals goldenen und vielleicht auch ewigen Roma.

Anhang

Zeittafel

v. Chr.

106	3. Januar: Marcus Tullius Cicero in Arpinum geboren
100	13. Juli: Gaius Julius Caesar in Rom geboren
91–89	Bundesgenossenkrieg
89	Verleihung des Bürgerrechts an die Bundesgenossen (*Lex Plautia Papiria*)
88–82	Bürgerkrieg zwischen Marius und Sulla
um 84	Gaius Valerius Catullus in Verona geboren
82–79	Diktatur Sullas. Erstes Auftreten Ciceros als Redner (*Rede für Sextus Roscius aus Ameria*). Tod Sullas
70	Konsulat des Pompeius und Crassus. Aufhebung der sullanischen Gesetze
	15. Oktober: Publius Vergilius Maro in Andes bei Mantua geboren
66	Pompeius erhält den Oberbefehl im 3. Mithridatischen Krieg. Ciceros Rede *De imperio Cn. Pompei – Für den Oberbefehl des Gnaeus Pompeius*. Neuordnung der Ostprovinzen durch Pompeius
65	8. September: Quintus Horatius Flaccus in Venusia geboren
63	23. September: Augustus (Gaius Octavius) in Rom geboren
	Nov. – Dez. Cicero deckt als Konsul die Verschwörung des Catilina auf und läßt die Verschwörer hinrichten. Vier *Catilinarische Reden* Ciceros
62	Tod Catilinas in der Schlacht bei Pistoria
60	Triumvirat des Pompeius, Caesar und Crassus: Privates Bündnis zur Durchsetzung politischer Ziele
59	Konsulat Caesars
58–51	Caesar Provinzstatthalter von *Gallia cisalpina*, *Illyricum* und *Gallia Narbonensis*. Eroberung des übrigen Galliens durch Caesar, 52 Sieg über Vercingetorix, Einnahme von Alesia
58–57	Cicero in der Verbannung wegen der Hinrichtung der Catilinarier (rückwirkendes Gesetz des Volkstribuns Publius Clodius)
56	Ciceros Rede für Sestius: Programm des Zusammenschlusses aller staatstreu Gesinnten (*consensus omnium bonorum*). Erneuerung des Triumvirats von Caesar, Pompeius und Crassus auf der Konferenz von Luca
55	Zweites Konsulat des Pompeius und Crassus. Ciceros erste schriftstellerische Periode: *De oratore – Vom Redner*; *De re publica – Vom Staatswesen*; *De legibus – Von den Gesetzen*
54	Catull gestorben

53	Niederlage und Tod des Crassus in der Schlacht von Carrhae gegen die Parther. Beginnende Entfremdung zwischen Pompeius und Caesar
52	Ermordung des Clodius, Unruhen in Rom. Ciceros *Rede für Milo*. Pompeius alleiniger Konsul
51	Veröffentlichung von Ciceros *De re publica*. Cicero Statthalter in Kilikien (Kleinasien)
49	Verhandlungen über Caesars Ablösung in Gallien, Zuspitzung des Konflikts zwischen ihm und dem Senat
	10. Januar: Caesar überschreitet den Rubikon und nimmt Rom und Italien ein. Pompeius als Oberbefehlshaber der Truppen des Senats zieht sich nach Griechenland zurück
48	9. August: Niederlage des Pompeius bei Pharsalus. Pompeius auf der Flucht in Ägypten ermordet
48–47	Alexandrinischer Krieg. Caesar setzt Kleopatra als Königin ein
46	Sieg Caesars bei Thapsus über die Pompeianer. Freitod Catos des Jüngeren in Utica. Caesar als Diktator in Rom
45	Sieg Caesars bei Munda in Spanien über die Söhne des Pompeius.
	Caesar Diktator auf Lebenszeit. Neuordnung des Staates Tod von Ciceros Tochter Tullia. Zweite schriftstellerische Periode Ciceros während erzwungener politischer Untätigkeit: *Hortensius* (Hinführung zur Philosophie), *Academici libri* (Darstellung der philosophischen Schule der Akademiker), *De finibus bonorum et malorum – Über das höchste Gut und das größte Übel* (über die Ziele menschlichen Handelns); *Tuskulanische Gespräche*; *Orator – Vom Redner*; *Brutus de claris oratoribus – Über die berühmten Redner*. Cicero im Kreise von Freunden und Schülern auf dem Tusculanum
45–44	Ciceros Reden vor Caesar für ehemalige Pompeianer: *Für Marcellus, Für Ligarius, Für den König Deiotarus*. Philosophische Werke *De natura deorum – Vom Wesen der Götter*; *Cato Maior de senectute – Vom Alter*; *De fato – Vom Schicksal*; *Laelius de amicitia – Von der Freundschaft*; *De officiis – Von den Pflichten*
44	15. März: Ermordung Caesars. Testamentarische Adoption seines Großneffen Gaius Octavius (Octavian). Caesars General Marcus Antonius gewinnt die Oberhand, die Caesarmörder Marcus Brutus und Gaius Cassius müssen Rom verlassen, sammeln Heere in den Ostprovinzen
44–42	Bürgerkrieg zwischen Caesars Nachfolgern und den Exponenten der Senatsregierung. Cicero hält die *Philippischen Reden* gegen Antonius
43	21. April: Schlacht von Mutina: Sieg der Konsuln Hirtius und Pansa gemeinsam mit Octavian über Antonius

43	20. März: Publius Ovidius Naso in Sulmona geboren Octavian wendet sich vom Senat ab, marschiert auf Rom, erzwingt sich das Konsulat 11. November: Triumvirat zwischen Antonius, Octavian und Lepidus. Schreckensherrschaft in Rom durch die Proskriptionen: Ächtung der Caesarmörder und aller Sympathisanten 7. Dezember: Cicero bei Formiae ermordet
42	Schlacht von Philippi: Sieg des Antonius und Octavian, Niederlage und Tod des Brutus und Cassius. Horaz Militärtribun im geschlagenen Heer. Antonius geht in den Osten. Veteranenansiedlungen und Landenteignungen unter Octavian in Italien. Vergil beginnt seine *Hirtengedichte – Eklogen*
40	Abkommen von Brundisium. Antonius erhält den Osten des Reiches, Octavian den Westen, Lepidus Afrika
39	Vergil im Kreis des Maecenas. Er führt Horaz ein, der mit der Dichtung der *Satiren* und *Epoden* beginnt
38	Erneuerung des Triumvirats auf fünf Jahre
37	Vertrag von Tarent (für Octavian von Maecenas vorbereitet). Antonius überläßt Octavian seine Flotte
36	Seesieg von Octavians Heerführer Agrippa über Sextus Pompeius, den Sohn des Pompeius, bei Mylae und Naulochus. Vergil arbeitet an den *Georgica – Vom Landbau* Antonius vermählt sich mit Kleopatra und macht ihr römische Gebiete zum Geschenk. Octavian rüstet zum Krieg
31	2. September: Schlacht von Actium: Seesieg des Octavian über Antonius und Kleopatra
30	3. August: Einnahme von Alexandria, Selbstmord des Antonius und der Kleopatra. Ägypten wird römische Provinz
29	Rückkehr des Octavian. Vergil liest ihm die *Georgica* vor
27	13. Januar: Octavian gibt seine Vollmachten zurück, erhält den Ehrennamen Augustus, begründet die Regierungsform des Prinzipats. Vergil arbeitet an der *Aeneis*
23	Horaz gibt die ersten drei Odenbücher heraus
nach 20	Ovid veröffentlicht die *Amores – Liebesgedichte*
19	Vergil stirbt in Brundisium. Die *Aeneis* wird aus seinem Nachlaß herausgegeben
17	Säkularfeier in Rom, Horaz verfaßt das Festgedicht, das *carmen saeculare*
9	Einweihung der Ara Pacis in Rom
8	Ende September: Tod des Maecenas 27. November: Tod des Horaz
4	(?) Lucius Annaeus Seneca in Corduba (Spanien) geboren
2	Augustus erhält den Titel *Vater des Vaterlandes*, verbannt seine Tochter Julia

nach Chr.

1/2	Ovid verfaßt die *Ars amatoria – Liebeskunst*, beginnt die *Fasten* und die *Metamorphosen*
4	Augustus adoptiert seinen Stiefsohn Tiberius, dieser ist als Feldherr in Germanien und im Donauraum
8	Julia die Jüngere, Enkelin des Augustus, verbannt. Ovid wird nach Tomi am Schwarzen Meer relegiert
8–17/18	Ovid schreibt die *Tristien – Klagelieder*, die *Epistulae ex Ponto – Briefe vom Schwarzen Meer*, bearbeitet die *Fasten* (6 Bücher)
14	Tod des Augustus, Regierungsantritt des Tiberius
14–37	Kaiser Tiberius
37–41	Kaiser Caligula
37	15. Dezember: Geburt des Lucius Domitius Ahenobarbus, des späteren Kaisers Nero, in Antium
39	Verschwörung gegen Caligula, Verbannung Agrippinas der Jüngeren und Julia Livillas, der Schwestern des Caligula
41	24. Januar: Ermordung des Caligula. Regierungsantritt seines Onkels Claudius. Rückberufung der Agrippina und Julia Livilla aus dem Exil. Geburt des Britannicus, Sohn des Claudius und der Messalina, Bruder der Octavia
	Seneca verfaßt seine Schrift *De ira – Vom Zorn*
41–49	Seneca nach Korsika relegiert, Julia Livilla erneut verbannt
49	Vermählung des Claudius mit seiner Nichte Agrippina, Rückberufung Senecas aus dem Exil. Er verfaßt *De brevitate vitae – Von der Kürze des Lebens*
50	Adoption Neros durch Claudius, Seneca ist Neros Lehrer und Erzieher
51	Sextus Afranius Burrus wird Präfekt der Prätorianergarde
54	Tod des Claudius, Regierungsantritt Neros, Seneca sein Ratgeber
54–59	Das »glückliche Jahrfünft« Roms. Nero unter der Leitung des Burrus und des Seneca
56	Seneca verfaßt seinen Fürstenspiegel *De clementia – Über die Milde*
58	Seneca schreibt *De beata vita – Vom glücklichen Leben*
59	Ermordung Agrippinas durch Nero
61/62	Gaius Plinius Caecilius Secundus (d. J.) in Como geboren
62	Tod des Burrus, Tigellinus Präfekt der Prätorianergarde, Verstoßung Octavias, Vermählung Neros mit Poppaea, Seneca zieht sich zurück, beginnt die philosophischen *Briefe an Lucilius*
64	Brand Roms, Christenverfolgungen. Bau des Goldenen Hauses
65	19. April: Die Pisonische Verschwörung wird aufgedeckt
	Senecas Tod

66	Tod des Gaius Petronius Arbiter
67/68	Aufstand gegen Nero, der Selbstmord begeht
68/69	Vierkaiserjahr; Galba, Vitellius, Otho und Vespasian
69–79	Titus Flavius Vespasianus begründet die Flavische Dynastie. Er erbaut auf dem Gelände des Goldenen Hauses Thermen und das Kolosseum
70	Eroberung von Jerusalem durch Vespasians Sohn Titus
79–81	Kaiser Titus
79	24. August: Ausbruch des Vesuvs, Tod Plinius' des Älteren
81–96	Kaiser Domitian
96–192	Die Wahl- oder Adoptivkaiser
96–98	Kaiser Nerva, adoptiert den Spanier Trajan, dieser ist Mitregent und Heerführer
98–109	Plinius der Jüngere verfaßt seine Briefe Buch 1 – 9, Adressaten u. a. der Geschichtsschreiber Tacitus und der Kaiserbiograph Sueton
98–117	Kaiser Trajan. Das römische Weltreich erreicht seine größte Ausdehnung
100	Plinius hält anläßlich seines Konsulatsantritts seinen *Panegyricus*, die Lobrede auf Kaiser Trajan
um 100–130	Juvenal verfaßt seine *Satiren*
111–114	Plinius Statthalter in Bithynien, Briefwechsel mit Trajan (Buch 10)
117–138	Kaiser Hadrian
138–161	Kaiser Antoninus Pius. Frieden und wirtschaftliche Blüte im römischen Reich
161–180	Kaiser Marc Aurel, regiert zuerst zusammen mit seinem Adoptivbruder Lucius Verus
162–165	Krieg gegen die Parther, Verus Befehlshaber, römische Siege. Das heimkehrende Heer schleppt die Pest ein
167–175	1. Markomannenkrieg. Marc Aurel sichert die Donaugrenze. Er beginnt in Carnuntum seine *Selbstbetrachtungen*
169	Aufbruch des Marc Aurel und Lucius Verus in den Norden zur Sicherung der Grenzen. Tod des Lucius Verus
175	Aufstand des Avidius Cassius im Osten, wird niedergeschlagen, Tod des Cassius
176	Triumph des Marc Aurel in Rom, zusammen mit seinem Sohn Commodus, den er zum Mitregenten ernennt
178–180	2. Markomannenkrieg, Marc Aurel und Commodus operieren erfolgreich gegen Quaden und Markomannen
180	Marc Aurel stirbt in Vindobona (Wien), wohl an der Pest
180–192	Kaiser Commodus, Ende des Adoptivkaisertums. Errichtung der Marc-Aurel-Säule in Rom, Commodus wegen seiner Exzesse im Caesarenwahn ermordet

193–235	Severische Dynastie
nach 200	Entstehung des Dialogs *Octavius* des Christen Minucius Felix
212	*Constitutio Antoniniana*: Verleihung des vollen römischen Bürgerrechts an alle freien Einwohner des Reiches unter Kaiser Caracalla (M. Aurelius Antoninus)
235–284	Soldatenkaiser
249–250	Christenverfolgung unter Kaiser Decius
284–305	Kaiser Diokletian dezentralisiert die Reichsverwaltung. Einführung der Tetrarchie: Zwei Herrscher als *Augusti*, ihnen beigeordnet zwei *Caesares* (»Juniorkaiser«). Dies führt in der Folge zu Rivalenkämpfen, aus denen Konstantin der Große als alleiniger Sieger hervorgeht
312	Sieg des Konstantin über Maxentius an der Milvischen Brücke: »*In hoc signo vinces* – In diesem Zeichen wirst du siegen«. Konstantin nimmt das Christentum an
313	Toleranzedikt von Mailand: Anerkennung des Christentums
324–337	Konstantin Alleinherrscher, residiert in der neuen christlichen Hauptstadt Konstantinopel (Byzanz). Neuordnung des Reiches
325	Konzil von Nicaea: Der Arianismus wird als Irrlehre verurteilt. Das sog. nicaenische oder athanasische Glaubensbekenntnis (nach seinem Verfechter, Bischof Athanasius) definiert Christus als wesensgleich mit Gottvater: *homousios, unius substantiae*
337	Nach Konstantins Tod Thronstreitigkeiten unter seinen Söhnen
337–361	Konstantins Sohn Constantius II. regiert als Alleinherrscher und christlicher Kaiser
357	Schlacht bei Argentoratum (Straßburg): Sicherung der Rheingrenze gegen Franken und Alemannen durch Constantius' Vetter Julian als Caesar
361–363	Kaiser Julian, wegen seiner Rückkehr zum Heidentum Apostata, der Abtrünnige, genannt. Julian stirbt auf dem Perserfeldzug, das Reich wird wieder christlich
364–375	Kaiser Valentinian I. Sein Bruder Valens kämpft als Mitregent gegen die Goten, Valentinian gegen die Alemannen. Dieser ernennt seinen Sohn Gratian 375 zum Herrscher über den westlichen Reichsteil
367–383	Gratian, Sohn Valentinians I., mit acht Jahren bereits zum Augustus ernannt, bestimmt den Feldherrn Theodosius zum Mitkaiser im Osten, wendet sich unter dem Einfluß des Mailänder Bischofs Ambrosius (um 340 – 397) gegen die Heiden, läßt den Victoria-Altar aus der römischen Kurie entfernen
375	Beginn der Völkerwanderung durch den Aufbruch der Hunnen, die das Ostgotenreich in Südrußland zerschlagen und die Goten vertreiben

375–392	Valentinian II., geb. 371, Sohn Valentinians I., regiert zuerst neben seinem Stiefbruder Gratian, tritt dann dessen Nachfolge im Westen an. Im Osten regiert Theodosius I. mit Regierungssitz Konstantinopel
378	Schlacht bei Adrianopel gegen die Westgoten. Kaiser Valens fällt. Krisendatum der römischen Geschichte
383	Gratian im Verlauf der Kämpfe gegen den Usurpator Maximus getötet
384	Vettius Agorius Praetextatus, zum *Praefectus praetorio* Italiens ernannt, stirbt
	Quintus Aurelius Symmachus (um 345 – nach 402) bittet Kaiser Valentinian II. um die Wiederaufstellung des Victoria-Altars in der Kurie in Rom und die Aufhebung der Restriktionen gegen den Götterdienst. Auf Betreiben des Ambrosius lehnt der Kaiser ab
	Aurelius Augustinus (354 – 430), Rhetorikprofessor in Mailand, wird von Ambrosius für das Christentum gewonnen
386/387	Augustinus mit Monica und seinen Freunden in Cassiciacum: Dialog *De beata vita – Vom glücklichen Leben*
387	Augustinus erhält an Ostern in Mailand die Taufe
	Im Herbst Aufenthalt Augustins in Ostia, Tod Monicas
um 390	Ammianus Marcellinus verfaßt sein Geschichtswerk
391	Edikt des Theodosius: Verbot aller heidnischen Kulte, das Christentum wird Staatsreligion
	Augustinus wird Bischof in Hippo Regius (Numidien)
392	Tod Valentinians II.
	Der Franke Arbogast inthronisiert den heidenfreundlichen Schattenkaiser Eugenius
394	Niederlage und Tod des Eugenius in der Schlacht am Frigidus gegen Theodosius
394–395	Theodosius der Große Alleinherrscher
395	Mit dem Tod des Theodosius endet die Reichseinheit. Seine Söhne herrschen über ein Westreich (Honorius), Sitz seit 404 in Ravenna, und ein Ostreich (Arcadius), Sitz Konstantinopel
395–408	Der Vandale Stilicho als Reichsfeldherr im Westreich
395–423	Kaiser Honorius
um 400	Macrobius verfaßt seine *Saturnalien*
400	Claudians Gedicht auf das Konsulat des Stilicho
401	Der Westgotenkönig Alarich fällt in Italien ein
402	Schlacht bei Pollentia, Sieg Stilichos über Alarich bei Verona
	Prudentius (348 – nach 405) bedeutendster christlicher Dichter. Gedicht *Gegen Symmachus*: Widerlegung der Argumente des Symmachus zugunsten einer christlichen Romidee
410	Alarich nimmt Rom ein. Augustinus beginnt *De civitate Dei – Vom Gottesstaat*

430   Augustinus stirbt während der Belagerung seiner Bischofsstadt
           Hippo Regius durch die Vandalen
476   4. September: Der Germanenkönig Odoaker stürzt den letzten
           weströmischen Kaiser Romulus Augustulus (475 – 476). Ende
           des weströmischen Reiches
493–526   Der Ostgotenkönig Theoderich herrscht in Italien
524/526   Boethius (geb. um 480) verfaßt im Kerker (wohl in Pavia) vor
           seiner Hinrichtung durch Theoderich die *Consolatio philoso-
           phiae – Der Trost der Philosophie*, eine Zusammenfassung anti-
           ken und Vorbereitung mittelalterlichen Denkens

Texte und Verständnishilfen

Literaturgeschichtliche Darstellungen

Albrecht, Michael von: Die römische Literatur in Text und Darstellung. 5 Bde. Stuttgart 1985–91. (Reclams Universal-Bibliothek. 8066–8070.)
Bd. 1: Republikanische Zeit I (Poesie). Hrsg. von Hubert Petersmann und Astrid Petersmann. Stuttgart 1991 [u. ö.].
Bd. 2: Republikanische Zeit II: Prosa. Hrsg. von Anton D. Leeman. Stuttgart 1985 [u. ö.].
Bd. 3: Augusteische Zeit. Hrsg. von Michael von Albrecht. Stuttgart 1987 [u. ö.].
Bd. 4: Kaiserzeit I: Von Seneca maior bis Apuleius. Hrsg. von Walter Kißel. Stuttgart 1985 [u. ö.].
Bd. 5: Kaiserzeit II: Von Tertullian bis Boethius. Hrsg. von Hans Armin Gärtner. Stuttgart 1988 [u. ö.].
Albrecht, Michael von: Geschichte der römischen Literatur von Andronicus bis Boethius. Mit Berücksichtigung ihrer Bedeutung für die Neuzeit. Bern/München 1992. München 1994.
Büchner, Karl: Römische Literaturgeschichte. Ihre Grundzüge in interpretierender Darstellung. Stuttgart 1957. ⁵1980.
Dihle, Albrecht: Die griechische und lateinische Literatur der Kaiserzeit. Von Augustus bis Iustinian. München 1989.
Fuhrmann, Manfred: Römische Literatur. In: Neues Handbuch der Literaturwissenschaft. Hrsg. von M. F. Bd. 3. Frankfurt a. M. 1974.
Herzog, Reinhart / Schmidt, Peter L. (Hrsg.): Handbuch der Lateinischen Literatur der Antike. Bd. 1 ff. München 1989 ff.
Kroh, Paul: Lexikon der antiken Autoren. Stuttgart 1972.
Senoner, Raimund (Hrsg.): Die römische Literatur. München 1981.
Tusculum-Lexikon. Ein Lexikon griechischer und lateinischer Autoren der Antike und des Mittelalters. Hrsg. von W. Buchwald [u. a.]. München/Zürich. 3., neubearb. Aufl. 1982.

Interpretationen

Albrecht, Michael von: Meister römischer Prosa von Cato bis Apuleius. Heidelberg 1971. ²1983.
Albrecht, Michael von: Römische Poesie. Texte und Interpretationen. Heidelberg 1977.
Büchner, Karl: Römertum. Versuch einer Wesensbestimmung. Stuttgart 1980.

Heinze, Richard: Vom Geist des Römertums. Stuttgart 1938. ⁴1972.
Klingner, Friedrich: Römische Geisteswelt. Mit einem Nachw. hrsg. von Karl Büchner. München ⁴1961. Nachdr. Stuttgart ⁵1979.
Kytzler, Bernhard (Hrsg.): Klassische Autoren der Antike. Literarische Porträts von Homer bis Boethius. Frankfurt a. M. / Leipzig 1992.
Leeman, Anton D.: Form und Sinn. Studien zur römischen Literatur. Frankfurt a. M. 1985.
Seel, Otto: Römertum und Latinität. Stuttgart 1964.

Römische Geschichte und Kulturgeschichte

Bengtson, Hermann: Römische Geschichte. Republik und Kaiserzeit bis 284 n. Chr. München ⁶1988.
Bleicken, Jochen: Geschichte der Römischen Republik. München ⁴1992.
Carcopino, Jérôme: Rom. Leben und Kultur in der Kaiserzeit. Mit einem Vorw. von Raymond Bloch hrsg. von Edgar Pack. Stuttgart 1977 [u. ö.].
Christ, Karl: Römische Geschichte. Einführung, Quellenkunde, Bibliographie. Darmstadt 1973. ⁴1990.
Christ, Karl: Die Römer. Eine Einführung in ihre Geschichte und Zivilisation. München ²1984.
Crawford, Michael: Die römische Republik. München 1984.
Dahlheim, Werner: Geschichte der römischen Kaiserzeit. München ²1989.
Daten zur antiken Chronologie und Geschichte. Hrsg. von Marieluise Deißmann. Stuttgart 1990.
Eisenhut, Werner: Die lateinische Sprache. Ein Lehrgang für deren Liebhaber. München/Zürich ⁶1989.
Friedländer, Ludwig: Sittengeschichte Roms. Leipzig ¹⁰1922/23. Neudr. Stuttgart [o. J.].
Garnsey, Peter / Saller, Richard: Das römische Kaiserreich. Wirtschaft, Gesellschaft, Kultur. Reinbek bei Hamburg 1989.
Grant, Michael: Das Römische Reich am Wendepunkt. Die Zeit von Marc Aurel bis Konstantin. München 1984.
Gregorovius, Ferdinand: Wanderjahre in Italien. München 1967. ⁴1986.
Hehn, Victor: Italien. Ansichten und Streiflichter. Nachdr. der 2. Aufl. von 1879. Mit Lebensnachrichten über Victor Hehn von Georg Dehio und einem Nachw. von Ralph-Rainer Wuthenow. Darmstadt 1992.
Held, Klaus: Treffpunkt Platon. Philosophischer Reiseführer durch die Länder des Mittelmeers. Stuttgart 1990. ²1991.
Heuß, Alfred: Römische Geschichte. Braunschweig 1960. ⁴1976.
Highet, Gilbert: Poets in a Landscape. New York 1957. Dt.: Römisches Arkadien. Dichter und ihre Landschaft. Übers. von Thomas Knop. München 1964.

König, Ingemar: Der römische Staat. Tl. 1: Die Republik. Stuttgart 1992.

Neumeister, Christoph: Das antike Rom. Ein literarischer Stadtführer. München 1991.

Peterich, Eckart: Italien. Ein Führer in drei Bänden. München 1958–63. – Bd. 1. 1958. [7]1979. – Bd. 2. 1961. [6]1980. – Bd. 3. 1963. [5]1981.

Potter, Timothy W.: Das römische Italien. Aus dem Engl. von Hans-Christian Oeser. Stuttgart 1992.

Seume, Johann Gottfried: Spaziergang nach Syrakus. München 1985. [2]1991.

Simon, Erika: Augustus. Kunst und Leben in Rom um die Zeitenwende. München 1986.

Studniczka, Hanns: Saturnische Erde. Italien. München [1965].

Stützer, Herbert Alexander: Das antike Rom. Die Stadt der sieben Hügel: Plätze, Monumente und Kunstwerke, Geschichte und Leben im alten Rom. Köln 1979. [7]1987.

Syme, Ronald: Die römische Revolution. Aus dem Engl. von F. W. Eschweiler und H. G. Degen. Hrsg. mit einem Vorw. von Werner Dahlheim. München 1992.

Veh, Otto: Lexikon der römischen Kaiser. Neuausg. München/Zürich 1990.

Veyne, Paul: Die römische Gesellschaft. Aus dem Frz. von Heinz Jatho. München 1994.

Wells, Colin: Das Römische Reich. München 1985.

Zu Kapitel 1 (Catull)

Catull. Gedichte. Einl. und Übers. von Rudolf Helm. Stuttgart: Reclam, 1965 [u. ö.]. (Universal-Bibliothek. 6638.)

Catull. Lat./Dt. Ed. W. Eisenhut. Zürich/München: Artemis Verlag, [10]1993. (Sammlung Tusculum.)

Catull. Liebesgedichte. Lat./Dt. Hrsg. von O. Weinreich. Reinbek bei Hamburg: Rowohlt, 1960. (rororo Klassiker 64.)

Cicero: Rede für Caelius. Lat./Dt. Hrsg. von Marion Giebel. Stuttgart: Reclam, 1994. (Universal-Bibliothek. 1237.)

Büchner, Karl: Die römische Lyrik. Stuttgart [2]1983.

Heine, Rolf (Hrsg.): Catull. Darmstadt 1975.

Klingner, Friedrich: Catull. In: F. K.: Römische Geisteswelt. Mit einem Nachw. hrsg. von Karl Büchner. München [4]1961. Stuttgart [5]1979. S. 218 bis 238.

Quinn, Kenneth: Catullus. An Interpretation. London 1972.

Schäfer, Eckart: Das Verhältnis von Erlebnis und Kunstgestalt bei Catull. Wiesbaden 1966.

Schmidt, Ernst A.: Catull. Heidelberg 1985.

Stroh, Wilfried: Lesbia und Juventius. Ein erotisches Liederbuch im *Corpus*

Catullianum. In: Dialog Schule und Wissenschaft. Klassische Sprachen und Literaturen. Bd. 24. München 1990. S. 134–158.

Syndikus, Hans Peter: Catull – eine Interpretation (Tl. 1–3). Darmstadt 1984–87.

Syndikus, Hans Peter / Olbrich, Wilfried: Catull und die Politik. In: Gymnasium 93 (1986) S. 34–51.

Wiseman, Timothy P.: Catullus and his World. A Reappraisal. Cambridge [u. a.] 1985.

Wiseman, Timothy P.: The Masters of Sirmio. In: T. W.: Roman Studies. Liverpool 1987. S. 308–370.

Zu Kapitel 2 (Cicero)

Cicero: Werke in Einzelausgaben in Reclams Universal-Bibliothek.

Cicero: Gespräche in Tusculum. Übers., Komm. und Nachw. von O. Gigon. Stuttgart: Reclam, 1973 [u. ö.]. (Universal-Bibliothek. 5027.)

Cicero: Gespräche in Tusculum / Tusculanae disputationes. Lat./Dt. Hrsg. von O. Gigon. Zürich/München: Artemis Verlag, 6 1992. (Sammlung Tusculum.)

Büchner, Karl: Studien zur römischen Literatur. Bd. 2: Cicero. Wiesbaden 1962.

Büchner, Karl: Cicero. Bestand und Wandel seiner geistigen Welt. Heidelberg 1964.

Büchner, Karl (Hrsg.): Das neue Cicerobild. Darmstadt 1971.

Fuhrmann, Manfred: Cicero und die römische Republik. München/Zürich 4 1991.

Gelzer, Matthias: Cicero. Ein biographischer Versuch. Wiesbaden 1969.

Giebel, Marion: Cicero. Reinbek bei Hamburg 9 1993.

Grimal, Pierre: Cicero. Philosoph, Politiker, Rhetor. München 1988.

Habicht, Christian: Cicero der Politiker. München 1990.

Harder, Richard: Die Einbürgerung der Philosophie in Rom. In: Kleine Schriften. München 1960. S. 330–353. Wiederabgedr. in: Büchner (Hrsg.): Das neue Cicerobild. S. 10–37.

Klingner, Friedrich: Cicero. In: F. K.: Römische Geisteswelt. Mit einem Nachw. hrsg. von Karl Büchner. München 4 1961. Stuttgart 5 1979. S. 110 bis 159.

Kytzler, Bernhard (Hrsg.): Ciceros literarische Leistung. Darmstadt 1973.

Meier, Christian: Cicero. Das erfolgreiche Scheitern des Neulings in der alten Republik. In: Ch. M.: Die Ohnmacht des allmächtigen Diktators Caesar. Drei biographische Skizzen. Frankfurt a. M. 1980.

Plasberg, Otto: Cicero in seinen Werken und Briefen. Darmstadt 1962.

Schmidt, Otto Eduard: Ciceros Villen. Darmstadt 1972.

Schoeck, Georg (Hrsg.): Zeitgenosse Cicero. Ein Lebensbild aus zeitgenössischen Quellen. Zürich/München 1977.

Seel, Otto: Cicero. Wort, Staat, Welt. Stuttgart ²1961.

Strasburger, Hermann: Ciceros philosophisches Spätwerk als Aufruf gegen die Herrschaft Caesars. In: Spudasmata 45 (1990). Wiederabgedr. in: H. S.: Studien zur Alten Geschichte. Bd. 3. Hildesheim / New York 1990. S. 407–490.

Willrich, Hugo: Cicero und Cäsar. Göttingen 1944.

Zielinski, Thaddäus: Cicero im Wandel der Jahrhunderte. Darmstadt ⁵1967.

Zu Kapitel 3 (Vergil)

Vergil: Landleben. Bucolica. Georgica. Catalepton. Lat./Dt. Ed. Johannes und Maria Götte. Vergil-Viten ed. Karl Bayer. München/Zürich: Artemis Verlag, ⁵1987. (Sammlung Tusculum.)

Vergil: Georgica / Vom Landbau. Lat./Dt. Übers. und hrsg. von Otto Schönberger. Stuttgart: Reclam, 1994. (Universal-Bibliothek. 638.)

Vergil: Aeneis. Übers. und hrsg. von W. Plankl und K. Vretska. Stuttgart: Reclam, 1968 [u. ö.]. (Universal-Bibliothek. 221.)

Vergil: Aeneis. Lat./Dt. übertr. von Johannes und Maria Götte. Mit einem Nachw. von Bernhard Kytzler. München/Zürich ⁹1995.

Vergil: Aeneis. Prosaübertragung mit Essay und Namenverz. von Volker Ebersbach. Leipzig: Reclam, ²1993. (Reclam-Bibliothek. 929.)

Albrecht, Michael von: Einheit und Vielfalt von Vergils Lebenswerk. In: Gymnasium 90 (1983) S. 123–143. (Sonderheft Vergil.)

Büchner, Karl: Die römische Lyrik. Stuttgart ²1983.

Commager, Steele (Hrsg.): Virgil. A collection of critical essays. Englewood Cliffs (N. J.) 1966.

Giebel, Marion: Augustus. Reinbek bei Hamburg ⁵1995.

Giebel, Marion: Vergil. Reinbek bei Hamburg ³1994.

Glei, Reinhold F.: Der Vater der Dinge. Interpretationen zur politischen, literarischen und kulturellen Dimension des Krieges bei Vergil. Trier 1991.

Grimal, Pierre: Vergil. München/Zürich 1987.

Klingner, Friedrich: Virgil. Bucolica. Georgica. Aeneis. Zürich/Stuttgart 1967.

Klingner, Friedrich: Virgils Georgica. Zürich/Stuttgart 1963.

Klingner, Friedrich: Römische Geisteswelt. Mit einem Nachw. hrsg. von Karl Büchner. München ⁴1961. Stuttgart ⁵1979. [Zu Vergil: S. 239 bis 326.]

Oppermann, Hans (Hrsg.): Wege zu Vergil. Darmstadt 1976.

Pöschl, Viktor: Die Hirtendichtung Virgils. Heidelberg 1964.

Suerbaum, Werner: Vergils *Aeneis*. Beiträge zu ihrer Rezeption in Geschichte und Gegenwart. Bamberg 1981.
Suerbaum, Werner: Der Aeneas Vergils – Mann zwischen Vergangenheit und Zukunft. In: Gymnasium 100 (1993) S. 419–447.

Zu Kapitel 4 (Horaz)

Horaz. Sämtliche Gedichte. Lat./Dt. Hrsg. von Bernhard Kytzler. Stuttgart: Reclam, 1992. (Universal-Bibliothek. 8753.)
Horaz: Sämtliche Werke. Lat./Dt. Hrsg. von Hans Färber und Wilhelm Schöne. München/Zürich: Artemis Verlag, ¹¹1993. (Sammlung Tusculum.)
Horaz: Oden. Lat./Dt. Ausgew., neu übertr. und komm. von Winfried Tilmann. Frankfurt a. M.: Insel Verlag, 1992. (it 1418.)
Horazens Satiren aus dem Lateinischen übersetzt, lat./dt., und mit Einleitungen und erläuternden Anmerkungen versehen von Christoph Martin Wieland. Leipzig 1804. Neudr.: Werke in 12 Bdn. Bd. 9: Übersetzungen des Horaz. Hrsg. von Manfred Fuhrmann. Frankfurt a. M.: Deutscher Klassiker Verlag, 1985.
Horaz: Satiren und Episteln. Lat./Dt. Übers. von Otto Schönberger. Berlin: Akademie Verlag, ²1991.

Albrecht, Michael von: Horaz. In: Die römische Satire. Hrsg. von Joachim Adamietz. Darmstadt 1986. S. 123–178.
Büchner, Karl: Studien zur römischen Literatur. Bd. 3: Horaz. Wiesbaden 1962.
Büchner, Karl: Die römische Lyrik. Stuttgart ²1983.
Classen, Carl Joachim: Eine unsatirische Satire des Horaz? Zu Hor. Sat. I 5. In: Gymnasium 80 (1973) S. 235–250.
Doblhofer, Ernst: Die Augustuspanegyrik des Horaz in formalhistorischer Sicht. Heidelberg 1966.
Doblhofer, Ernst: Horaz in der Forschung nach 1957. Darmstadt 1992.
Fraenkel, Eduard: Horaz. Darmstadt ⁴1974. [Dt. von: Horace. Oxford 1957.]
Heinze, Richard: Vom Geist des Römertums. Stuttgart 1960. [Zu Horaz: S. 172–307.]
Hommel, Hildebrecht: Horaz. Der Mensch und das Werk. Heidelberg 1950.
Klingner, Friedrich: Römische Geisteswelt. Mit einem Nachw. hrsg. von Karl Büchner. München ⁴1961. Stuttgart ⁵1979. [Zu Horaz: S. 327 bis 418.]
Kytzler, Bernhard: Horaz. Eine Einführung. München/Zürich 1985.
Lefèvre, Eckard: Horaz. Dichter im augusteischen Rom. München 1993.
Pöschl, Viktor: Horazische Lyrik: Interpretationen. Heidelberg 1991.

Radke, Gerhard: Topographische Betrachtungen zum *Iter Brundisinum* des Horaz. In: Rheinisches Museum N. F. 132 (1989) S. 54–72.

Seeck, Gustav Adolf: Über das Satirische in Horaz' Satiren. In: Gymnasium 98 (1991) S. 534–547.

Syndikus, Hans Peter: Die Lyrik des Horaz. Eine Interpretation der Oden. 2 Bde. Darmstadt 1972–73.

Zu Kapitel 5 (Ovid)

Ovid: Liebesgedichte/Amores. Lat./Dt. Hrsg. von Walter Marg und Richard Harder. Zürich/München: Artemis Verlag, [7]1992. (Sammlung Tusculum.)

Ovid: Liebeskunst / Ars amatoria. Lat./Dt. Hrsg. von Niklas Holzberg. Zürich/München: Artemis Verlag, [3]1991. (Sammlung Tusculum.)

Ovid: Ars amatoria / Liebeskunst. Lat./Dt. Hrsg. von Michael von Albrecht. Stuttgart: Reclam, 1992 [u. ö.]. (Universal-Bibliothek. 357.)

Ovid: Fasti/Festkalender. Lat./Dt. Nach der Übers. von Wolfgang Gerlach. Neu hrsg. von Niklas Holzberg. München/Zürich 1995.

Ovid: Heroides/Frauenbriefe. Lat./Dt. Hrsg. und übers. von Bruno W. Häuptli. München/Zürich 1995.

Ovid: Metamorphosen. Lat./Dt. Übers. und hrsg. von Hermann Breitenbach. Einl. von L. P. Wilkinson. Stuttgart: Reclam, 1971 [u. ö.]. (Universal-Bibliothek. 356.)

Ovid: Metamorphosen. Lat./Dt. Hrsg. und übers. von Erich Rösch. Mit einer Einf. von Niklas Holzberg, Erl. und Literaturhinweisen. München/Zürich: Artemis Verlag, [13]1992. (Sammlung Tusculum.)

Ovid: Verwandlungen. Auswahl. Hrsg. von Walter Plankl / Karl Vretska. Stuttgart: Reclam, 1983 [u. ö.]. (Universal-Bibliothek. 7711.)

Ovid: Metamorphosen. Übers. und erl. von Michael von Albrecht. München: Goldmann, 1981 [u. ö.]. (Goldmanns Klassiker. 7513.)

Ovid: Metamorphosen. Das Buch der Mythen und Verwandlungen. In Prosa neu übers. Einl. und aus dem Lat. von Gerhard Fink. Zürich/München: Artemis Verlag, [2]1990.

Ovid: Briefe aus der Verbannung / Tristia. Epistulae ex Ponto. Lat./Dt. Übers. von Wilhelm Willige. Eingel. und erl. von Niklas Holzberg. München/Zürich: Artemis Verlag, [2]1995. (Sammlung Tusculum.)

Albrecht, Michael von / Zinn, Ernst (Hrsg.): Ovid. Darmstadt 1982.

Albrecht, Michael von: Interpretationen und Unterrichtsvorschläge zu Ovids *Metamorphosen*. Göttingen 1984.

Büchner, Karl: Die römische Lyrik. Stuttgart [2]1983.

Doblhofer, Ernst: Exil und Emigration. Zum Erlebnis der Heimatferne in der römischen Literatur. Darmstadt 1987.

Döpp, Siegmar: Werke Ovids. München 1992.

Fränkel, Hermann: Ovid. A poet between two worlds. Berkeley / Los Angeles 1945. – Dt.: Ovid. Ein Dichter zwischen zwei Welten. Darmstadt 1970.

Giebel, Marion: Ovid. Reinbek bei Hamburg ²1994.

Heinze, Richard: Ovids elegische Erzählung. In: R. H.: Vom Geist des Römertums. Darmstadt ³1960. S. 308–403.

Holzberg, Niklas: Die römische Liebeselegie. Eine Einführung. Darmstadt 1990.

Munari, Franco: Ovid im Mittelalter. Zürich 1960.

Schmidt, Ernst August: Ovids poetische Menschenwelt. Die Metamorphosen als Metapher und Symphonie. Heidelberg 1991.

Stroh, Wilfried: Ovid im Urteil der Nachwelt. Eine Testimoniensammlung. Darmstadt 1969.

Zu Kapitel 6 (Seneca)

Seneca: Philosophische Schriften. Seneca-Studienausgabe. Lat./Dt. Hrsg., übers. und eingel. von Manfred Rosenbach. 5 Bde. Darmstadt: Wissenschaftliche Buchgesellschaft, 1974 ff. Bd. 1. ⁴1989; Bd. 2. ⁴1993; Bd. 3. ³1989; Bd. 4. ²1987; Bd. 5. 1989.

Lucius Annaeus Seneca: Philosophische Schriften. Einmalige Jubiläumsausgabe. 4 Bde. Hrsg. und aus dem Lat. von Otto Apelt. [Neudr. der Ausg. 1923–24.] Hamburg: Meiner, 1993.

Seneca: De brevitate vitae / Von der Kürze des Lebens. Lat./Dt. Hrsg. und übers. von Josef Feix. Stuttgart: Reclam, 1977 [u. ö.]. (Universal-Bibliothek. 1847.)

Seneca: De clementia / Über die Güte. Lat./Dt. Übers. und hrsg. von Karl Büchner. Stuttgart: Reclam, 1970 [u. ö.]. (Universal-Bibliothek. 8385.)

Seneca: De tranquillitate animi / Über die Ausgeglichenheit der Seele. Lat./Dt. Hrsg. und übers. von Heinz Gunermann. Stuttgart: Reclam, 1984 [u. ö.]. (Universal-Bibliothek. 1846.)

Seneca: De vita beata / Vom glücklichen Leben. Lat./Dt. Hrsg. und übers. von Fritz-Heiner Mutschler. Stuttgart: Reclam, 1990. (Universal-Bibliothek. 1849.)

Seneca: Vom glückseligen Leben und andere Schriften. Übers. nach Ludwig Rumpel. Hrsg. von Peter Jaerisch. Stuttgart: Reclam, 1965 [u. ö.]. (Universal-Bibliothek. 7790.)

Seneca: Vom glücklichen Leben. Übers. und hrsg. von Heinz Berthold. Frankfurt a. M.: Insel Verlag, 1992. (it 1457.)

Seneca: Von der Ruhe der Seele und andere Essays. Übers., eingef. und erl. von Gerhard Fink. München: Deutscher Taschenbuch Verlag, 1991.

Seneca: Von der Seelenruhe. Philosophische Schriften und Briefe. Hrsg. und übers. von Heinz Berthold. Frankfurt a. M.: Insel Verlag, 1990.

Seneca: Die kleinen Dialoge. Lat./Dt. Übers. von Gerhard Fink. 2 Bde. München/Zürich: Artemis Verlag, 1994. (Sammlung Tusculum.)

Seneca für Manager. Sentenzen aus den *Briefen an Lucilius*, Lat./Dt. Ausgew. und übers. von Georg Schoeck. München/Zürich: Artemis Verlag [11]1990.

Seneca für Gestreßte. Sentenzen aus den Kleinen Dialogen. Hrsg. von Gerhard Fink. Zürich/München: Artemis Verlag, 1993.

Seneca: Epistulae morales ad Lucilium / Briefe an Lucilius über Ethik. Lat./Dt. Stuttgart: Reclam, 1977 ff. (Universal-Bibliothek. 2132–2140.) [Bisher ersch.: B. 1–8. Hrsg. und übers. von Fritz Loretto (B. 1–5) und Rainer Rauthe (B. 6–8).]

Sueton: Nero. Lat./Dt. Übers. und hrsg. von Marion Giebel. Stuttgart: Reclam, 1978 [u. ö.]. (Universal-Bibliothek. 6692.)

Grimal, Pierre: Seneca. Macht und Ohnmacht des Geistes. Darmstadt 1978.

Hadot, Ilsetraut: Seneca und die griechisch-römische Tradition der Seelenleitung. Berlin 1969.

Hadot, Pierre: Philosophie als Lebensform. Geistige Übungen in der Antike. Berlin 1991.

Maurach, Gregor: Seneca. Leben und Werk. Darmstadt 1991.

Rieks, Rudolf: Das neue, universale Denken des Seneca. In: R. R.: Homo. Humanus. Humanitas. Zur Humanität in der lateinischen Literatur des ersten nachchristlichen Jahrhunderts. München 1967. S. 89–137.

Sørensen, Villy: Seneca. Ein Humanist an Neros Hof. München [2]1985.

Veyne, Paul: Weisheit und Altruismus. Eine Einführung in die Philosophie Senecas. Aus dem Franz. von Holger Fliessbach. Frankfurt a. M. 1993.

Zu Kapitel 7 (Petron)

Petronius. Satyrica/Schelmenszenen. Lat./dt. von Konrad Müller und Wilhelm Ehlers. München/Zürich: Artemis Verlag, [3]1995.

Petron: Satyrikon. Ein römischer Schelmenroman. Übers. und erl. von Harry C. Schnur. Stuttgart: Reclam, 1968 [u. ö.]. (Universal-Bibliothek. 8533.)

Petron: Satyrikon. Übers. von Carl Fischer, Einf., Erl. und Reg. von Bernhard Kytzler. München: Artemis Verlag, 1990. (dtv-Bibliothek der Antike. 2249.)

Gaius Petronius: Satiricon oder Das Gastmahl des Trimalcion. In der Übertr. von Wilhelm Heinse. Mit Ill. von Marcus Behmer. Frankfurt a. M.: Insel Verlag, 1986.

Römische Satiren. Ennius, Lucilius, Varro, Horaz, Persius, Juvenal, Seneca (Apokolokyntosis), Petronius. Eingel. und übertr. von Otto Weinreich. München/Zürich: Artemis Verlag, [2]1962. (Bibliothek der Alten Welt.)

Römische Satiren. Ennius, Lucilius, Varro, Horaz, Persius, Seneca, Petron, Juvenal, Sulpicia. Berlin: Aufbau-Verlag, ⁴1990. (Bibliothek der Antike. Römische Reihe.)

Petron. Cena Trimalchionis / Gastmahl bei Trimalchio. Lat./dt. von Konrad Müller und Wilhelm Ehlers. München: Deutscher Taschenbuchverlag, 1979. (dtv 9148.)

Bagnani, Gilbert: Arbiter of Elegance. A Study of the Life and Works of C. Petronius. Toronto 1954.

Boethius, Axel: Domus Aurea Neronis / The Golden House of Nero. Ann Arbour (Mich.) 1960.

Fellini, Federico: Satyricon. In Zsarb. mit Bernardino Zapponi. Dt. von Dieter Schwarz. Zürich 1983.

Fröhlke, Franz Michael: Petron. Darmstadt. [In Vorb.]

Hägg, Thomas: Eros und Tyche. Der Roman in der antiken Welt. Übers. von Kai Brodersen. Mainz 1987.

Heinze, Richard: Petron und der griechische Roman. In: R. H.: Vom Geist des Römertums. Darmstadt ³1960. S. 417–439.

Holzberg, Niklas: Der antike Roman. München/Zürich 1986.

Kuch, Heinrich [u. a.]: Der antike Roman. Untersuchungen zur literarischen Kommunikation und Gattungsgeschichte. Berlin 1989.

Petersmann, Hubert: Petrons *Satyrica*. In: Die römische Satire. Hrsg. von Joachim Adamietz. Darmstadt 1986. S. 383–426.

Raith, Oskar: Petronius. Ein Epikureer. Nürnberg 1963.

Rieks, Rudolf: Petron und die Dekadenz. In: R. R.: Homo. Humanus. Humanitas. Zur Humanität in der lateinischen Literatur des ersten nachchristlichen Jahrhunderts. München 1967. S. 138–166.

Slater, Niall W.: Reading Petronius. Baltimore/London 1990.

Veyne, Paul: Die Originalität des Unbekannten. Leben des Trimalchion. Frankfurt a. M. 1988.

Zu Kapitel 8 (Juvenal)

Juvenal: Die Satiren. Lat./Dt. Hrsg. und übers. von Joachim Adamietz. München/Zürich: Artemis Verlag, 1993. (Sammlung Tusculum.)

D. Iunius Juvenalis: Saturae. Mit krit. App. hrsg. von Ulrich Knoche. München: Heimeran, 1950.

Juvenal: Satiren. Übertr. und mit Anm. vers. von Ulrich Knoche. München: Heimeran, 1951.

Juvenal: Satiren. Übers., Einf. und Anhang von Harry C. Schnur. Stuttgart: Reclam, 1969 [u. ö.]. (Universal-Bibliothek. 8598.)

Adamietz, Joachim: Untersuchungen zu Juvenal. Wiesbaden 1972.

Adamietz, Joachim (Hrsg.): Die römische Satire. Darmstadt 1986.

Knoche, Ulrich: Die römische Satire. Göttingen ³1971.

Korzeniewski, Dietmar (Hrsg.): Die römische Satire. Darmstadt 1970.
Krenkel, Werner (Hrsg.): Römische Satiren in einem Band. Übers. von
W. K. Berlin 1990.

Zu Kapitel 9 *(Plinius der Ältere)*

Plinius Secundus d. Ä.: Naturkunde / Naturalis historia. Lat./Dt. Hrsg.
von Roderich König [u. a.]. München/Zürich: Artemis Verlag, 1973 ff.
[Ersch. Buch 1, 2, 3/4, 5, 7, 8, 9, 10, 11, 12/13, 14/15, 16, 18, 20, 21/22,
23, 24, 26/27, 28, 29/30, 33, 34, 35.]
Plinius der Ältere: Historia Naturalis. Eine Auswahl aus der *Naturge-*
schichte von Michael Bischoff. Nach der Übers. von G. C. Wittstein.
Leipzig 1881. Nördlingen: Greno, 1987.

Borst, Arno: Das Buch der Naturgeschichte. Plinius und seine Leser im Zeit-
alter des Pergaments. Heidelberg 1994. (Abh. Akad. Wiss., Phil.-hist.
Kl. 2.)
Kadar, Zoltan: Die Anthropologie des Plinius Maior. In: Aufstieg und Nie-
dergang der römischen Welt (ANRW). Bd. 32,4. Berlin / New York 1986.
S. 2201–24.
König, Roderich / Winkler, Gerhard: Plinius der Ältere. Leben und Werk
eines antiken Naturforschers. München 1979.
Köves-Zulauf, Thomas: Reden und Schweigen. Römische Religion bei Pli-
nius Maior. München 1972.
Köves-Zulauf, Thomas: Die Vorrede der plinianischen *Naturgeschichte*. In:
Wiener Studien. N. F. 7 (1973) S. 134–184.
Sallmann, Klaus: Die Geographie des älteren Plinius in ihrem Verhältnis zu
Varro. Berlin / New York 1971.
Sallmann, Klaus: Plinius der Ältere 1938–1970. In: Lustrum 18 (1975) S. 5
bis 299.

Zu Kapitel 10 *(Plinius der Jüngere)*

Gaius Plinius Caecilius Secundus: Briefe. Lat./Dt. Ed. Helmut Kasten.
München/Zürich: Artemis Verlag, ⁶1990. (Sammlung Tusculum.)
Plinius der Jüngere: Aus dem alten Rom. Briefe. Auswahl, Übers. und
Nachw. von Mauritz Schuster. Stuttgart: Reclam, 1960 [u. ö.]. (Universal-
Bibliothek. 7787.)
Plinius: Epistulae/Briefe. Lat./Dt. Übers. und hrsg. von Heribert Philips.
Stuttgart: Reclam, 1987 ff. (Universal-Bibliothek. 6979–6984.) [Bisher
ersch. B. 1–6.]
Plinius: Der Briefwechsel mit Kaiser Trajan. Das 10. Buch der Briefe. Lat./
Dt. Übers. und hrsg. von Marion Giebel. Stuttgart: Reclam, 1985 [u. ö.].
(Universal-Bibliothek. 6988.)

Albrecht, Michael von: Meister römischer Prosa von Cato bis Apuleius – Interpretationen. Heidelberg 1971. S. 190–196.

Binder, Gerhard [u. a.] (Hrsg.): Vom Vesuvausbruch des Jahres 79 n. Chr. Modelle für den altsprachlichen Unterricht. Latein. Frankfurt a. M. [u. a.] 1979.

Bütler, Hans-Peter: Die geistige Welt des jüngeren Plinius. Studien zur Thematik seiner Briefe. Heidelberg 1970.

Lefèvre, Eckard: Plinius-Studien I: Römische Baugesinnung und Land-schaftsauffassung in den Villenbriefen (2,17; 5,6). In: Gymnasium 84 (1977) S. 519–541.

Lefèvre, Eckard: Plinius-Studien II: Diana und Minerva. Die beiden Jagd-Billette an Tacitus (1,6: 9,10). In: Gymnasium 85 (1978) S. 37–47.

Lefèvre, Eckard: Plinius-Studien III: Die Villa als geistiger Lebensraum (1,3; 1,24; 2,8; 6,31; 9,36). In: Gymnasium 94 (1987) S. 247–262.

Lefèvre, Eckard: Plinius-Studien IV: Die Naturauffassung in den Beschrei-bungen der Quelle am Lacus Larius (4,30), des Clitumnus (8,8) und des Lacus Vadimo (8,20). In: Gymnasium 95 (1988) S. 236–269. [Mit Tafeln XIII–XVI.]

Lefèvre, Eckard: Plinius-Studien V: Vom Römertum zum Ästhetizismus. Die Würdigungen des älteren Plinius (3,5), Silius Italicus (3,7) und Mar-tial (3,21). In: Gymnasium 96 (1989) S. 113–128.

Mielsch, Harald: Die römische Villa. Architektur und Lebensform. Mün-chen 1987.

Rieks, Rudolf: Die Humanität des jüngeren Plinius. In: R. R.: Homo. Hu-manus. Humanitas. Zur Humanität in der lateinischen Literatur des er-sten nachchristlichen Jahrhunderts. München 1967. S. 225–253.

Sallmann, Klaus: Quo verius tradere posteris possis. Plin. epist. 6,16. In: Würzburger Jahrbücher. N. F. 5 (1979) S. 209–218.

Schönberger, Otto: Die Vesuv-Briefe des jüngeren Plinius (VI 16 und 20). In: Gymnasium 97 (1990) S. 526–548.

Zu Kapitel 11 (Marc Aurel)

Marc Aurel: Wege zu sich selbst. Griech./Dt. Hrsg. von Rainer Nickel. München/Zürich: Artemis Verlag, 1990. (Sammlung Tusculum.)

Marc Aurel: Selbstbetrachtungen. Übers., Anm. und Einl. von Albert Witt-stock. Stuttgart: Reclam, 1956 [u. ö.]. (Universal-Bibliothek. 1241.)

Marc Aurel: Selbstbetrachtungen. Aus dem Griech. von Otto Kiefer. Vorw. von Klaus Sallmann. Frankfurt a. M.: Insel Verlag, 1992. (it 1374.)

Epiktet: Handbüchlein der Moral. Griech./Dt. Übers. und hrsg. von Kurt Steinmann. Stuttgart: Reclam, 1992. (Universal-Bibliothek. 8788.)

Historia Augusta. Römische Herrschergestalten. Bd. 1. Eingel. und übers. von Ernst Holl. Bearb. von Elke Martin und Alfons Rösger. Vorw. von

Johannes Straub. Zürich/München: Artemis Verlag, 1976. (Bibliothek der Alten Welt.)

Birley, Anthony: Mark Aurel. Kaiser und Philosoph. München ²1977.
Dalfen, Joachim: Formgeschichtliche Untersuchungen zu den Selbstbetrachtungen Marc Aurels. Diss. München 1967.
Grant, Michael: Das Römische Reich am Wendepunkt. Die Zeit von Mark Aurel bis Konstantin. München 1972.
Hadot, Pierre: Marc Aurel. In: H. P.: Philosophie als Lebensform. Geistige Übungen in der Antike. Berlin 1991. S. 69–98.
Klein, Richard (Hrsg.): Marc Aurel. Darmstadt 1979.
Schall, Ute: Marc Aurel. Der Philosoph auf dem Cäsarenthron. Esslingen/ München 1991.

Zu Kapitel 12 (Augustinus)

M. Minucius Felix: Octavius. Lat./Dt. Hrsg. und übers. von Bernhard Kytzler. Stuttgart: Reclam, 1977 [u. ö.]. (Universal-Bibliothek. 9860.)
Augustinus: Confessiones Libri XIII. Ed. Martin Skutella. Stuttgart: Teubner, 1981.
Augustinus: Confessiones/Bekenntnisse. Lat./Dt. Eingel., übers. und erl. von Joseph Bernhart. München: Heimeran, 1955.
Augustinus: Bekenntnisse. Übers. und hrsg. von Kurt Flasch und Burkhard Mojsisch. Stuttgart: Reclam, 1989 [u. ö.]. (Universal-Bibliothek. 2792.)
Augustinus: Bekenntnisse. Eingel. und übertr. von Wilhelm Thimme. München: Deutscher Taschenbuch Verlag, ²1983. (dtv 2159.)
Augustinus: De beata vita / Über das Glück. Lat./Dt. Übers. und hrsg. von Ingeborg Schwarz-Kirchenbauer und Willi Schwarz. Stuttgart: Reclam, 1982 [u. ö.]. (Universal-Bibliothek. 7831.)
Augustinus: De vera religione / Über die wahre Religion. Lat./Dt. Übers. und hrsg. von Wilhelm Thimme. Nachw. von Kurt Flasch. Stuttgart: Reclam, 1983 [u. ö.]. (Universal-Bibliothek. 7971.)
Aurelius Augustinus: Der Gottesstaat / De civitate Dei. Lat./Dt. Übers. von Carl Johann Perl. Paderborn [u. a.]: Schöningh, 1979. ²1981.
Augustinus: Vom Gottesstaat. Übers. von Wilhelm Thimme. Eingel. und erl. von Carl Andresen. Zürich/München: Artemis Verlag, ²1978.

Brown, Peter: Augustine of Hippo. A Biography. Berkeley 1967. Dt.: Augustinus von Hippo. Übers. von Johannes Bernard. Frankfurt a. M. 1973.
Chadwick, Henry: Augustin. Übers. von Marianne Mühlenberg. Göttingen 1987.
Flasch, Kurt: Augustin. Eine Einführung in sein Denken. Stuttgart 1980 [u. ö.]. (Universal-Bibliothek. 9962.) Neuausg. 1994.
Heinzmann, Richard: Augustinus. In: R. H.: Philosophie des Mittelalters. Grundkurs Philosophie 7. Stuttgart [u. a.] 1992. S. 60–94.

Held, Klaus: Mailand. Augustinus und das Böse. In: K. H.: Treffpunkt Platon. Stuttgart 1990. S. 277–289.

König, Eckard: Augustinus philosophus. Christlicher Glaube und philosophisches Denken in den Frühschriften Augustins. München 1970.

Marrou, Henri Irénée: Augustinus. Übers. von Christine Muthesius. Reinbek bei Hamburg 1984.

Marrou, Henri Irénée: Augustin et la fin de la culture antique. Paris 1938. ²1949. Dt.: Augustinus und das Ende der antiken Bildung. Übers. von Lore Wirth-Pölchau. Hrsg. von Johannes Götte. Paderborn 1981. ²1982.

Paronetto, Vera: Augustinus. Botschaft eines Lebens. Aus dem Ital. von Arnulf Hartmann O. S. A. Würzburg 1986.

Schöpf, Alfred: Augustinus. Einf. in sein Philosophieren. Freiburg i. Br./ München 1970.

Trapè, Agostino (Hrsg.): Augustinus. Meine Mutter Monika. München [u. a.] 1984. [Stellensammlung und Einführung.]

Zu Kapitel 13 (Symmachus und der Victoria-Altar)
Zu Kapitel 14 (Römische Saturnalien – Roma aeterna)

Cameron, Averil: Das späte Rom. München 1994.

Klein, Richard: Der Streit um den Victoriaaltar. Die dritte Relatio des Symmachus und die Briefe 17,18 und 57 des Mailänder Bischofs Ambrosius. Einf., Text, Übers. und Erl. Darmstadt: Wissenschaftliche Buchgesellschaft, 1972. [Teilabdr. der 3. Relatio des Symmachus in: Die römische Literatur in Text und Darstellung. Bd. 5: Kaiserzeit II. S. 304–315.]

Klein, Richard: Symmachus. Eine tragische Gestalt des ausgehenden Heidentums. Darmstadt: Wissenschaftliche Buchgesellschaft, 1971.

Ludwig, Gernot: Q. Aurelius Symmachus. Relation an den Kaiser über den Victoria-Altar. In: Gymnasium 64 (1957) S. 205–210. [Übers. der 3. Relatio.]

Quintus Aurelius Symmachus: Reden. Hrsg., übers. und erl. von Angela Pabst. Darmstadt: Wissenschaftliche Buchgesellschaft, 1989. [Ohne die 3. Relatio.]

Macrobius: Opera. Vol. I: Saturnalia. Ed. J. Willis. Leipzig: Teubner, 1963. ²1970.

Macrobius: The Saturnalia. Transl. with an Introd. and Notes by Percival Vaughan Davies. New York / London: Columbia University Press, 1969.

Colpe, Carsten [u. a.] (Hrsg.): Spätantike und frühes Christentum. Beiträge zur Religions- und Geistesgeschichte der griechisch-römischen Kultur und Zivilisation der Kaiserzeit. Berlin 1992.

Fuhrmann, Manfred: Die Romidee der Spätantike. In: Historische Zeitschrift 207 (1968) S. 529–561. Wiederabgedr. in: Kytzler (Hrsg.): Rom als Idee. 1993.

Fuhrmann, Manfred: Rom in der Spätantike. Porträt einer Epoche. München/Zürich 1994.

Gottlieb, Gunther / Barceló, Pedro (Hrsg.): Christen und Heiden in Staat und Gesellschaft des zweiten und vierten Jahrhunderts. Gedanken und Thesen zu einem schwierigen Verhältnis. München 1992.

Honoré, Tony (Hrsg.): Virius Nicomachus Flavianus. Konstanz 1989.

Klingner, Friedrich: Vom Geistesleben im Rom des ausgehenden Altertums. In: F. K.: Römische Geisteswelt. Mit einem Nachw. hrsg. von Karl Büchner. Stuttgart ⁵1979. S. 514–564.

Klingner, Friedrich: Rom als Idee. In: F. K.: Römische Geisteswelt. ⁵1979. S. 631–652. Wiederabgedr. in: Kytzler (Hrsg.): Rom als Idee. 1993.

Knoche, Ulrich: Über die Dea Roma. Ein Sinnbild römischer Selbstauffassung. In: Richard Klein (Hrsg.): Prinzipat und Freiheit. Darmstadt 1969. S. 487–516.

Kornemann, Ernst: Geschichte der Spätantike. München 1978.

Kytzler, Bernhard: Roma aeterna. Lateinische und griechische Romdichtung von der Antike bis in die Gegenwart. Lat./Griech./Dt. Zürich/München 1984.

Kytzler, Bernhard (Hrsg.): Rom als Idee. Darmstadt 1993.

Martin, Jochen: Spätantike und Völkerwanderung. München ²1990.

Seeck, Otto: Geschichte des Untergangs der antiken Welt. Bd. 5. Stuttgart ²1920. Nachdr. Darmstadt 1966.

Spätantike und frühes Christentum. Katalog zur Ausstellung im Liebieghaus. Museum alter Plastik. Hrsg. von Dagmar Stutzinger [u. a.]. Frankfurt a. M. 1984.

Straub, Johannes: Christliche Geschichtsapologetik in der Krisis des römischen Reiches. In: Klein (Hrsg.): Prinzipat und Freiheit. 1969. S. 517 bis 555.

Straub, Johannes: Die geschichtliche Stunde des heiligen Augustinus. In: Spätantike und frühes Christentum. S. 75–81.

Thrams, Peter: Christianisierung des Römerreiches und heidnischer Widerstand. Heidelberg 1992.

Wytzes, Jan: Der letzte Kampf des Heidentums in Rom. Leiden 1977. [Enthält den lat./dt. Text der 3. Relatio des Symmachus sowie den 17., 18. und 57. Brief des Ambrosius.]

Die Übersetzungen im Text stammen, soweit nicht anders angegeben, von der Autorin.

Fotonachweise

Fratelli Alinari, Florenz   162
Ashmolean Museum, Oxford   189
Deutsches Archäologisches Institut, Rom   198
Stefan Freund   108
Christian Gartmayr   171
Gunter Giebel   30, 32, 44, 50, 100, 136, 153, 220, 230, 236, 240, 254
Ernst Haidle   78
Eva Haidle   94, 180
Stefanie Michl   66, 69
Angelika Mugler   12, 15, 61, 64, 83
Musei Vaticani, Rom   46, 131
Giuseppe Papponetti   90
Monika Peschken   182

Alle anderen Fotos sind dem Reclam-Verlagsarchiv entnommen.

Register der Orts- und Eigennamen

0   100   200   300 km

Villa
Bellagio
Lacus Larinus/
Comer See
Lacus
Benacus/
Gardasee
Novum Villa
Comum Pliniana
Verona
Mediolanum
Sirmio
Pavia
Mantua
Po
Arno
Licenza
Tiber
Licenza
ADRIATISCHES
Vicovaro
Roma
Tibur
MEER
Sulmo
Ostia
Tusculum
Arpinum
Aquinum
Terracina
Formiae
Capua
Beneventum
Cumae
Neapolis
Venusia
Baiae
Vesuv
Gnatia
Bauli
Herculaneum
Brundisium
Misenum
Pompeji
Puteoli
Stabiae

TYRRHENISCHES MEER

IONISCHES

MEER

Kulturgeschichte der Alten Welt

Jean-Marie André:
Griechische Feste, römische Spiele.
Die Freizeitkultur der Antike.
Mit 67 Abbildungen.
Übersetzt von Katharina Schmidt.
347 Seiten

Jérome Carcopino:
Rom. Leben und Kultur in der Kaiserzeit.
Mit 113 Abbildungen und 5 Karten.
Herausgegeben von Edgar Pack.
518 Seiten

John Chadwick:
Die mykenische Welt.
Mit 47 Textabbildungen,
24 Fotos und 6 Karten.
Übersetzt von Ingeburg von Steuben.
270 Seiten

Peter Clayton / Martin Price (Hrsg.):
Die Sieben Weltwunder.
Mit 88 Abbildungen und Plänen,
1 Übersichtskarte.
Übersetzt von Hans-Christian Oeser.
240 Seiten

Robert Etienne:
Pompeji. Das Leben in einer Antiken Stadt.
Mit 71 Abbildungen und 1 Karte.
Übersetzt von Irmgard Rauthe-Welsh.
469 Seiten

Paul Faure:
Kreta. Das Leben im Reich des Minos.
Mit 19 Zeichnungen, 28 Fotos und 2 Karten.
Übersetzt von Isolde und Karl Friedrich Eisen.
476 Seiten

Klaus Held:
**Treffpunkt Platon. Philosophischer Reiseführer
durch die Länder des Mittelmeers.**
Mit 55 Abbildungen und 2 Karten.
352 Seiten

Jacques Heurgon:
Die Etrusker.
Mit 104 Abbildungen.
Übersetzt von Irmgard Rauthe-Welsh.
448 Seiten

T. W. Potter:
Das römische Italien.
Mit 86 Abbildungen und Plänen. 6 Karten.
Übersetzt von Hans-Christian Oeser.
349 Seiten

Konrad Spindler:
Die frühen Kelten.
Mit 132 Abbildungen. 447 Seiten

Charles-Marie Ternes:
**Römisches Deutschland. Aspekte einer
Geschichte und Kultur.**
Mit 131 Abbildungen. 418 Seiten

Philipp Reclam jun. Stuttgart